Jポップの日本語研究

創作型人工知能のために

伊藤 雅光 著

朝倉書店

まえがき

本書は以下のような5部構成となっている．
　第1部　Jポップの言語学（第1〜2章）
　第2部　中島みゆきとユーミンの言語学（第3〜5章）
　第3部　男歌と女歌のテーマ分析（第6〜9章）
　第4部　男歌と女歌の語彙分析（第10〜12章）
　第5部　創作型人工知能とは何か（第13〜終章）

　筆者がJポップの日本語を研究したのは，雑誌『日本語学』（明治書院）の編集部の依頼で4年3ヶ月にわたって連載した「ユーミンの言語学　1〜46」（1997年4月〜2001年7月，16巻7号〜20巻8号）がきっかけであった．ただし，この連載の目的は，実は日本語研究にではなく，創作型人工知能システムの研究にあった．日本語研究はAI（人工知能）システムの性能を向上させるための必要性に迫られて行ったものである．連載終了後もシステムは改良し続けてきたため，それに伴う日本語研究は現在でも続けている．つまり，本書は筆者のJポップの日本語研究（第1部〜第4部）と歌詞創作型AI研究（第5部）の，この20年間（1997〜2017年）にわたる集大成ということになる．

　以上の事情もあり，本書の日本語研究はこれまでにはみられないユニークな研究ばかりとなった．例えば「テーマ生成語彙仮説」．この仮説を反映させた創作型人工知能システムを使えば，「明るい恋」や「悲しい恋」といった歌詞のテーマを自由にコントロールして自動生成ができるようになる（第13章）．その有効性は，付録の「失恋ソング生成語彙表」で機械的に作成されるのが失恋ソングだけだということを読者自身が体験することで確認できる（第14章）．さらに，この仮説から考案されたのが「構造語彙表」で，複数のテーマの歌詞グループ間の共通語彙と特徴語彙とを機械的に分析できるようになる（第10〜12章）．

　しかし，このテーマ間の語彙分析をするためにはテーマ分析が前提となる．まず，ユーミンのテーマ分析を行い，もっとも多いテーマである「恋愛」のテーマタイプの体系と構造を構築した（第6章）．構造語彙表による語彙分析は，伊藤ゼミの学生の卒論に応用してきたが，そのうちテーマ分析の部分だけを本書では引

用した（第7〜9章）．ゼミ生の所属大学は早稲田大学（1），東京女子大学（9），大正大学（1）である．

　創作型人工知能システムは「複雑系」の現象を実験によって具体的に実証するためのツールとして極めて重要である．というのは，「自己組織化」，「創発」，「カオス」のような複雑系の中心概念の実験を行うことができるからである．そのうちの一つの概念を扱うツールはあるが，三つの概念を扱えるツールはこのシステムだけである（終章）．

　また，以上の研究から発見された現象として「日本語回帰現象」がある．これはJポップソングで1980年代以降増加するようになった外国語使用率が2000年ごろを境に減少し，和語や漢語の使用率が増加する現象である．この現象を説明できる日本文化論として三島由紀夫の「無の坩堝モデル」や河合隼雄の「中空構造モデル」があり，必然的に起こった現象であると推測した（第1章，第2章）．

　さらに，派生したテーマとして中島みゆきとユーミンとではどちらの方が語彙が豊かか，二人の「語り」の文体の特徴は何か，そして人称代名詞の変遷から見た二人の創作の秘密を探った（第3〜5章）．

　デカルト以来の科学の研究方法は唯一「分析（analysis）」だけであった．しかし，この方法だけではいつまでたっても研究対象の本質を明らかにできないことに気づいた科学者たちは，新たな研究方法として「合成（synthesis）」に注目した．この合成というのは1980年代後半に注目を集めるようになった「複雑系」の中心的な研究方法である．本書により，より多くの研究者が合成という研究方法で新たな科学の分野を切り開いていかれることを希望するものである．

　本書の企画，校正でお世話になった朝倉書店編集部の皆様に感謝申し上げる．

　日本初のテキスト自動生成の実験を和歌の各句索引で行われた故 渡辺修先生，昭和初期の流行歌の実験を文節カードで行われた故 水谷静夫先生，さらに戦後の昭和中期の流行歌の実験を生成語彙表で行われた樺島忠夫先生，3先生方のご研究がなければ本書は存在しなかった．本書を3先生に捧げる所以である．

2017年4月

伊藤　雅光

目次

▶▶▶ **第1部　Jポップの言語学** ◀◀◀

21世紀に入ってJポップ界に起こった「日本語回帰」現象の実態を明らかにし，その原因を考察する．

第1章　和風化するJポップ ……………………………………… 1

日本語回帰現象の実態を「中島みゆきと松任谷由実の歌詞テクスト」，「ヒットランキング100の歌詞タイトル」，「ヒットランキング100の歌詞テクスト」，「戦後ポップス史」の順に明らかにしていく．さらに，「日本語回帰」現象が発生するまでの戦後ポップス史における「洋風化」の流れをジャンル別に確認していく．

1.1　松任谷由実と中島みゆきの歌詞テクストにみられる日本語回帰現象　1

松任谷由実と中島みゆきの歌詞テクストの語種構成比率　1／松任谷由実の歌詞にみられる日本語回帰現象　2／中島みゆきの歌詞にみられる日本語回帰現象　3

1.2　ヒットランキング100の歌詞タイトルにおける外来語と外国語の増減過程　5

歌詞タイトルの言語単位　6／タイトル語種とは何か　6／タイトル語種構成比率の変遷　7

1.3　ヒットランキング100の歌詞テクストにおける外来語と外国語の増減過程　8

1.4　戦後ポップス史における和風化段階モデル　10

1.5　洋楽カバーポップスの時代　11

1920年代～1930年代：第一次ジャズブーム期，1940年代後半～1950年代：第二次ジャズブーム期　11／1950年代後半～1960年代：ムード歌謡期・第三次ジャズブーム期　12／1950年代前半～1960年代前半：ラテン音楽ブーム期　12／1950年代後半：ロカビリーブーム期　12／1950年代後半～1960年代前半：洋楽カバーポップス時代　13／1960年代：和製ポップス時代　14／1960年代後半：グループ・サウンズ時代　14／1960年代後半～1970年代：フォーク時代　15／1970年代～2010年代現在：和製ロックンロール時代　15

1.6　Jポップの時代　16

1970年代～1980年代：ニューミュージック時代　16／1990年代～2010年代現在：Jポップの時代　17

第2章　Jポップはなぜ和風化するか ……………………………… 18

Jポップはなぜ和風化するかという視点から，「日本語回帰」現象が起こった原因を日本文化論に基づいて考察する．

2.1 「洋楽離れ」と「邦楽志向」　18

若者の「洋楽離れ」か，日本人全体の「洋楽離れ」か　18／音楽ヒットランキング100における洋楽のランクイン率の変遷　19／1981～2015年のレコード・CD洋盤の販売率の変遷　21／ミリオンセラーの時代：1990年代～2000年代前半　23／1953～1960年の洋盤の盤種別生産枚数比率の変遷　25／音楽メディアの売り上げからみた「邦楽志向」 26／「洋楽離れ」と「日本語回帰」はなぜ起こったか　28

[コラム]　日本におけるハリウッド映画の興行収入シェアの推移　27

2.2　日本語回帰説の土台となる日本文化論　28

三島由紀夫の「無の坩堝モデル」 28／河合隼雄の「中空構造モデル」 29／大瀧詠一の「分母分子論」と「ポップス"普動説"」 30

▶▶▶第2部　中島みゆきとユーミンの言語学◀◀◀

中島みゆきとユーミンとでは，どちらの方が語彙が豊かか，二人の「語り」の文体の特徴は何か，そして人称代名詞の変遷からみた二人の創作の秘密を探る．

第3章　中島みゆきと松任谷由実の歌詞はどちらが豊かか ……………… 32

中島みゆきとユーミンの全歌詞の語彙を文体指標に基づいて分析することにより，どちらの方が語彙が豊かか，そしてその理由は何かを明らかにする．

3.1　中島みゆきと松任谷由実の創作力発揮モデル　32

オリジナルアルバム数の比較　32／歌詞数の比較　33

3.2　中島とユーミンの語彙はどちらが豊かか　34

語彙の豊かさの指標　34／TTRの有効性の検証　35／中島とユーミンのTTR比較　39／なぜユーミンの方が語彙が豊かなのか1—リフレインとの関係　39／なぜユーミンの方が語彙が豊かなのか2—語種との関係　40

第4章　中島とユーミンの「語り」の文体をさぐる ……………… 43

まず歌詞の「語り」の文体の体系を構築してから，中島とユーミンの歌詞における人称代名詞の使用比率を比較することで，二人の歌詞における「語り」の文体の特徴を明らかにする．

4.1　歌詞の「語り」の文体の体系　43

対話体　43／独白体　45／歌詞の「語り」の文体の体系と構造　46

4.2　人称代名詞から中島とユーミンの「語り」の文体的特徴をさぐる　46

人称代名詞の使用状況と解釈　46／一人称代名詞の使用状況　47／男性の「語り」 49／男性の「発言」 49／二人称代名詞の使用状況　50／三人称代名詞の使用状況　51／不定人称代名詞の使用状況　52

第5章　ナラティブモデルによる中島とユーミンの創作の秘密の解明 …… 54

心理療法のナラティブモデルを応用して，人称代名詞の変遷からみた中島とユーミンの創作の秘密を探る．

5.1 「ドミナントストーリー（支配的な物語）」と「オルタナティブストーリー（代替的な物語）」とは何か　54

ナラティブモデルとは何か　54／「語り」における主体の二重性と生成　55／歌詞の「語り」における主体の生成　55／日本語の歌詞の「語り」における主体の多重性　56／ナラティブセラピーにおける「ドミナントストーリー」と「オルタナティブストーリー」　57

5.2 中島とユーミンの創作の秘密　57

中島とユーミンにおける「ドミナントストーリー」と「オルタナティブストーリー」　57／中島における一人称単数の変遷　59／ユーミンにおける一人称単数の変遷　60

▶▶▶第3部　男歌と女歌のテーマ分析◀◀◀

1999～2008年のランキング・ベストワンの流行歌と男性ソングライター7名の歌詞，そして女性ソングライター4名とアイドル歌手2名の歌詞のテーマ分析を行い，さらにテーマの男女差を明らかにしていく．

第6章　ユーミンは何を歌ってきたか …………………………………… 62

ユーミンがこれまで発表してきた383作品を対象にしてテーマ分析と，もっとも多いテーマである「恋」のテーマタイプの体系と構造を構築する．

6.1 ユーミンの「恋」の類型論　62

ユーミン作品の全体的テーマ　63／「恋」の類型的特徴（1）「過去・現在・未来」　63／「恋」の類型的特徴（2）「相思相愛」と「片思い」　64／「恋」の類型的特徴（3）「未練」と「非未練」　64／「恋」の類型的特徴（4）「破局への不安」と「現在の冷却」　65／ユーミン作品における「恋」のタイプ体系とその構造　66

6.2 「恋」のタイプとユーミンソング　67

ユーミン好みの「恋」のタイプ　67／恋愛過程における「恋」のタイプとユーミンソング　68

第7章　男性作詞家（シンガーソングライター）は何を歌ってきたか …… 71

1999～2008年のランキング・ベストワンの流行歌と男性ソングライター7名の歌詞のテーマ分析と，「恋愛」のテーマタイプの体系と構造を構築する．（小椋佳，ミスチル：桜井，ゆず：北川・岩沢，コブクロ：小渕，いきものがかり：水野・山下）

7.1 流行歌ランキング・ベストワンのソングライターは何をテーマにしてきたか　71

分析対象とテーマ　71／流行歌ランキング・ベストワンで好まれる「恋」のタイプ　72

7.2 男性ソングライターは何を歌ってきたか　73
　小椋佳は何を歌ってきたか　74／「Mr. Children」は何を歌ってきたか　76／「ゆず」は何を歌ってきたか　78／「コブクロ」は何を歌ってきたか　81／「いきものがかり」は何を歌ってきたか　83

第8章　女性作詞家とアイドルは何を歌ってきたか……………………86
女性ソングライター4名とアイドル歌手2名の歌詞のテーマ分析と，「恋愛」のテーマタイプの体系と構造を構築する．（竹内まりや，ドリカム：吉田美和，aiko, miwa, 松田聖子，中森明菜）

8.1 女性ソングライターは何を歌ってきたか　86
　竹内まりやは何を歌ってきたか　86／「DREAMS COME TRUE」の吉田美和は何を歌ってきたか　88／aikoは何を歌ってきたか　90／miwaは何を歌ってきたか　92

8.2 アイドル歌手・松田聖子と中森明菜は何を歌ってきたか　93
　松田聖子と中森明菜のプロフィール　94／松田聖子のアイドルイメージを形成したソングライター達　95／中森明菜のアイドルイメージを形成したソングライター達　96／松田と中森の全体的なテーマ分析　97／松田の「恋」のイメージタイプ　98／中森の「恋」のイメージタイプ　98／松田と中森の「恋」のイメージタイプ比較　99

第9章　男女の作詞家のテーマを比較する……………………101
これまでの男女のソングライターとアイドル歌手のデータを比較することにより，テーマの男女差を明らかにしていく．

9.1 テーマ全体の比較　101
　男性ソングライターのテーマ全体の比較　101／女性ソングライターとアイドル歌手のテーマ全体の比較　102

9.2 恋愛のテーマタイプの比較　102
　男性ソングライターの恋愛のタイプ比較　102／女性ソングライターの恋愛のタイプ比較　103／男性ソングライターと女性ソングライターの「恋愛」のタイプ体系と構造の比較　104

▶▶▶第4部　男歌と女歌の語彙分析◀◀◀
失恋の歌詞における男歌と女歌の語彙的特徴を明らかにしていく．

第10章　男歌と女歌のことばを計算する……………………106
「タイニーコーパス」と「度数順語彙表」の作成方法を説明する．

10.1 男歌と女歌のタイニーコーパスを作成する　106
　作業過程の概要　106／プレイン・テクストの作成　109／タイニーコーパスまでの作業　112
10.2 男女別の度数順語彙表の作成　117
10.3 Jポップソング分析のための品詞論　117

　擬音詞と擬態詞　117／日英共通品詞論　121

10.4 品詞構成比率からみた歌詞テクストの表現性　122
　ミクロ分類とマクロ分類の品詞構成比率　122／男歌と女歌の表現性を計算する──MVRという文章指標　123

第11章　男歌と女歌のことばを分類する　125
前章で作成した二つの度数順語彙表を利用して，男歌と女歌の対照語彙表と構造語彙表とを作成する．

11.1 対照語彙表の作成　125
　簡略版対照語彙表の作成　125／詳細版対照語彙表の作成　130
11.2 構造語彙表の作成　130

　構造語彙表と構造度数分布表の共通枠組みシートの作成　131／構造語彙表の作成　132／構造度数分布表の作成　134

第12章　男歌と女歌のことばを分析する　135
前章で作成した構造語彙表の分析法と分析事例とを紹介していく．

12.1 構造語彙表の第一次分析　135
　構造語彙表の見出し語の多い区画とない区画の分析　135／基本語彙と特徴語彙の条件　136／構造語彙表の各区画の性格　136／語彙分布の分析　137
12.2 構造語彙表の第二次分析　138
　Jポップソングにおける語彙の三分類　138／書き言葉基本語彙の構造語彙表の作成と第二次分析　139／話し言葉語彙の構造語彙表の作成と第二次分析　141／テーマ語彙の構造語彙表の作成と第二次分析　143

12.3 構造語彙表の第三次分析　143
　失恋語彙の意味分野別構造語彙表の作成　143／失恋語彙の意味分野別分析　146／男歌と女歌の主要な意味分野　147／構造語彙表分析法のまとめ　147

▶▶▶第5部　創作型人工知能とは何か◀◀◀

創作型人工知能の原理，研究史，そして疑似ユーミンソングの自動生成実験から得られた創作型人工知能の可能性と，その意義について考察する．

第13章　機械はラブソングを作れるか　149
筆者が開発した創作型人工知能（創作型AI）の原理と研究史と疑似ユーミンソングの自

動生成実験から得られた創作型 AI の可能性を考察する.

13.1 創作型人工知能のしくみ　149
創作型人工知能とは何か　149／機械が作ったラブソング　149／テクスト自動生成の原理　151

13.2 テクスト自動生成の研究史　153
欧米におけるテクスト自動生成の研究史　153／日本におけるテクスト自動生成の研究史　154

13.3 疑似ユーミンソングを生成する創作型人工知能システム　156
対象とした歌曲　156／三つの歌詞自動生成システム　156

13.4 創作型人工知能が生成する「テクストらしさ」　157
結束性とテクスト構造とテーマ性の生成　157／首尾一貫性の生成　158／テーマ生成語彙論　160

13.5 創作型人工知能システムの改良　161
トリグラムによる全自動式システム　161／「初音ミク」が歌い,「キャラみん」が踊るシステム　162

13.6 Jポップソングのテクスト構造と曲構造　163
Jポップ一般の曲構造　164／ユーミンソングの既成曲の構造とテクスト構造　164／疑似ユーミンソングの曲構造とテクスト構造　165

［コラム］清水ミチコがユーミン風の曲を作って疑似ユーミンソングを歌う　165

第14章　機械的にラブソングを作る――失恋ソング生成語彙表の使い方 … 167
巻末付録の「失恋ソング生成語彙表」をどのように使って, ユーミン風の失恋ソングを機械的に作成していくかを説明する.

14.1 失恋ソング生成語彙表とは何か　167
生成語彙表の元となった歌詞　167／生成語彙表の構成　167／日本語の見出し語の代表形　168／日本語の語形の「ゆれ」と融合形の統一　168／その他の記号の意味　168

14.2 失恋ソング生成語彙表による歌詞の自動生成法　169

終章　歌詞創作型 AI 研究の意義 …………………………………………… 172
次の諸分野からみた歌詞創作型 AI 研究の意義について考察する.「科学的研究方法, 人文科学, 文学研究, 感性工学, 複雑系, 言語学」

15.1 科学的研究方法からみた歌詞創作型 AI　172
これまでの科学的研究方法―要素還元主義　172／これからの科学的研究方法―ホーリズム（全体論）　173

15.2 人文科学からみた歌詞創作型 AI　173
人間と機械のテクスト生成過程の関係　173／歌詞の創作過程とテーマの発生　174

15.3 文学研究からみた歌詞創作型 AI　175
パリの実験文学グループ「ウリポ」の実践活動

のために　175／現代文学理論の研究のために　175

15.4　感性工学からみた歌詞創作型 AI　176
　人工知能における感情　176／歌詞創作型 AI における感情　177

15.5　複雑系からみた歌詞創作型 AI　178
　複雑系とは何か　178／人工生命からみた歌詞創作型 AI　179／創発システムとしての歌詞創作型 AI　180／自己組織化システムとしての歌詞創作型 AI　181／カオス理論からみた歌詞創作型 AI　182

15.6　言語学からみた歌詞創作型 AI　183
　伝統的言語学と複雑系言語学　183／複雑系言語学の方法論　184／科学史のなかにおける複雑系言語学の位置　184／諸科学における知のパラダイム転換の進度　185

15.7　「クローン人工知能」としての歌詞創作型 AI　186

　〔コラム〕　高次脳機能障害と歌詞創作型 AI　187

付　録　「失恋ソング生成語彙表」……………………189
参考文献・楽曲……………………………………………192
索　引………………………………………………………199

第 1 部　J ポップの言語学

第 1 章　和風化する J ポップ

　本章では，J ポップにおける日本語回帰現象の実態を「中島みゆきと松任谷由実の歌詞テクスト」，「ヒットランキング 100 の歌詞タイトル」，「ヒットランキング 100 の歌詞テクスト」，「戦後のポップス史」の順に考察していく．

　さらに，「日本語回帰」現象が発生するまでの戦後ポップス史における「洋風化」の流れをジャンル別に確認していく．

　日本のポップスの淵源は，明治初期の讃美歌と小学唱歌にまでさかのぼるが，本書は J ポップをテーマにしているため，戦後の歌謡界に焦点を絞って考察していく．戦後の日本のポップスは，欧米から輸入されたポップスを手本にして歌詞と曲とを洋風化することから始まった．1970 年代までの流行歌は日本語だけだったが，1980 年代には日本語と英語を混在させた「日英混交文体」(伊藤 2000a, d)の歌詞が急増し，その流れは 1990 年代末まで続いた．ところが，2000 年頃にその増加傾向が停滞し，それ以降は英語の使用が減少することで，和語や漢語が増加するという逆転現象が顕著になった．つまり，J ポップソングの和風化であり，「日本語回帰」現象の始まりである．

▶ 1.1　松任谷由実と中島みゆきの歌詞テクストにみられる日本語回帰現象

1.1.1　松任谷由実と中島みゆきの歌詞テクストの語種構成比率

　J ポップソングにおける日本語回帰の現象は，J ポップ界の大御所であるユーミン (松任谷由実)と中島みゆきの歌詞の語種構成比率の比較調査において発見された (伊藤 2007b)．本項ではまず二人の歌詞の語種構成比率の共時的比較を行い，次項以降で通時的比較に入る．対象とした歌詞は，どちらも 1970 年代から 2014 年までに発表された全オリジナルアルバムの歌詞で，ユーミンで 364 曲 (延べ 34077 語，異なり 5069 語)，中島で 388 曲 (延べ 42998 語，異なり 5280 語)を母集団とする全数調査である．図 1.1 は二人の歌詞の語種構成比率 (延べ語数)を共時的に比較したデータである．

(1)　統計的な中心傾向はどちらも和語で 70％を超えているが，中島の方が 10 ポイント弱高い．

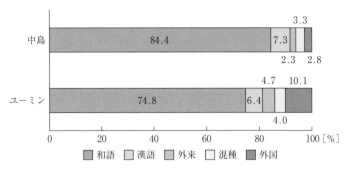

図 1.1 ユーミンと中島みゆきの歌詞の語種構成比率（延べ語数）

(2) 外国語では，中島が 2.8％でユーミンが 10.1％と，ユーミンが中島の 3 倍強も使っている．

(3) 外来語では，中島が 2.3％でユーミンが 4.7％と，ユーミンが中島の 2 倍強も使っている．

(4) 漢語と混種語の比率はほぼ同じである．

以上の観察からつぎのような二人の語種使用に際しての意識を推定することができる．

(a) 中島はユーミンよりも「和語」を意識的に多用している．
(b) ユーミンは中島よりも「外国語」と「外来語」を意識的に多用している．
(c) どちらも「漢語」と「混種語」の使用についてはほとんど意識していない．

1.1.2　松任谷由実の歌詞にみられる日本語回帰現象

図 1.2 は，ユーミンの歌詞における語種構成比率（延べ語数）の変遷を表している．なお，和語とその他の語種との比率が極端に違うため，グラフでは和語の目盛りは左軸に，その他の語種は右軸に取っている．各期間ごとの延べ語数の変遷は，表 3.3（p.35）参照のこと．

① 外国語は，70 年代前半はほとんど使用されていないが，70 年代後半に入ると 5 ポイント弱も急増している．また，80 年代前半では 1.2 ポイントの微増だったが，80 年代後半では 6 ポイントも急増している．その後は伸びが止まり，00 年代前半までの 15 年間は 13％ 前後の高止まりの飽和状態が続いている．それが 00 年代後半には 3 ポイントの減少に転じたことから，この時点で日本語回帰現象が起こったことが確認できる．ただし，00 年代後半にはその減少も止まり，10％ 前

1.1 松任谷由実と中島みゆきの歌詞テクストにみられる日本語回帰現象　　3

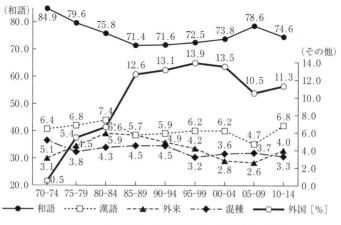

図1.2　ユーミン作品の語種構成比率の変遷（延べ語数）

後を維持している．

　②　また，和語は70年代前半の84.9％から80年代後半までに13.5ポイントも減少し，その後00年代前半までは72％前後で推移しており安定期にあることがわかる．その後は00年代後半までに4.8ポイント上昇したが，その後4ポイント減少している．和語と外国語の折れ線の動向はほぼ反比例の関係にあり，ユーミンの日本語回帰現象の回帰先が和語であることは明らかである．

　③　外来語は70年代前半ですでに3.1％使用しており，その後80年代前半まで急増するが，それ以降は緩やかな減少が00年代後半まで続く．ここから，外来語のピークは80年代前半だったことがわかる．

　④　この減少期はちょうど，外国語の高頻度期と重なっている．この理由としては，歌詞における外来語と外国語のレトリック機能が同じであることが考えられる．つまり，歌詞を洋風化するためには外来語か外国語を使うことになるので，機能のうえでは外来語と外国語は相補的な関係にあり，数値のうえでは反比例の関係となるわけである．

　⑤　その後，80年代後半には外国語が急増したことにより，洋風化レトリックの主流が外来語から外国語へと変わる転換点だったことがわかる．

1.1.3　中島みゆきの歌詞にみられる日本語回帰現象

　図1.3は，中島みゆき作品の語種構成比率（延べ語数）の変遷を表している．各期間ごとの延べ語数の変遷については，表3.3参照のこと．

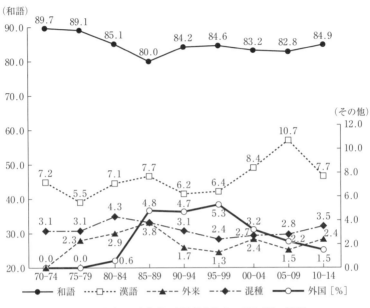

図1.3 中島みゆき作品の語種構成比率の変遷（延べ語数）

① 外国語は，70年代はまったく使っていないが，80年代前半からわずかに使い始め，80年代後半に4.2ポイントも急増している．その後は伸びが止まり，90年代後半までの10年間は5%前後の飽和状態が続いている．それが00年代前半からは減少に転じたことから，この時点で日本語回帰現象が起こったことが確認できる．その後，10年代前半までに3.8ポイント減少しており，まだ停滞の徴候がみられない．

② 以上の外国語の減少と敏感に反応しているのが漢語である．外国語が00年以降に減少したのに対し，漢語は逆に増加している．他の語種に目立った増加がないことから，中島の日本語回帰現象の初めの10年間の主な回帰先が漢語であったことがわかる．

③ ところが，その漢語は10年以降に減少に転じ，14年までの5年間に3ポイント減の7.7%になっている．それに対し，その他の和語，外来語，混種語がそれぞれ2ポイント前後の微増を示していることから，中島の日本語回帰現象の後半の5年間の回帰先はこれら3語種に移ったことがわかる．

④ 外来語と外国語とはレトリックの機能上，相補的な関係にあり，数値のうえでは反比例関係になるということは中島作品においても確認できる．

⑤　外来語は70年代前半は未使用だったが70年代後半に2.3%と急に使用され，80年代後半までに1.5ポイントの微増を示すが，その後，2.1ポイントの急減を示す．ここから，外来語のピークは80年代後半だったことがわかる．

⑥　それに対し，外国語は80年代前半は0.6%だったが，80年代後半は4.8%と4.2ポイントの急増をみせている．この時点で外来語よりも1ポイント多く使用されていることから，80年代後半がレトリックが外来語から外国語へ変わる転換点だったことがわかる．

⑦　以上の観察から，中島作品の洋風化レトリックの流れは，まず外来語を使い，そして外国語を使うという，ユーミンと同じ流れだったことが確認できる．

▶ 1.2　ヒットランキング100の歌詞タイトルにおける外来語と外国語の増減過程

歌詞のタイトルと歌詞テクストの語種の対応関係は未調査ながら，経験的にはかなり一致すると推測している．そこで，歌詞テクストの語種を考察する前に，歌詞のタイトルの語種に関する調査から，日本語回帰現象の存在を確認しておくことにする．

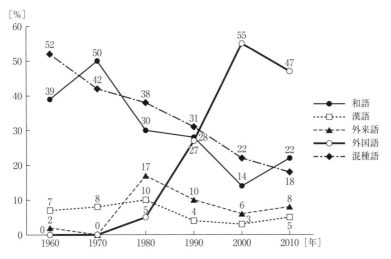

図1.4　ヒットランキング100の歌詞タイトル語種構成比率（延べ語数）の変遷

表 1.1 使用データ書誌

年	曲数	素材源	web サイト，出版社
2010-1995	100 曲	カウントダウン TV ランキング	http://www.tbs.co.jp/cdtv/
1990-1980	100 曲	ヒット曲ドットコム	http://hitkyoku.com/
1970	72 曲	古茂田ほか（1995）『新版　日本流行歌史（下）　1960-1994』	社会思想社（1995）
1960	46 曲		

　図 1.4 は，歌詞タイトルの語種構成比率（延べ語数）の変遷を示したグラフで，表 1.1 はそのもとになった使用データである（伊藤 2012）．

1.2.1　歌詞タイトルの言語単位

　タイトルの言語単位は以下のように「文章単位，文単位，句単位，語単位，字単位，記号単位」に区分できる．

　　文章単位：「もってけ！セーラーふく」（平野綾），「HEY！SAY！」（Hey！Say！7）

　　文単位：「僕は君に恋をする」（平井堅），「I AM YOUR SINGER」（サザンオールスターズ）

　　句単位：「ありあまる富」（椎名林檎），「ポニーテールとシュシュ」（AKB48），「to Mother」（YUI）

　　語単位：「逢いたい」（ゆず），「流星」（コブクロ），「レイン」（シド），「Beginner」（AKB48）

　　字単位：「H」「L」「M」（以上，浜崎あゆみ）

　　記号単位：「×～ダメ～」（タッキー＆翼），「＊～アスタリスク～」（ORANGE RANGE），「&」（浜崎あゆみ）

1.2.2　タイトル語種とは何か

　ここでいう「タイトル語種」とは，タイトル全体を1語のように見なして，語種判定の基準で判定したタイトルの語種構成をいう．例えば，以下のように分類される．

　　和語タイトル：「また君に恋してる」（坂本冬美），「恋をしちゃいました！」（タンポポ）

　　漢語タイトル：「少女飛行」（ぱすぽ☆），「初花凛々」（SINGER SONGER）

外来語タイトル： 「ヘビーローテーション」(AKB48)，「ユー・メイ・ドリーム」(シーナ＆ロケッツ)

混種語タイトル： 「不自然なガール」(Perfume)，「黒毛和牛上塩タン焼680円」(大塚愛)，「お願い！セニョリータ」(ORANGE RANGE)，「カッコ悪い I love you!」(フレンチ・キス)

外国語タイトル： 「Ring a Ding Dong」(木村カエラ)，「I Wish For You」(EXILE)

和語と漢語の区別にはほとんど問題がないといってよい．しかし，外来語と外国語との区別は困難な場合が少なくない．そこで，伊藤（2001）では，つぎのような外来語と外国語との判定基準を提案した．この基準は後述する歌詞テクストの語種の判定基準としても採用されている．

(1) 外来語基準：かなかローマ字で表記された外国出自の単語は外来語である．

(2) 外国語基準：アルファベット表記された外国出自の単語は外国語である．

1.2.3 タイトル語種構成比率の変遷

① 図1.4に基づいて各年の統計的な中心傾向（過半数以上）をまとめると表1.2のようになる．中心傾向はほぼ10年ごとに変化しており，流行歌の好みの移ろいやすさがよくわかる．

表1.2　タイトル語種の中心傾向の変遷

1960	1970	1980	1990	2000	2010
混種語	和語	和語 混種語	和語 混種語 外国語	外国語	和語 外国語

② 外国語タイトルは1980年から使われだし，その後2000年までに55％と50ポイントも急増している．この影響はその他すべてのタイトル語種の比率の減少として表れており，その反比例関係は明らかである．その後，2010年までに8ポイント減少して47％になっている．つまり，2000年以降に「日本語回帰現象」が起こったことがわかる．

③ 和語タイトルは1970年の50％をピークに下降を続けるが，2000年の14％を底にして，それ以降はまた上昇に転じ，2010年までに8ポイント増加して22％に

なっている．これは日本語回帰の主な回帰先が和語であったことを意味している．

④ 外来語のタイトルの変化で注目されるのは，1970年から1980年にかけての17ポイントの増加である．この影響は和語タイトルの20ポイントの減少として表れている．この時期は外国語タイトルがほとんど使われておらず，西洋風のタイトルを作ろうとすれば，外来語の使用が優先されていた時期である．しかし，1990年になると外国語の本格的な使用が始まるとともに，外来語タイトルは減少していくことになる．以上のように，西洋風のテイストを出すためにまず外来語が使われ，その後に外国語が使われるというパターンは前述したユーミンと中島でみられただけでなく，後述する「ヒットランキング100の歌詞テクスト」の語種構成比率の変遷でも確認できる．つまり，それだけ一般性の高いパターンであることがわかる．

⑤ 混種語タイトルは1960年の52%を最高にそれ以降は下降し続け，2010年までに34ポイント減の22%になっている．1960年からしばらくの間はもっとも人気のあるタイトル語種だったが，その後，減少していく．その理由としては，語種が混在しているタイトルに対する忌避意識が存在していたというよりは，外来語や外国語のようなより魅力的なタイトルが多く使われるようになったため，結果的に減少したと推定している．

▶ 1.3　ヒットランキング100の歌詞テクストにおける外来語と外国語の増減過程

図1.5は1960～2010年までの50年間にわたる外来語と外国語を使用している歌詞比率の変遷を調査した結果で，表1.3は使用データの書誌と歌詞数である

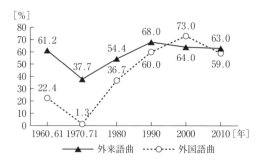

図1.5 外来語と外国語を使用している歌詞比率の変遷
（ヒットランキング100）

表 1.3 使用データの書誌

年	曲数	参考文献	書誌
2010	100	『オリコン年鑑』2001, 2011	オリジナルコンフィデンス (2001, 2011)
2000	100		
1990	100	『ORICON CHART BOOK 1968-1997』	オリコン (1997)
1980	90		
1970, 71	77		
1960, 61	98	『ミュージック・ライフ』1960.1-1961.12	新興音楽出版社 (1960-1961)
合計	565		

(伊藤 2014 の改訂).この調査は歌詞単位で行われている.例えば外国語の単語が1語しか使われていない歌詞も,30語使われている歌詞も,歌詞数の頻度ではどちらも1と算出されることになる.また,歌詞比率は外来語と外国語を個別に算出している.

① 外国語を使用した歌詞は1960年代には22.4%と少なからず作詞されていたが,1970年代には1.3%まで急減した.その後,急増しつづけて2000年には73%に達するものの,その年を境に減少に転じて2010年には14ポイント減の59%にまで下がっており,ここにも2000年を境にした日本語回帰現象が起こっていることがわかる.

② ちなみに1970年以前と1980年以降では,同じ外国語を使っている歌詞でも大きな違いがある.つまり,1970年以前は洋楽であるのに対し,1980年以降は邦楽なのである.この間の詳しい状況は次節の戦後ポップス史を参照のこと.また,1960年から1970年にかけての減少の原因は「洋楽離れ」にあるが,詳しくは次章で述べる.

③ 外来語を使用した歌詞は1960年代には61.2%とかなり多く使われていたが,1970年代には37.7%まで急減した.その後,急増しつづけて1990年には68%に達するものの,その年を境に減少に転じて2010年には5ポイント減の63%に下がっている.

④ やはり1970年以前と1980年以降では,同じ外来語を使っている歌詞でも大きな違いがあり,その原因は外国語の場合と部分的に重なっている.つまり,1970年以前は洋楽の歌詞の半分は原語で,もう半分は訳語という場合が多く,その訳語のなかで外来語が使われたのである.しかし,外国語の場合と違うのは1960年代からは「ムード歌謡」のような洋風の邦楽がブームになっており,それが外来語を使う歌詞の増加の原因になっている点である.また,1960年から1970

年にかけての減少の原因はやはり「洋楽離れ」にある．

⑤　以上の事実で注目されるのは，それぞれのターニングポイントとなった年で，外来語は1990年，外国語は2000年である．つまり，両者の転換年には10年のずれがあることになる．これが一般性の高いパターンであることは前述した．

▶ 1.4　戦後ポップス史における和風化段階モデル

この節以降では，戦後におけるポップス史を振り返ったときにみえてくる流行歌の洋風化と和風化の過程を概観していく．なお，演歌などの和風をめざした流行歌は対象外とする．

明治以来，日本は西欧化の道を走ってきたが，この風潮は音楽面にもおよび，文部省の西洋音楽教育もあり，日本の音楽は洋楽を手本にしてきた．大衆音楽の分野でも，その時々で流行した洋楽を学習し，消化することにより，新しい大衆音楽がその時々で生まれてきた．

第二次世界大戦直後の1940年代後半から1960年代後半までに欧米から多くのジャンルの流行歌が日本に伝来し，それぞれがブームを生んできた．例えば，ジャズ，ラテン，ロカビリー，ポップス，ロック，フォークなどである．これらを真似することで取り込み，それぞれのジャンルの日本オリジナルの流行歌が誕生するわけだが，それまでには以下のような共通したサイクルが認められる．

第一段階：輸入された洋楽がそのまま外国語で日本人歌手によって歌われる．
　　　　　洋楽輸入段階．
第二段階：曲はもとの洋楽のままだが歌詞は日本語に翻訳されて歌われる，あるいは部分的に原曲の外国語をまぜて歌われる．
第三段階：日本人の作曲になるオリジナルな洋楽スタイルの歌曲が日本語で，あるいは部分的に外国語をまぜて歌われる．

以上の三つの段階を踏むのが基本的なサイクルである．洋楽の新しいジャンルが輸入されるたびにこのサイクルは繰り返されてきた．ところが，1970年代のフォーク時代の半ば以降，このサイクルは止まることになる．その理由としては，「洋楽離れ」と「邦楽志向」の傾向が強まり，日本人だけの閉じた世界で創作をするようになったことがあげられる（図1.5）．

第四段階：いわゆるシンガーソングライターが当たり前になった段階で，作詞・作曲と歌手が同一人物になった時代である．この段階までのアーティス

トはみな洋楽にあこがれ，それを手本にして創作してきた世代であるため，その作品にはまだ洋風化の名残りがみられる．

第五段階：Jポップにあこがれ，それを手本にして創作をするシンガーソングライターが主流を占めるようになった段階である．彼らは洋楽を聴かずに，Jポップだけを聴いて育った世代なので，洋楽に対するコンプレックスはなく，むしろJポップを創作していることにプライドをもっている（柴 2016）．そのため，その作品は和風化していくことになる．

次節以降では，戦後ポップス史における各音楽ジャンルにおける洋風化と和風化の展開を具体的にみていく．

▶ 1.5 洋楽カバーポップスの時代

1.5.1 1920年代〜1930年代：第一次ジャズブーム期，1940年代後半〜1950年代：第二次ジャズブーム期

【第一段階〜第三段階】 ジャズが全米で普及し始めるのは1920年代だが，その直後の大正末期（〜1926）には早くも日本に輸入され，昭和初期には第一次ジャズブームが起こっている．詳細は省くが，戦前におけるジャズの日本化は第三段階まで進んでいた．しかし，戦争のためにその流れはいったん跡絶えることになる．

以上のような状況もあり，終戦直後に進駐軍のキャンプをまわったフランク永井などがジャズを英語で歌うことは造作もないことだった（第一段階）．1952年ごろ歌謡界は低迷期にあったため，レコード会社が注目したのがジャズだった．このころから歌詞の半分づつを日本語と英語で歌う「日本語と英語のチャンポン」スタイルが出始め，その定着とともにジャズは都市部だけではなく，全国区での大ヒットにつながった（第二段階）．以下が当時のヒット曲だが，このうちの江利チエミ，雪村いづみ，美空ひばりは歌謡界の「三人娘」と呼ばれた．

江利チエミ「テネシー・ワルツ（A面）／カモンナ・マイ・ハウス（B面）」（23万枚，1952），「トゥー・ヤング／ビビディ・バビディ・ブー」（15万枚，1952），ペギー葉山「火の接吻」（1952），雪村いづみ「思い出のワルツ」（20万枚，1953），「青いカナリア」（1954）など

ジャズブームは1957年には一度幕を閉じたが，その命脈はその後も保たれ，第三段階に入る「ムード歌謡期」でよみがえることになる．

1.5.2　1950年代後半～1960年代：ムード歌謡期・第三次ジャズブーム期

【第三段階】　ムード歌謡は，作曲家・吉田正の「ジャズのコードを使った日本の歌謡曲を作りたかった」という構想から始まっており，その後の歌謡曲の主流となった（第三段階）．以下のヒット曲のほとんどはフランク永井，松尾和子，マヒナスターズなどの吉田門下の歌手による．

鶴田浩二「赤と黒のブルース」（1955），「好きだった」（1956），フランク永井「東京午前三時」・「夜霧の第二国道」・「有楽町で逢いましょう」（1957），「東京ナイト・クラブ」（1959），「誰よりも君を愛す」（1960，第2回日本レコード大賞，300万枚），和田弘とマヒナスターズほか「お座敷小唄」（1964），「愛して愛して愛しちゃったのよ」（1965），ザ・ピーナッツ「ウナ・セラ・ディ東京」（1964）など

1.5.3　1950年代前半～1960年代前半：ラテン音楽ブーム期

【第一段階～第三段階】　ラテン音楽ブームの先駆けとなったマンボ（mambo）は，キューバ生まれのダンス音楽である．日本では1949年以降，一流のラテン系ビッグバンドが続々と誕生し（第一段階），歌謡界もこの勢いに便乗した．その嚆矢となったのが，美空ひばりの「お祭りマンボ」（1952）である．これは映画『ひばり姫　初夢道中』（1952）の挿入歌だが，マンボ関連の映画，流行歌としては世界初である（第三段階）．欧米のマンボ映画は『マンボ』（1954）や『海底の黄金』（1955）が早く，これらの映画以降にマンボの流行歌として，ペリー・コモの「パパはマンボがお好き」（1955）やローズマリー・クルーニーの「イスタンブール・マンボ」（1955）が作られた．同年，どちらも江利チエミによりカバーされ，前者が日本語と英語，後者が英語のみでレコーディングされている（第一・二段階）．その後もラテン系のニューリズムとしては，「チャチャチャ」，「カリプソ」，「ボサノバ」などが伝来し，すべて和風化の第三段階まで進んだが詳細は省略する．

1.5.4　1950年代後半：ロカビリーブーム期

【第二段階・第三段階】　1958年の第1回「日劇　ウェスタンカーニバル」を皮切りにロカビリー旋風が巻き起こり，ミッキー・カーチス，山下敬二郎，平尾昌章が「ロカビリー三人男」と呼ばれて人気を博した．しかし，そのほとんどは英語半分，日本語半分のカバー曲だけであったため，和風化の第二段階で終わっており，第三段階に進んだのは平尾昌章の「星は何でも知っている（A面，作詞：水島哲，作曲：津々美洋）／ロック夕やけ小やけ（B面，作詞：仲村雨虹，作曲：

草川信)」(1958) だけであった．ロカビリーが第四段階に入るのは 1970 年代にロックンロールと呼ばれるようになってからである．

1.5.5　1950 年代後半〜1960 年代前半：洋楽カバーポップス時代

【第二段階】　欧米のポップミュージックが直輸入されると同時に日本語に翻訳されてレコード化されていた時代である．翻訳家の岩谷時子，音羽たかし，半田誠一，漣健児などによって意訳され，その歌詞を日本人歌手が「ザ・ヒットパレード」(フジテレビ，1959〜1970 年)，「夢であいましょう」(NHK テレビ，1961〜1966 年)，「シャボン玉ホリデー」(日本テレビ，1961〜1972 年，1976〜1977 年) などの音楽バラエティ番組のなかで歌うことにより，若者の熱狂的な支持を得ていた．テレビ時代の幕開けである．もともと欧米語による歌詞があるため，表 1.4 のように原語のフレーズを部分的に引用している場合がほとんどである．

表 1.4　1960・1961 年総合ランキング内の洋楽カバーポップス

順位	題名	歌手	使用外国語
4	恋の片道切符	平尾昌章	英語
20	メロンの気持	森山加代子	フランス語
23	悲しきインディアン	平尾昌章	英語
28	カレンダー・ガール	坂本九	英語
32	GI ブルース	坂本九	英語
33	グッド・ナイト	松尾和子	英語
35	月影のキューバ	木田ヨシ子	スペイン語
41	おんぼろ汽車ポッポ (Oo Ee Train)	坂本九	英語
42	ズビズビズー	森山加代子	英語
43	遙かなるアラモ	坂本九	英語
44	カイマナヒラ	エセル中田	ハワイ語のみ
55	ルイジアナ・ママ	飯田久彦	英語
56	ラ・マラゲーニア	アイ・ジョージ	スペイン語のみ
60	ポケット・トランジスター	森山加代子	英語
64	グッド・タイミング	坂本九とパラダイス・キング	英語
68	九ちゃんのズンタタッタ	坂本九	英語
80	16 個の角砂糖	坂本九	英語
82	ネヴァー・オン・サンデー (日曜はダメよ)	江利チエミ	英語
85	月夜に歩けば	坂本九	英語
87	恋の汽車ポッポ (Train of Love)	森山加代子	英語
98	幸せがいっぱい	ザ・ピーナッツ	イタリア語

(『ミュージックライフ』1960 年 1 月〜1961 年 12 月)

1.5.6　1960年代：和製ポップス時代

【第三段階】　1960年代に入ると日本人が作詞・作曲した和製ポップスが誕生し，大量の楽曲が発表されることで，歌謡界の一大ジャンルにまで成長した．和製ポップスの作家家で注目されるのは岩谷時子と永六輔である．

岩谷時子（1916-2013）が生涯で手がけた歌詞は1300作品以上にのぼる．いわば「作詞界の文豪」で文化功労者（2009）にも選ばれており，以下のようなレコード大賞を含むヒット曲の歌詞を書いている．

　　ザ・ピーナッツ「ふりむかないで」（1962），「ウナ・セラ・ディ東京」（1963），岸洋子「夜明けのうた」（1964），加山雄三「君といつまでも」（1966）を代表とする加山主演の映画「若大将シリーズ」の一連の主題歌と挿入歌，沢たまき「ベットで煙草を吸わないで」（1966），ピンキーとキラーズ「恋の季節」（1968）など

一方，永六輔（1933-2016）は作曲家・中村八大と数々のヒット曲を生み出した．その中でも坂本九「上を向いて歩こう」（1961，全米ビルボード3週連続1位，米国だけで100万枚以上）と梓みちよ「こんにちは赤ちゃん」（1963，第5回日本レコード大賞受賞，120万枚，英国デッカ・レコードからも発売）は世界的な大ヒットとなった．その他，水原弘「黒い花びら」（1959），ジェリー藤尾「遠くへ行きたい」（1962），坂本九「一人ぼっちの二人」（1962）と「見上げてごらん夜の星を」（1963），山内賢・和泉雅子「二人の銀座」（1967）などのヒット曲がある．ちなみに，伊東ゆかり，中尾ミエ，園まりは和製ポップス時代の代表的な人気歌手で，二代目「三人娘」，「スパーク三人娘」，「ナベプロ三人娘」などと呼ばれた．

1.5.7　1960年代後半：グループ・サウンズ時代

【第三段階】　日本のグループ・サウンズ（和製英語：group sounds，略称 GS）はビートルズの影響を受けて続々とデビューしたポップスとロックのバンドグループで，1967年初夏より1969年春にかけて日本で大流行した．その歌曲はすべてオリジナル作品であったが，プロの作家が書いたものがほとんどである．初期にはジャッキー吉川とブルー・コメッツ，田辺昭知とザ・スパイダース，ザ・サベージが三大人気グループと呼ばれ，中期から後期にかけてはザ・タイガース，ザ・テンプターズ，オックスが「GS御三家」と呼ばれて人気を博した．

1968年夏頃までに GS ブームはピークを迎え，100を超えるグループがレコードデビューを果たしたが，その後，人気は急激に下降し，1971年に入るとほとん

どのグループが解散，あるいは自然消滅した．

1.5.8　1960年代後半〜1970年代：フォーク時代

【第一段階〜第四段階】　日本のフォークは，2016年のノーベル文学賞を受賞したボブ・ディラン（「風に吹かれて」1962）やピーター・ポール＆マリー（「Puff, the magic dragon」1959，1961）などのアメリカンフォークの影響を受けて独自に発展した（第一，二段階）．黎明期（1960年代後半）の歌詞は，生活感を漂わせるものと，「反戦，反体制，社会問題」などのメッセージ性の強いものとに分けることができる．この時代からシンガーソングライターが日本でも出始め，以下のようなヒット曲が作成されるようになる（第三，四段階）．

マイク真木「バラが咲いた」（1966），ザ・フォーク・クルセダーズ「帰ってきたヨッパライ」（1966，第10回日本レコード大賞特別賞，オリコン史上初のミリオンヒット）・「あの素晴しい愛をもう一度」（1971），森山良子「この広い野原いっぱい」（1967）・「さとうきび畑」（1967），岡林信康「友よ」（1967）・「チューリップのアップリケ」（1968），五つの赤い風船「血まみれの鳩」（1969）・「遠い世界に」（1968），高石ともや「受験生ブルース」（1968），高田渡「自衛隊に入ろう」（1968），ビリーバンバン「白いブランコ」（1968）．

1970年代に入ると，井上陽水や吉田拓郎のような，メジャー系に浮上するアーティストが出てきた．

小室等と六文銭「雨が空から降れば」（1971），「出発（たびだち）の歌」（1971，ヤマハ音楽振興会主催「合歓ポピュラーフェスティバル'71」グランプリ受賞），遠藤賢司「カレーライス」（1972），井上陽水「傘がない」（1972），吉田拓郎「結婚しようよ」（1972），「今日までそして明日から」（1971），「青春の詩」（1970）．

ちなみに，井上陽水の3枚目のオリジナルアルバム『氷の世界』（1973）は，アルバムとしては日本で最初のミリオン・セラーである．

1.5.9　1970年代〜2010年代現在：和製ロックンロール時代

【第四段階】　日本のロックは，1950年代のロカビリーの後をうけ，1960年代後半から再出発するが，一般に認知されるのは1970年代初期からである．当初は内田裕也のフラワー・トラベリン・バンドのように英語詩だけで歌うグループもいたが，国内ではヒットすることはなかった．ここでは日本語によるロックの流れをみていく．

日本人で最初にロックのメロディーに日本語の歌詞を乗せたのは田辺昭知とザ・スパイダースの「フリフリ」(1965，かまやつひろし作詞・作曲)で，それにジャックス「からっぽの世界」(1968)や遠藤賢司「ほんとだよ」(1969)が続く．ロックバンドはっぴいえんどは「日本語のロック」を志すなかでこの後者2曲を参考にしたと発言しており（大川・高 1986)，それがアルバム『風街ろまん』(1971) という日本語ロック史上の名盤の誕生につながった．

1972年にデビューした矢沢永吉のキャロル「ファンキー・モンキー・ベイビー」(1973)はロックバンドのシングルとしては前代未聞の30万枚を売り上げ，ロックンロールを一般に広めることになった．

その他，RCサクセション，サザンオールスターズ，浜田省吾など1970年代に登場したバンドやミュージシャンは1980年代以降はすっかりメジャー化し，ヒットチャートの常連として2000年代以降も活躍している．

▶ 1.6 Jポップの時代

1.6.1 1970年代〜1980年代：ニューミュージック時代

【第四段階】 日本のニューミュージックは，欧米のフォークソングやロック，ポップスの影響下に成立したが，それまでの日本のロック，ポップス，フォークのどれにも分類できない新しいサウンドを総称して「ニューミュージック」と呼ぶようになった．

黎明期（1970年代前半）には，吉田拓郎，井上陽水，南こうせつ，泉谷しげるなど，フォークを土台にして，ハードな音を重ねたり，リズムを強調したりした楽曲を指していた．その後，洋楽志向のアーティストたちがデビューするようになり，むしろこちらのほうが主流となっていく．たとえば，荒井由実（松任谷由実）は1973年にファーストアルバム『ひこうき雲』を発表したが，その歌詞は，都会的なセンスにあふれた，生活感に乏しい叙情詩で，サウンドもヨーロッパを感じさせる，ファッショナブルで洗練されたものだった．

また，同時期に伊勢正三が結成した"風"はウエストコーストサウンドの影響を強く受けていた．その後，中島みゆき，山下達郎，竹内まりや，あがた森魚，矢野顕子，ムーンライダーズ，長渕剛など，それぞれ独自の世界観を歌うシンガーソングライターがメジャー系でデビューするようになる．その後，ニューミュージックは巨大化の一途をたどり，1978年には全レコード市場の過半数を超える

までになった（音楽出版社 1999）.

1.6.2　1990年代〜2010年代現在：Jポップの時代

【第三段階から第五段階】　1980年代のロックバンドブームやその他のジャンルの誕生により，ニューミュージックは次第に主流ではなくなった．

「Jポップ」という語は1989年に生まれ，1993年頃からジャンルとして定着した．興味深いのは，まず「Jポップ」という語ができてから，それに既存の楽曲を当てはめた点にある．例えば，演歌以外の歌謡曲，ロック，ポップス，フォーク，ニューミュージック，テクノポップなどをひとくくりにして「Jポップ」と呼んだのである．そのため，範囲を狭めていう場合は，「歌謡曲系Jポップ，フォーク系Jポップ，ロック系Jポップ」などと呼ぶ（烏賀陽 2005）．

2000年代に入ると洋楽は聴かずにJポップだけを聴いて育ったシンガーソングライターがメジャーデビューするようになった．いきものがかりがその典型で，その作品は和風化しており，欧米人には作れないものばかりである（フリードマン 2008，柴 2016）．

以上，戦後日本のポップス史を概観してきた．その結果，1960年代では西洋ポップスの新しいジャンルが輸入されるたびに，ほぼ第一段階〜第三段階の和風化のサイクルを繰り返してきたことがわかった．ところが，1970年代に入るとそのサイクルは止まり，第三段階から始まり，第四段階まで進むという大きな変化があった．つまり，洋楽の影響を受けずに，日本国内だけで和製ポップスが発達するという新しい時代に入ったわけである．2000年代に入るとさらに第五段階が始まった．

これで「日本語回帰」現象が発生する状況までの戦後ポップス史における「洋風化」の流れを，ジャンル別に確認することができた．次章では日本における「洋楽離れ」と「邦楽志向」の現象を観察してから，「日本語回帰」現象が発生した原因と必然性について考察していく.

第1部　Jポップの言語学

第2章　Jポップはなぜ和風化するか

本章ではJポップがなぜ和風化するかという視点から「日本語回帰」現象が起こった原因と必然性とを考察していく．

▶ 2.1　「洋楽離れ」と「邦楽志向」

ブロードキャスターのピーター・バラカンは，FM放送で洋楽を流すのは，NHK，InterFM，TOKYO FM，J-WAVEくらいで，他は圧倒的にJポップだけになったことを危機的状況として指摘している（バラカン 2011）．

1988年10月に開局された「J-WAVE」はもともと洋楽専門のFM局番組で，1989年秋には「センスのいい邦楽」にかぎり少し流すようになった．ところが，その20年後には邦楽に占められたというのは，まさに「軒を貸して母屋を取られる」格好となった．ちなみにその邦楽コーナーの名前が「Jポップ・クラシック」で，これが「Jポップ」という語の初出例といわれている（烏賀陽 2005）．

なぜ，このような状況になったのか．この節では「洋楽離れ」と「邦楽志向」の実態を観察することでその原因を読み取っていく．

2.1.1　若者の「洋楽離れ」か，日本人全体の「洋楽離れ」か

若者の「洋楽離れ」現象は1990年にすでに起こっていたという調査がある（宮台ほか 1993）．同年7月に社会学者・宮台真司を中心とするグループが行った大学生（関東7都県，関西6府県，15308人）への調査によると好きな音楽の上位4ジャンル（「ニューミュージック」，「ロック」，「ポップス」，「歌謡曲」）が占める割合は75.9%に達した（図2.1）．なお，「ロック」と「ポップス」はほとんどが日本人アーティストなので，4人に3人以上は邦楽を聴いていたことになる．ただし，この調査では第5位以下のジャンルにおける邦楽と洋楽との量的違いは不明である．

その一方，1990年の音楽レコード全媒体のトータルの年間ジャンル別売り上げ率は図2.2のようであった（オリジナルコンフィデンス 1991）．

2.1 「洋楽離れ」と「邦楽志向」　　　　　　　　　　19

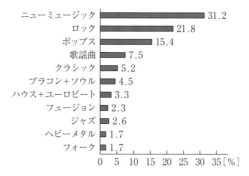

図 2.1　大学生の人気音楽ジャンル（宮台ほか 1993）

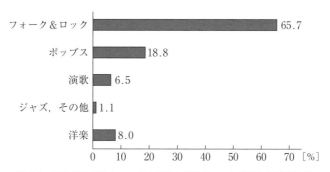

図 2.2　1990 年の音楽レコード全媒体の年間ジャンル別売り上げ枚数率

　これによれば邦楽は 92％であるので，「日本人全体の洋楽離れ」とみることができる．ちなみに 1990 年といえば，「J-WAVE」の開局から 2 年しか経っていない．つまり，日本人全体で洋楽離れが進行しているなかでの洋楽専門番組の開局だったことになる．

2.1.2　音楽ヒットランキング 100 における洋楽のランクイン率の変遷

　第 1 章で使用したオリコンの音楽ヒットランキングの原データには実は西洋ポップスも含まれているのだが，日本の流行歌だけを考察対象にしていたので，図 1.4 ではそれらを除外している．そこで，ここでは，音楽ヒットランキング 100 における西洋ポップスに焦点を当てて，その増減の状況を観察してみる．

　図 2.3 からは，1970 年度から多少の上下はあるが，ほぼ一貫して西洋ポップスが減少し，1990 年度に 1.0％，2000 年度以降はついに 1 曲もランキングに入らなくなったことが確認できる．前章で述べたように 1970 年代から現在までは「J ポ

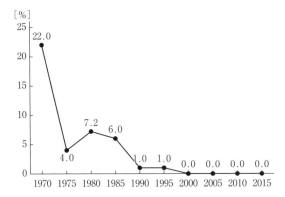

図 2.3 音楽ヒットランキング 100 における洋楽のランクイン率の変遷

ップの時代」なので，図 2.3 はちょうどその時代にあたることになる．ニューミュージックのアーティストが本格的に活動するのは 1970 年代の中頃からなので，その活動の発展期と洋楽の人気の低迷期とが重なっていたことがわかる．

ちなみにオリコンの 1985 年度までのヒットランキングに入っていた洋楽は以下のとおりである．

- **1970 年度**　ザ・ショッキング・ブルー「ヴィーナス」(9 位)，ジェリー・ウォレス「男の世界」(20 位)，ザ・オリジナル・キャスト「ミスター・マンデイ」(25 位)，1910 フルーツガム・カンパニー「トレイン」(29 位)，ビートルズ「レット・イット・ビー」(32 位)，サイモン＆ガーファンクル「コンドルは飛んで行く」(33 位)，ハーブ・アルパート＆ティファナブラス「マルタ島の砂」(35 位)，クリフ・リチャード「しあわせの朝」(41 位)，サイモン＆ガーファンクル「明日に架ける橋」(42 位)，フランシス・レイ・オーケストラ「雨の訪問者」(43 位)，ビートルズ「カム・トゥゲザー」(49 位)
- **1975 年度**　カーペンターズ「プリーズ・ミスター・ポストマン」(33 位)，カーペンターズ「オンリー・イエスタデイ」(50 位)
- **1980 年度**　ノーランズ「ダンシング・シスター」(27 位)，ブロンディ「コール・ミー」(57 位)，ABBA「ギミー・ギミー・ギミー」(66 位)，ジャニス・イアン「ユー・アー・ラヴ」(67 位)，ママス＆パパス「夢のカリフォルニア」(76 位)，シェリル・ラッド「ダンシング・アメリカン」(79 位)，ザ・ドゥーリーズ「ウォンテッド」(88 位)

・**1985 年度**　USA for AFRICA「ウィ・アー・ザ・ワールド（12 インチ版）」（25 位），リマール「ネバーエンディング・ストーリーのテーマ」（42 位），テリー・デサリオ「オーバーナイト・サクセス」（47 位），USA for AFRICA「ウィ・アー・ザ・ワールド」（64 位），ワム！「ケアレス・ウィスパー」（91 位），マドンナ「ライク・ア・ヴァージン」（98 位）

1970 年度 9 位の「ヴィーナス」と 1985 年度 7 位の「ウイ・アー・ザ・ワールド」以外は，みな 20 位以下である．その下位ランクに，ビートルズ「レット・イット・ビー」（32 位），サイモン＆ガーファンクル「明日に架ける橋」（42 位），マドンナ「ライク・ア・ヴァージン」（98 位）といった当時のスーパーアーティストの世界的な大ヒット曲が多数入っている．つまり，それだけ邦楽の方が人気があったことになるが，この点に日本と欧米の音楽ファンの好みの本質的な違いが表れていそうである．以上のようにシングルだけに注目すると確かに洋楽離れが進んでいることがわかる．しかし，シングルだけではなくアルバムにも視野を広げると，もう少し複雑な状況がみえてくる．

2.1.3　1981〜2015 年のレコード・CD 洋盤の販売率の変遷

以下の図 2.4 は，1981〜2015 年における洋盤の販売率（％）の変遷を表している．なお，前項までのデータと違うのは，本項ではヒットランキングではなく，

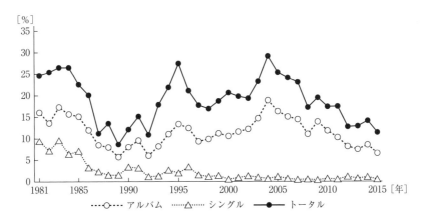

図 2.4　洋盤の販売率（％）の変遷（1981〜2015）
『オリコン年鑑』（1982-2009），『ORICON エンタメ・マーケット白書』（2009-2016）オリコン・エンタテインメント．＊ソースデータの収録媒体別の変動を小さくするため，構成を変えたうえで再計算した．

各年度のすべての販売枚数を扱っている点にある．

シングルの変遷をみると1981年度の9.2%から一貫して減少しつづけて1999年度以降は1.0%以下と低迷状態が固定していることがわかる．この状況は前項のシングルのヒットランキングと同じである．

一方，アルバムに目を転じると，最小値は1989年度の8.5%，最大値は2004年度の29.1%で，その幅は20.6%とばらつきが大きいことがわかる．また，その折れ線には三つの山がある．最初の山は1981～1985年度で高止まりをしているが，その期間は24.7%から26.6%まで緩やかな上昇を示している．その後は18.1ポイントも急速に減少し，1989年度には8.5%と最小値になっている．

二つめの山は1995年度で，三つめは2004年度だが，どちらも山の年度の前後1，2年だけが飛びぬけて比率が高いことから，臨時的な現象だったことがわかる．つまり，洋盤アルバムの販売率は13%前後の低迷した販売状態が普通で，たまにヒットアルバムが出たときだけ販売率を大きく引き上げているのである．ちなみに，三つめの山の2004年から2015年までは直線的に17.9ポイントも減少しており，現在は減少期にあることがわかる．

図2.5と表2.1は，1981～2015年における洋盤アルバムのランクイン率と洋楽アルバムのミリオンセラー枚数の変遷を表している．

図2.5の洋盤アルバムのランクイン率と図2.4の洋盤アルバムの販売率の折れ線とを比較すると両者がよく対応していることがわかる．つまり，トップ100（1997～2015）やトップ50（1981～1996）にランクインするようなヒット曲を含

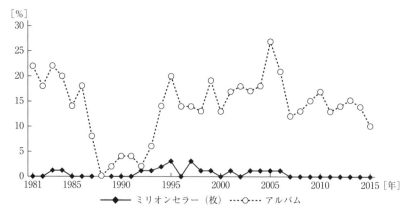

図2.5　洋盤アルバムのランクイン率（%）とミリオンセラー枚数の変遷

2.1 「洋楽離れ」と「邦楽志向」

表 2.1 洋盤アルバムのランクイン率 (%) とミリオンセラー枚数の変遷

	ミリオンセラー (枚)	アルバム (%)	アルバム (実数)		ミリオンセラー (枚)	アルバム (%)	アルバム (実数)
1981	0	22	11	1999	1	19	19
1982	0	18	9	2000	0	13	13
1983	1	22	11	2001	1	17	17
1984	1	20	10	2002	0	18	18
1985	0	14	7	2003	1	17	17
1986	0	18	9	2004	1	18	18
1987	0	8	4	2005	1	27	27
1988	0	0	0	2006	1	21	21
1989	0	2	1	2007	0	12	12
1990	0	4	2	2008	0	13	13
1991	0	4	2	2009	0	15	15
1992	1	2	1	2010	0	17	17
1993	1	6	3	2011	0	13	13
1994	2	14	7	2012	0	14	14
1995	3	20	10	2013	0	15	15
1996	0	14	7	2014	0	14	14
1997	3	14	14	2015	0	10	10
1998	1	13	13				

(1981～2015 年, オリコン音楽ヒットランキング 100)

むアルバムが多い年度は，洋盤アルバムの全体的な販売率も高くなるという至極当然な結果が確認されることになる．また洋楽アルバムのミリオンセラー枚数の変遷も一緒に挙げておいたが，こちらも販売率にほぼ対応している．

以上の観察から，日本では洋楽のヒット曲はシングルよりも，アルバムで購入されてきたことがわかる．つまり，シングルの販売数だけでなく，アルバムの販売数も視野に入れて「洋楽離れ」を判断する必要があることを意味している．

2.1.4 ミリオンセラーの時代：1990 年代～2000 年代前半

図 2.6 は，1990～2003 年の日本におけるミリオンセラーのアルバム数とシングル数の推移を示している．それぞれのピークはアルバムが 1999 年で，シングルが 1995・1996 年と数年のズレがある．それぞれでピークの年を中心に左右対称の正規分布に近い山を構成している．ここから，おおむね 1990 年代から 2000 年代前半にかけての十数年間は「ミリオンセラーの時代」ということができる．1995・1996 年にはシングルでミリオンセラーが 23 枚ずつ，そのうちの各 1 枚は 200 万枚である．また，1999 年にはアルバムでミリオンセラーが 30 枚，そのうちの 1

枚は800万枚を売り上げている（宇多田ヒカル『First Love』）．どちらも日本のCD販売史上の最高記録である．

ところが，これらの分布と図2.5の洋盤アルバムのミリオンセラーの販売枚数

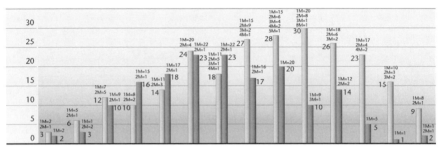

図2.6　ミリオンセラーのアルバム数とシングル数の推移（日本レコード協会『日本のレコード産業2004』）

表2.2　日本でミリオンセラーになった洋楽アルバム

	タイトル	アーティスト	売上(万枚)	ランキング年度
1	The Ones	マライア・キャリー	280.9	1998
2	青春の輝き　〜ベスト・オブ・カーペンターズ〜	カーペンターズ	227.9	1995
3	デイドリーム	マライア・キャリー	220.3	1995
4	メリー・クリスマス	マライア・キャリー	208.3	1994
5	ボディガード	サウンドトラック	188.2	1992
6	スリラー	マイケル・ジャクソン	161.3	1984
7	Def Tech	デフテック	165.7	2005
8	MUSIC BOX	マライア・キャリー	158.9	1993
9	スキャットマンズ・ワールド	スキャットマン・ジョン	156.1	1995
10	タイタニック	サウンドトラック	141.8	1997
11	ザ・ビートルズ1	ビートルズ	133.9	2001
12	ザ・ベリー・ベスト	セリーヌ・ディオン	123	1999
13	クイーンジュエルズ〜ヴェリー・ベスト・オブ・クイーン〜	クイーン	122.2	2004
14	Catch The Wave	デフテック	122.5	2006
15	クロスロード	ボン・ジョヴィ	115	1994
16	t.A.T.u.	タトゥー	107	2003
17	フラッシュダンス	サウンドトラック	106.6	1983
18	レッツ・トーク・アバウト・ラヴ	セリーヌ・ディオン	103.1	1997
19	バタフライ	マライア・キャリー	102.5	1997

の分布とはまったく対応しておらず，ここから図2.6のほとんどは邦楽アルバムの分布を示していることがわかる．ちなみに1983年から2006年までに日本でミリオンセラーになった洋楽アルバムは19枚である（表2.2）．一方，邦楽と洋楽を合わせたミリオンセラーアルバムは1990年から2004年までで250枚になる（図2.6，2004年は5枚）．両者が重なっている期間は1990～2004年なので，その期間だけの枚数を数えると洋楽15枚と邦楽235枚となる．つまり，邦楽のミリオンセラーアルバムは235枚（= 250 - 15）で，邦楽は洋楽の16倍も多いことになる．

前項でふれたとおり，洋楽アルバムが一番売れたのが2004年度で29.1%だが，これは邦楽アルバムが70.9%売れたことを意味している．つまり，ニューミュージックの時代に入り，日本人の「邦楽志向」は決定的なものとなっていることがわかる．たまに洋楽で世界的なヒットが生まれ，一時的に「洋楽寄り」の傾向が出ても，すでに強固な基盤となった「邦楽志向」はびくともせずにその後も続いていくという構造ができあがっていたことが確認できる．

2.1.5 1953～1960年の洋盤の盤種別生産枚数比率の変遷

図2.7は1953～1960年の洋盤の盤種別生産枚数比率の変遷で，表2.3はそのもととなった和洋総合生産枚数の変遷を表している．どの盤種においても年を経るにつれて洋盤が減少しているが，これは反対からいうと邦盤が増加していることを意味している．LP版は1953，1954年，EP版は1954年にはすべて洋盤しかなかったが，その後，少しずつ邦盤が販売されたことになる．

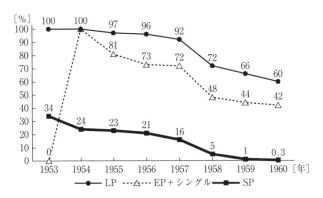

図2.7 1953～1960年の洋盤の盤種別生産率の変遷

前章でも述べたように，1950年代から1960年代にかけては「洋楽カバーポップス」の時代である．まずは手本となる洋楽の歌曲が大量に輸入され，それを日本語に翻訳したカバーポップスが生まれ，そして和製ポップスのような日本オリジナルの洋風ポップスが生まれるというその過程と対応していることがわかる．つまり，「洋楽離れ」という現象は「日本の流行歌の洋風化」という現象と裏腹の関係にあったことを意味している．

表2.3　1953～1960年の和洋総合生産枚数（万枚）の変遷

年	LP	EP+シングル	SP
1953	5	0	1936
1954	21	46	1590
1955	55	117	1278
1956	102	238	1154
1957	183	389	988
1958	152	207	287
1959	490	853	554
1960	359	756	198

1953～1957：『レコード年鑑 1958年版』音楽之友社．
1958～1960：『音楽年鑑 昭和35, 36年版』音楽之友社．

2.1.6　音楽メディアの売り上げからみた「邦楽志向」

2015年に，世界の音楽市場でデジタル配信（ダウンロードとストリーミング）がパッケージメディア（レコードやCD）を初めて上回ったことが，国際レコード産業連盟（IFPI）から発表された（IFPI 2016）．つまり，デジタル配信の売り上げが全体の45%を占めたのに対し，パッケージメディアの売り上げは39%に低下したことが明らかになったのである．このことはリスナーの音楽の買い方が「所有からアクセスへ」と根本的に変わりつつあることを意味している．この世界の状況変化にもかかわらず，日本での変化のスピードは鈍い．

2015年の日本における音楽メディアの売り上げは以下の通りだった（日本レコード協会 2016）．

(1)　音楽ソフト（CD, DVD, Blu-rayディスクなど）：2544億円（前年比100%）
(2)　有料音楽配信：471億円（前年比108%）
　＊(2)のうち定額制ストリーミング配信サービス：124億円（前年比158%）．

以上のように，ストリーミング配信は大きく伸びてはいるが，全体に占める割合は小さい．結局，日本ではCDなどのパッケージメディアの売り上げが音楽市場の7割以上を占めており，旧態依然たる状況にある．海外に比べて定額制ストリーミング配信サービスの普及が進んでいない理由は，邦楽の最新曲が43%しか提供されていない点にある（海外での洋楽最新曲の提供は100%）．これは配信を拒否している日本人アーティストが多いからである．そのため，日本のリスナー

は邦楽の最新曲を聴きたい場合はCDを買うかレンタルするか，もしくはダウンロードをする以外に聴く手立てがないわけである（芝 2016）．この背景には，「邦楽志向」が顕著に存在している．

▶▶**コラム 日本におけるハリウッド映画の興行収入シェアの推移**

以上の，西洋ポップスの人気がなくなっていったことと同様の現象が，日本の映画界でも起こっていた（『朝日新聞』2013 年 2 月 4 日朝刊）．

図 2.8 は日本におけるハリウッド映画の興行収入シェアの推移のグラフである．ここからは，2002 年まではハリウッド映画のシェアが伸び続けて 72.9%に達したが，その後は急落し，その後の 2012 年には 34.3%にまで落ち込んだことがわかる．このシェアの値は半世紀前の 1960 年代の数字に等しい．さらにいえば，2000 年代は『ハリー・ポッター』シリーズに象徴されるメガヒットの時代であったが，「すでに中規模の洋画から観客が離れていたのだが，メガヒット作の数字がそれを覆い隠していた」（映画ジャーナリスト・大高宏雄）とか，「日本ほどハリウッド映画が低迷している国はない」（在米映画ライター・中島由紀子）などの指摘は注目される．ハリウッド映画のシェアの落ち込みは日本映画のシェアの拡大を意味していることになる．

以上のハリウッド映画のシェアの減少時期も J ポップの日本語回帰現象の発生時期とほぼ重なっていることがわかる．ここから J ポップの日本語回帰現象と同様の現象は，より広い文化領域で，「クールジャパン現象」という形で起こっていたことを示唆する．

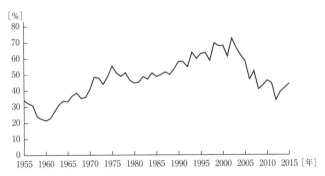

図 2.8 日本におけるハリウッド映画のシェアの推移
（日本映画製作者連盟 http://www.eiren.org/toukei/data.html）

2.1.7 「洋楽離れ」と「日本語回帰」はなぜ起こったか

世界的ヘヴィメタル・バンド「メガデス」の元ギタリストのマーティ・フリードマンは，Ｊポップには洋楽の影響を受けてないアーティストやユニットが多いと指摘している．例えば，「いきものがかり」のメロディのセンスは日本独特のもので，誇りを持って曲作りをしており，かつての洋楽コンプレックスはまったく感じられないという（GQJAPAN 2012）．当のいきものがかりの水野良樹はドリカムの中村正人との対談のなかで，洋楽はほとんど聴かなかったが，Ｊポップはむさぼるように聴いていたと語っている（音楽ナタリー 2014）．

水野はデビューが決まってから自分たちが生き残る道を探した時に，水野の曲は「どこか懐かしい」と評されたことから，そこに活路を見出した．過去のレコードを買い集め，中村八大や浜口庫之助や宮川泰や筒美京平などの作曲家，阿久悠や阿木燿子や松本隆などの作詞家の仕事を観察することにより，昭和歌謡のエッセンスも吸収していった．これにより，その後の水野たちのスタイルは確立され，数々のヒット曲を生み出すことができたのである（芝 2016）．

以上の発言を総合すると，2000年代に入ってから，Ｊポップの英語使用が減少していった理由がみえてくる．フリードマンは，Ｊポップは80年代，90年代前半くらいまで，洋楽の真似だったとも指摘している（GQJAPAN 2012）．80～90年代といえばＪポップでの英語使用が急増した時期である．

ところが，2000年以降にデビューしたいきものがかりの水野のように，洋楽に憧れもコンプレックスももたず，Ｊポップに憧れ，Ｊポップ育ちであることに誇りを思っている若手アーティストの増加が，「洋楽離れ」と「邦楽志向」とを加速させるとともに，2000年代のＪポップをさらに和風化させ，「日本語回帰」現象につながっていったと推測される．

▶ 2.2 日本語回帰説の土台となる日本文化論

2.2.1 三島由紀夫の「無の坩堝モデル」

1970年に文芸評論家の竹本忠雄が京都の「建勲神社」を訪れたとき，そこには鏡や榊などのほか何もなかった．初対面の宮司に「ここには何もないんですね」と聞いたところ，「そうです，神道には何もないんですよ」という答えであった．この話を竹本本人から聞いた詩人の高橋睦郎が，その後間もなく三島由紀夫 (1925-1970) に話すと，黙って聞いていたあと，次のように語ったという．「そう

だよ，日本には何も無いんだ．」「日本にはオリジナルなものは何一つないんだ．だけど，その何一つない中に外からいろんなものを吸い込んで，吸い込んだ時点とはまったく別のものに変えて吐き出す．その何もない無の坩堝の変成力こそが日本なんだ．」

　この話は詩人の高橋睦郎が日仏シンポジウム（2014）で紹介したものである（高橋 2016）．前章で説明した和風化段階モデルは，この三島の発言に適合することがわかる．

2.2.2　河合隼雄の「中空構造モデル」

　心理学者の河合隼雄（1928-2007）は，ユング心理学の手法で日本文化の構造は「中空構造」だと提唱した（河合 1982）．つまり，日本文化の中心は「空」であり「無」であるという刺激的な内容である．この主張は仮説ではあるが，その後，多くの支持を得て，現在までにこの仮説に基づいた日本文化論がさまざまに展開されてきた．

　ユング心理学は，神話や昔話にその国民の深層心理の構造や文化的な特徴が表れていることを主張した学派である．そこで河合はその手法を古事記の神話に当てはめてみた．そうすると，イザナギの子供であるアマテラス，ツクヨミ，スサノヲのうち，ツクヨミだけはこれといった物語がないことに気づいた．同様のことはその前後に生まれた「タカミムスヒ，アメノミナカヌシ，カミムスヒ」や「ホデリ，ホスセリ，ホヲリ」の2グループの真ん中の神が何もしていないという点にも認められ，中空構造の発想を得たのである．

　河合はつぎのように述べている．

　「わが国が常に外来文化を取り入れ，時にはそれを中心においたかのごとく思わせながら，時がうつるにつれそれは日本化され，中央から離れてゆく．しかもそれは消え去るのではなく，他の多くのものと適切にバランスを取りながら，中心の空性を浮かびあがらせるために存在している．このようなパターンは，まさに神話に示された中空均衡形式そのままであると思われる．」

　前章で説明した和風化段階モデルはこの河合の発言にも適合することがわかる．
　さきの三島の考えは河合の「中空構造」と本質的には同じであることから，三島は河合以前に同じ考えに達していたことがわかる．ただし，三島はこの発言の3ヶ月ほど後に市ヶ谷で自決しているため活字化していなかったようである．そのため河合ばかりではなく，世間の知るところとはならなかったと推測される．

2.2.3　大瀧詠一の「分母分子論」と「ポップス"普動説"」

日本を代表するポップミュージシャンの大瀧詠一は日本ポップス史の構造を説明するための理論として，「分母分子論」と「ポップス"普動説"」を提唱した．

【分母分子論】大瀧・相倉（1983）（図 2.9）

明治以来，日本の音楽のほとんどは洋楽（世界史）からの輸入，つまり，世界史を分母としていた．しかし時代とともにその分母が世界史だという意識が稀薄になり（つまり，カッコつきの世界史），さらにはそのカッコつきの世界史を分母とする日本史が，さらに新しい日本史の分母となるという三重構造が現出した．1980 年代に入ると「洋楽コンプレックス」が消滅したことにより，上下関係もなくなって，その三重構造が横倒しとなり，世界史を分母とする日本史，さらにはその日本史を分母とする日本史が横一線に並ぶこととなった．

【ポップス"普動説"】大瀧（1991）（図 2.10）

ポップス界の力学的な位置関係は，明治以来，常に同一だった．「普動」というのは大瀧の造語で「時代の変化を受けない，普遍的な」という意味と解釈される．まず，大衆のもっとも支持を集める「中道」があり，その左右に「ハイカラ」な左派と「土着的」な右派が位置する．そしてそれらが突き詰められたものが，それぞれ「極左」と「極右」である．ただし普遍的な「中道」というものはない．時代の変化とともに「中道」の部分は変化する．たとえばある時代には演歌が，また別の時代にはニューミュージックが中道となる．唯一の変化は 1980 年代以降，この図式が縦割りではなく横一線に並んだことである．これは，「洋楽コンプレックス」が消滅したことにより，上下関係の意識もなくなったことを意味している．MOR とは "middle of the road" のことである．

大瀧自身はこの二つの図の関係については説明していないが，分母分子論の図が"普動説"の図の「中道」の部分に相当するのは論理的に明らかである．つまり，どの時代でもポップスの構造は"普動説"の図のように変化しないが，そのなかで「中道」の部分だけは時代によって変化があり，その変化のパターンが分母分子論の図だということである．その「中道」の部分が三島の「無の坩堝」で

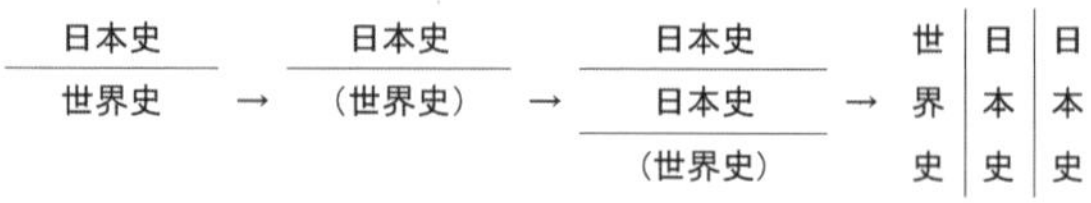

日本史		日本史		日本史		世	日	日
世界史	→	（世界史）	→	日本史	→	界	本	本
				（世界史）		史	史	史

図 2.9　分母分子論による日本ポップス構造の変遷モデル

あり，河合の「中空構造」である．

以上の三つの日本文化論から，日本に輸入された外来文化はつねに和風化されて存続してきたことがわかる．つまり，Jポップが和風化するのは必然だったのである．

また，三つの日本文化論では指摘されていないが，「和風化段階モデル」からみると，第五段階というこれまでになかった段階に21世紀以降入ったことが注目される．Jポップの未来の「ガラパゴス化」を心配する向きもあるが（芝 2016），筆者は日本の漫画やアニメと似たような発展をし続けていくと予想している．つまり，外来文化の影響をほとんど受けることがない独自の発展である．それは島国日本の得意分野で，古代から現代にいたるまで絶えることなく行ってきたことである．

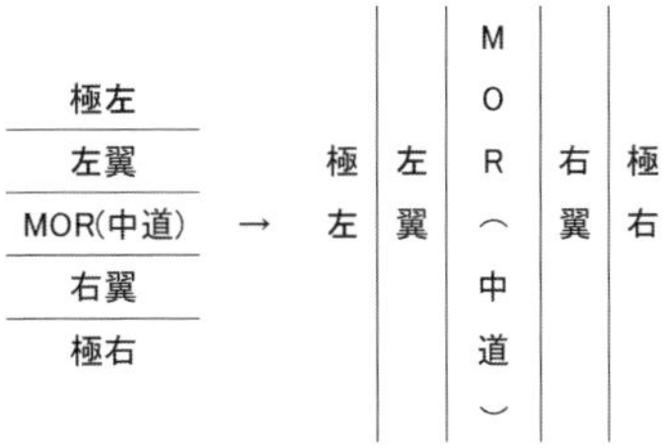

図 2.10 「ポップス"普動説"」による普遍的なポップス構造

第2部　中島みゆきとユーミンの言語学

第3章　中島みゆきと松任谷由実の歌詞はどちらが豊かか

本章では，中島みゆきと松任谷由実（以下，ユーミン）の全歌詞の語彙を比較することでどちらの方が語彙が豊か，そしてその理由は何かを考察していく．

▶ 3.1　中島みゆきと松任谷由実の創作力発揮モデル

ここでは，中島みゆきとユーミンがこの40年間に発表し続けてきたアルバム数と歌詞数を比較することにより，二人の創作力の変遷を考察していく．

前章と本章で調査対象にした中島とユーミンの歌詞は，二人の全オリジナルアルバムに収録されたすべての歌詞（中島388，ユーミン364）である[注1]．つまり，以下で紹介する図表は，それぞれの全オリジナルアルバムの全歌詞を母集団とする全数調査の結果ということになる（執筆当時；2015年4月）．

3.1.1　オリジナルアルバム数の比較

ここでは，オリジナルアルバム数を比較することにより二人の創作力の違いを明らかにしていく．

オリジナルアルバムの合計は，中島が40でユーミンが37と，中島が3アルバム多いだけなので大差はない．アルバム数の変遷をグラフ化すると図3.1のようになる．

中島のファースト・アルバムは1976年4月の『私の声が聞こえますか』なので，図表の70-74では0となっている．それに対し，ユーミンのファースト・アルバムは1973年11月の『ひこうき雲』なので，2歳年下のユーミンの方がアルバムの発表では2枚早かったことがわかる．

中島の1970～2014年までの5年ごとのオリジナルアルバムの発表枚数は最大値

（注1）ユーミンの場合は，1977年までの2枚のベストアルバムだけでしか発表されなかった以下の6作品は例外として対象にいれた．この理由は当時，ユーミンはアルファレコードに所属していたため，楽曲の著作権は同社が保有しており，その後，東芝EMIに移籍したユーミンのオリジナルアルバムに収録することができなかったためである．

『YUMING BRAND』（1976）：「あの日にかえりたい」，「翳りゆく部屋」
『ALBUM』（1977）：「遠い旅路」，「NAVIGATOR」，「潮風にちぎれて」，「消灯飛行」

3.1 中島みゆきと松任谷由実の創作力発揮モデル

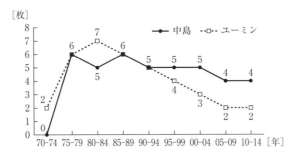

図 3.1 中島とユーミンのオリジナルアルバム発表数の変遷

が 6 枚，最小値が 4 枚であるのに対し，ユーミンは最大値が 7 枚，最小値が 2 枚と範囲が広い．範囲の狭い中島はアルバムをほぼ年 1 枚のペースでコンスタントに作品を発表し続けているのである．

一方，ユーミンはデビュー当時の 2 枚から 80 年代前半の 7 枚まで急上昇したが，それ以降は 5 年ごとに 1 枚のペースで発表枚数が減りつづけ，2005 年代以降はデビュー当時の 2 枚にまで減少した．

以上の比較から，二人の創作力発揮のタイプがまったく異なっていることがわかる．つまり，ユーミンは 70 年代後半から 80 年代後半までの短期間に集中して創作力を発揮する「短期集中型」であるのに対し，中島は長期間にわたって一定のペースでコンスタントに創作力を発揮する「長期安定型」だということである．

3.1.2 歌詞数の比較

ここでは，歌詞数を比較することにより二人の創作力を比較していく．なお，図 3.1 のアルバムのグラフでは中島は 70-74 で 0 となっているが，図 3.2 では 4 となっている．これは歌詞単位の調査では個々の歌詞の作成年に基づいて集計し

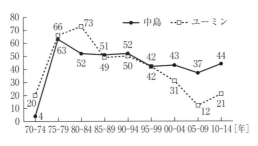

図 3.2 中島とユーミンの歌詞数の変遷

表 3.1　中島のアルバム数と歌詞数

作成年	アルバム数	累積アルバム数	歌数	累積歌数
70-74	0	0	4	4
75-79	6	6	63	67
80-84	5	11	52	119
85-89	6	17	51	170
90-94	5	22	52	222
95-99	5	27	42	264
00-04	5	32	43	307
05-09	4	36	37	344
10-14	4	40	44	388
合計	40		388	

表 3.2　ユーミンのアルバム数と歌詞数

作成年	アルバム数	累積アルバム数	歌数	累積歌数
70-74	2	2	20	20
75-79	6	8	66	86
80-84	7	15	73	159
85-89	6	21	49	208
90-94	5	26	50	258
95-99	4	30	42	300
00-04	3	33	31	331
05-09	2	35	12	343
10-14	2	37	21	364
合計	37		364	

たからである．つまり，中島のアルバムではアルバム発表年よりも何年も前に作成された曲が収録されることが珍しくないのである．一方，ユーミンの場合はアルバム発表年と収録曲の作成年はほぼ一致している．

全体的な増減傾向は図 3.1 とほぼ同じであるが，増減の差が強調されていることがわかる．これはどのアーティストでも 1 アルバムあたりの収録曲数は 10 曲が標準的なため，アルバム単位と歌詞単位では数値のうえではほぼ 10 倍の差があるからである．ちなみに 1 アルバムの平均曲数は中島で 9.7 曲，ユーミンで 9.8 曲（表 3.1，3.2）となる．歌詞単位でも中島の「長期安定型」とユーミンの「短期集中型」という創作力発揮モデルは認められる．

▶ 3.2　中島とユーミンの語彙はどちらが豊かか

ここからは，二人の歌詞の語彙はどちらが豊かか，そしてその理由は何かという点について考察していく．

3.2.1　語彙の豊かさの指標

語彙は「理解語彙」と「使用語彙」とに分けることができる．理解語彙とは「ある個人が理解できる（見出し）語の集合」のことで，使用語彙とは「ある個人が使用できる（見出し）語の集合」のことである．「語彙の豊かさ」とは「使用語彙の豊かさ」のことである．なぜなら，ある個人の語彙の豊かさを調べる場合は，その個人が書いたテクストから推測するしか方法がないからである．

3.2 中島とユーミンの語彙はどちらが豊かか

表3.3 中島とユーミンの語彙基本データ

作成年	中島			ユーミン		
	延べ	異なり	TTR	延べ	異なり	TTR
70-74	388	149	0.38	1286	510	0.4
75-79	6064	1343	0.22	4916	1656	0.34
80-84	5670	1386	0.24	6721	1981	0.29
85-89	5936	1569	0.26	4548	1527	0.34
90-94	6605	1393	0.21	5400	1574	0.29
95-99	4711	1100	0.23	4501	1387	0.31
00-04	4177	1132	0.27	3319	1047	0.32
05-09	4289	1025	0.24	1176	502	0.43
10-14	5191	1285	0.25	2221	814	0.37
合計	43031	5280	0.12	34088	5006	0.15

表3.3は，第1章で紹介した中島みゆきと松任谷由実の語種比率の変遷グラフのもとになった基本データである．

語彙の豊かさを表す「指標」（目じるし）としては，ユール（Yule）の「K 特性値（Characteristic K）」が知られている．しかし，K 特性値は計算が複雑なだけではなく，テキストの長さに依存しているため 2000 語以下のテキストでは数値が安定しないなどの難点があり，適用できるテキストは限定されることになる．例えば，表3.3には延べ語数で 2000 語に満たない時期が三つ確認できるので（中島・ユーミン 70-74，ユーミン 05-09），今回の調査結果に K 特性は適用できない．

そこで，ここでは今回の調査のデータが少ないことや，初心者の応用面をも考慮して，計算がしやすく，少量のテキストでも有効な数値を出す TTR を使うことにした．TTR とは「*type-token ratio*」の略称で，日本語では「（タイプ・）トークン比」と呼ばれ，以下の式により簡単に求めることができる．

　　異なり語数（k）÷延べ語数（n）＝ TTR

つまり，TTR は延べ語数 n に対する異なり語数 k の比率を表しているのである．TTR は数値が高いほど，語彙の豊富なことを意味する．それに対し，K 特性値は数値が低いほど語彙の豊富さを意味しており，この判定の面でも TTR の方が誤解にしくいという利点をもっている．

3.2.2　TTR の有効性の検証

ここでは TTR を実際のテキストに適用することでその有効性を検証していく．

以下の歌詞はユーミンの「海を見ていた午後」(以下，「海午後」) と「時をかける少女」(以下，「時かけ」) と「恋人がサンタクロース」(以下，「サンタ」) である．海午後ではリフレインは一つもないのに対し，時かけとサンタとにはリフレインがある．時かけでは「時をかける少女」というフレーズが3回繰り返されるのに対し，サンタでは「恋人がサンタクロース」というフレーズが10回も繰り返されるというように，リフレインの頻度にも差がある．

・**松任谷由実「恋人がサンタクロース」(1980)**

　　昔となりのおしゃれなおねえさんは
　　クリスマスの日わたしに云った
　　今夜8時になれば　サンタが家にやって来る
　　ちがうよそれは絵本だけのおはなし
　　そういう私にウインクして
　　でもね大人になれば　あなたにもわかるそのうちに
　　　　恋人がサンタクロース
　　　　本当はサンタクロース　つむじ風追い越して
　　　　恋人がサンタクロース
　　　　背の高いサンタクロース　雪の街から来た
　　あれからいくつ冬がめぐり来たでしょう
　　今も彼女を思い出すけど
　　ある日遠い街へとサンタがつれて行ったきり
　　そうよ明日になれば　私もきっとわかるはず
　　　　※恋人がサンタクロース
　　　　本当はサンタクロース　プレゼントかかえて
　　　　恋人がサンタクロース
　　　　寒そうにサンタクロース　雪の街から来る
　　　　恋人がサンタクロース
　　　　本当はサンタクロース　つむじ風追い越して
　　　　恋人がサンタクロース
　　　　背の高いサンタクロース　私の家に来る
　(※くりかえし)

〈JASRAC 出 1702836-701〉

・**松任谷由実「時をかける少女」(1983)**

　　あなた　私のもとから

突然消えたり　しないでね
二度とは　会えない場所へ
ひとりで　行かないと誓って
私は　私は　さまよい人になる
　　※時を　かける少女
　　　　愛は輝く舟
　　　　過去も未来も星座も越えるから
　　　　抱きとめて
ゆうべの夢は金色
幼い頃に遊んだ庭
たたずむ　あなたのそばへ
走ってゆこうと　するけれど
もつれて　もつれて　涙枕を濡らすの
　　　時を　かける少女
　　　　空は宇宙の海よ
　　　　褪せた写真のあなたの　かたわらに
　　　　飛んでいく
（※くりかえし）　　　　　　　　　　〈JASRAC 出 1702836-701〉

・松任谷由実「海を見ていた午後」(1974)
あなたを思い出す　この店に来るたび
坂を上って　きょうもひとり来てしまった
山手のドルフィンは　静かなレストラン
晴れた午後には　遠く三浦岬も見える
　　　ソーダ水の中を　貨物船がとおる
　　　小さなアワも恋のように消えていった
あのとき目の前で　思い切り泣けたら
今頃二人　ここで海を見ていたはず
窓にほほをよせて　カモメを追いかける
そんなあなたが　今も見える　テーブルごしに
　　　紙ナプキンには　インクがにじむから
忘れないでって　やっと書いた遠いあの日　　〈JASRAC 出 1702836-701〉

以上，三つの歌詞の語彙表を作成すると図3.3, 3.4, 3.5のようになる．

第3章 中島みゆきと松任谷由実の歌詞はどちらが豊かか

	海午後のタグ	度数
1	あなた【貴方】名・代	2
2	あの【彼の】連体	2
3	くる【来る】動	2
4	とおい【遠い】形	2
5	みえる【見える】動	2
6	あわ【泡】名	1
7	いま【今】名	1
8	いまごろ【今頃】名	1
9	いる【居る】動・補	1
10	いんく【インク：ink】名	1
11	うみ【海】名	1
12	おいかける【追い掛ける】動	1
13	おもいきり【思い切り】副	1
14	おもいだす【思い出す】動	1
15	かく【書く】動	1
16	かみなぷきん【紙ナプキン】名	1
17	かもつせん【貨物船】名	1
18	かもめ【鴎】名	1
19	きえる【消える】動	1
20	きょう【今日】名	1
21	こい【恋】名	1
22	ごご【午後】名	1
23	ここ【此処】名	1
24	この【此の】連体	1
25	さか【坂】名	1
26	しずかだ【静かだ】形動	1
27	しまう【仕舞う】動・補	1
28	そおだすい【ソーダ水】名	1
29	そんな【其んな】連体	1
30	たび【度】名	1
31	ちいさな【小さな】連体	1
32	てえぶるごし【テーブル越し】名	1
33	とおる【通る】動	1
34	とき【時】名	1
35	どるふいん【ドルフィン：Dolphin】名・店	1
36	なか【中】名	1
37	なける【泣ける】動・可	1
38	にじむ【滲む】動	1
39	のぼる【上る】動	1
40	はず【筈】名	1
41	はれる【晴れる】動	1
42	ひ【日】名	1
43	ひとり【一人】副	1
44	ふたり【二人】名	1
45	ほお【頬】名	1
46	まど【窓】名	1
47	みうらみさき【三浦岬】名・地	1
48	みせ【店】名	1
49	みる【見る】動	1
50	めのまえ【目の前】名	1
51	やっと【やっと】副	1
52	やまて【山手】名・地	1
53	ゆく【行く】動・補	1
54	よせる【寄せる】動	1
55	れすとらん【レストラン：restaurant】名	1
56	わすれる【忘れる】動	1
	総合計	61

図 3.3　海午後の語彙表

	時かけのタグ	度数
1	あなた【貴方】名・代	3
2	かける【駆ける・駈ける】動	3
3	しょうじょ【少女】名	3
4	とき【時】名	3
5	わたし【私】名・代	3
6	あい【愛】名	2
7	かがやく【輝く】動	2
8	かこ【過去】名	2
9	こえる【越える・超える】動	2
10	する【為る】動	2
11	せいざ【星座】名	2
12	だきとめる【抱き留める】動	2
13	ふね【船】名	2
14	みらい【未来】名	2
15	もつれる【縺れる】動	2
16	ゆく【行く】動・補	2
17	あえる【会える・逢える】動・可	1
18	あせる【褪せる】動	1
19	あそぶ【遊ぶ】動	1
20	うちゅう【宇宙】名	1
21	うみ【海】名	1
22	おさない【幼い】形	1
23	かたわら【傍ら】名	1
24	きえる【消える】動	1
25	きんいろ【金色】名	1
26	ころ【頃】名	1
27	さまよいびと【彷徨い人】名	1
28	しゃしん【写真】名	1
29	そば【側】名	1
30	そら【空】名	1
31	たたずむ【佇む】動	1
32	ちかう【誓う】動	1
33	とつぜん【突然】副	1
34	とぶ【飛ぶ】動	1
35	なみだ【涙】名	1
36	なる【成る・為る】動	1
37	にどと【二度と】副	1
38	にわ【庭】名	1
39	ぬらす【濡らす】動	1
40	ばしょ【場所】名	1
41	はしる【走る】動	1
42	ひとり【一人・独り】名	1
43	まくら【枕】名	1
44	もと【本・元】名	1
45	ゆうべ【夕べ】名	1
46	ゆく【行く】動	1
47	ゆめ【夢】名	1
	総合計	68

図 3.4　時かけの語彙表

	サンタのタグ	度数
1	さんたくろおす【サンタクロース】名	20
2	こいびと【恋人】名	10
3	くる【来る】動	5
4	ほんとう【本当】名	5
5	わたし【私】名・代	5
6	まち【町】名	4
7	うち【家】名	3
8	おいこす【追い越す】動	3
9	せ【背】名	3
10	たかい【高い】形	3
11	つむじかぜ【旋風】名	3
12	なる【成る・為る】動	3
13	ゆき【雪】名	3
14	いう【言う】動	2
15	かかえる【抱える】動	2
16	さむい【寒い】形	2
17	さんた【サンタ】名	2
18	ひ【日】名	2
19	ぷれぜんと【プレゼント】名	2
20	わかる【分かる】動	2
21	あした【明日】名	1
22	あなた【貴方】名・代	1
23	ある【或る】連体	1
24	あれ【彼】名・代	1
25	いくつ【幾つ】名	1
26	いま【今】名	1
27	ういんくする【ウインクする】動	1
28	えほん【絵本】名	1
29	おしゃれだ【お洒落だ】形動	1
30	おとな【大人】名	1
31	おもいだす【思い出す】動	1
32	かのじょ【彼女】名	1
33	きっと【急度】副	1
34	くりすます【クリスマス】名	1
35	こんや【今夜】名	1
36	そう【然う】感	1
37	そう【然う】副	1
38	そのうち【其の中】名	1
39	それ【其】名・代	1
40	ちがう【違う】動	1
41	つれる【連れる】動	1
42	でも【でも】接	1
43	とおい【遠い】形	1
44	となり【隣】名	1
45	ねえさん【姉さん】名	1
46	はず【筈】名	1
47	はちじ【8時】名	1
48	はなし【話】名	1
49	ふゆ【冬】名	1
50	むかし【昔】名	1
51	めぐりくる【巡り来る】動	1
52	やってくる【やって来る】動	1
53	ゆく【行く】動	1
	総合計	117

図 3.5　サンタの語彙表

　延べ語数は，海午後が61語，時かけが68語，サンタが117語となっている．

　異なり語数は海午後が56語，時かけが47語，サンタが53語で，その差は10語以内とほぼ同じである．

　度数2以上の見出し語数は，海午後は5語（8.9％），時かけは16語（34.0％），サンタでは20語（37.7％）というようにリフレイン頻度に比例している．また，度数の最大値も2，3，20とやはり比例していることがわかる．

これらの歌詞の TTR を計算すると，海午後が 0.92，時かけが 0.69，サンタが 0.45 で，リフレイン頻度と反比例していることがわかる（表 3.4）．つまり，リフレイン頻度が低いテキストほど語彙が豊かだということになる．

表 3.4　TTR とリフレインの関係表

タイトル	延べ	異なり	TTR	リフレイン
海午後	61	56	0.92	無し
時かけ	68	47	0.69	有り
サンタ	117	53	0.45	有り

以上のように，TTR は延べ語数と異なり語数の違いを敏感に反映している．また，海午後のように延べ語数が 61 語しかない小さなテクストの語彙の豊かさも正確に算出しており，TTR の頑健性（ロバスト性）の高さを示している．

3.2.3　中島とユーミンの TTR 比較

前掲の表 3.3 には，TTR が算出されている．合計の TTR は中島が 0.12 で，ユーミンが 0.15 とユーミンの方が高いので語彙が豊かであることがわかる．

以下の図 3.6 は表 3.3 における中島とユーミンの歌詞の TTR の変遷を示している．TTR で表すとすべての時期で中島よりもユーミンの歌詞の方が語彙が豊かであることがわかる．

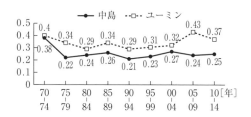

図 3.6　中島とユーミンの歌詞の TTR の変遷

3.2.4　なぜユーミンの方が語彙が豊かなのか 1 ―リフレインとの関係

ユーミンのほうが語彙が豊かな理由の一つとしては歌詞におけるリフレインの分量の違いが挙げられる．中島がほとんどすべての歌詞でリフレインを使っているのに対し，ユーミンでは「海午後」のようなリフレインを使わない歌詞が多いのである．以下は，両者のリフレインを使わなかった歌詞のリストである．

①　リフレインがない中島の歌詞（7 歌詞）

「あぶな坂」(1976)，「おまえの家」(1978)，「あなたが海を見ているうちに」

(1981),「おだやかな時代」(1991),「なつかない猫」(1996),「水」(2006),「五月の陽ざし」(2006)

② リフレインがないユーミンの歌詞（28歌詞）
「海を見ていた午後」(1974),「晩夏（ひとりの季節）」(1976),「紅雀」(1978a),「出さない手紙」(1978a),「白い朝まで」(1978a),「LAUNDRY-GATEの想いで」(1978a),「静かなまほろし」(1978b),「かんらん車」(1978b),「未来は霧の中に」(1979a),「ジャコビニ彗星の日」(1979b),「気ままな朝帰り」(1979b),「コンパートメント」(1980),「フォーカス」(1982),「私のロンサム・タウン」(1982),「経る時」(1983a),「ガールフレンズ」(1983b),「BABYLON」(1985),「20minutes」(1986),「ダイアモンドの街角」(1987),「冬の終り」(1992),「砂の惑星」(1994),「Midnight Scarecrow」(1995),「Walk on Walk on by」(1995),「TWINS」(2001),「Song For Bride」(2001),「PARTNERSHIP」(2001),「GIRL a go go」(2011),「バトンリレー」(2011)

なお，(1978a), (1978b) とあるのは，それぞれ1978年に発表した1枚目 (a) と2枚目 (b) のオリジナルアルバムという意味である．

前述したとおり，歌詞数ではユーミンのほうが中島よりも24も少ないが，リフレインのない歌詞は，以上のようにユーミンのほうが4倍も多いことがわかる．

一般的にいえば，リフレインのある歌詞は延べ語数が多いため，歌詞が長めになる傾向がある．そこでそれを検証するために，表3.1〜3.3のデータを利用して，それぞれの一歌詞あたりの平均使用延べ語数を算出すると以下のようになる．

　　中島　43031÷388＝110.9語　　ユーミン　34088÷364＝93.6語

以上により，中島の歌詞がユーミンの歌詞よりも全般的に長いテキストが多いことは明白である．

3.2.5　なぜユーミンの方が語彙が豊かなのか2―語種との関係

もう一つの理由としては，語種との関係が挙げられる．図3.7と図3.8は中島とユーミンの歌詞の語種構成比率を表している．

二人とも和語がもっとも多い点は同じだが，その比率には大きな差がある．延べでは中島が84%，ユーミンが75%と中島の方が約10ポイント多く，中島の方がユーミンよりも和語を多用していることがわかる．

その他の語種で違いが顕著なのは，外来語と外国語である．どちらもユーミンの方が比率が高く，外来語では延べで2倍，異なりで3倍弱，外国語では延べで

3.2 中島とユーミンの語彙はどちらが豊かか

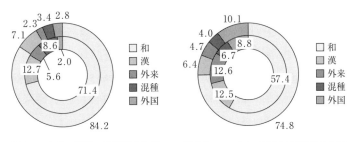

図 3.7 中島の歌詞の語種構成比率
（延べ・外，異なり・内）

図 3.8 ユーミンの歌詞の語種構成比率
（延べ・外，異なり・内）

表 3.5 中島とユーミンの歌詞の語種の基本データ

	中島			ユーミン		
	延べ	異なり	TTR	延べ	異なり	TTR
和	36273	3611	0.1	25512	2874	0.11
漢	3058	641	0.21	2195	626	0.29
外来	1009	269	0.27	1588	731	0.46
混種	1470	433	0.29	1356	336	0.25
外国	1221	101	0.08	3437	439	0.13
合計	43031	5055	0.12	34088	5006	0.15

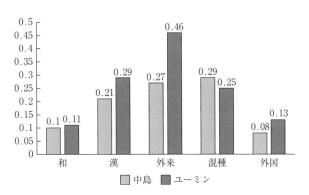

図 3.9 中島とユーミンの歌詞の語種ごとの TTR

3 倍強，異なりで 4.4 倍も多い．その他の漢語と混種語では延べ，異なりともに比率に大きな差はない．

以上の語種構成比率の比較はあくまでも全体の使用状況を確認するためのデータで，語彙の豊かさの原因の追求のためにはやはり語種ごとの TTR を算出する

必要がある．

　表 3.5 は，中島とユーミンの歌詞の語種の基本データである．その TTR の部分をグラフ化したのが図 3.9 である．

　図 3.9 から，混種語以外の語種の TTR はすべてユーミンの歌詞の方が高いが，和語は同じと見てよい．両者ともに TTR を高くしているのは，外来語と混種語と漢語であることがわかる．

　外来語は基本語彙に入る語が少なく，異なり語数が多い．そのため，同じ語が多くの歌詞に使われることがほとんどなく，これが TTR が高くなる理由である．混種語，漢語，外国語も同じような統計的性格をもっている．

　和語は基本語彙に入る語が多く，異なり語数が少ない．そのため，多くの歌詞で同じ和語がたくさん使われることになり，TTR が低くなるのである．

　ここからユーミンの TTR が高い理由としては，「和語の延べ比率が低い」ということがあげられる．つまり，和語の延べ比率が低いということは，その分だけ，他の語種の比率が高くなることを意味している．和語以外の語種は TTR が高くなる統計的性格をもっているので，それらの比率が高くなることは TTR も高くなるわけである．

　以上をまとめると，ユーミンの語彙が豊かな理由は「リフレインをもつ歌詞が少ないこと」と「和語の延べ比率が低いこと」であるということになる．

第2部　中島みゆきとユーミンの言語学

第4章　中島とユーミンの「語り」の文体をさぐる

本章では，まず歌詞の「語り」の文体の体系を構築してから，中島とユーミンの歌詞における人称代名詞の使用比率を比較することで二人の歌詞における「語り」の文体の特徴を明らかにしていく．

▶ 4.1　歌詞の「語り」の文体の体系

この節では歌詞の「語り」の文体の体系を構築していく．中島やユーミンに限らず，一般に歌詞は一人称による「語り」（ナラティブ）の形式をとる．また，歌詞の語りは他のメディアの語りよりも複雑な側面があるため，まずはその文体の種類（体系）と，個々の文体の相互関係（構造）とを明らかにしておく必要がある．「語り」の文体は対話体と独白体とに大別できる．

4.1.1　対　話　体

対話（ダイアローグ）は，ドラマで2人以上の登場人物がかわす会話のセリフを言うこと，または，そのセリフ自体である．ドラマとしては，普通，戯曲・脚本・小説・マンガ・アニメなどが相当するが，「歌は3分間のドラマ」ともいわれるとおり，歌詞もドラマと見なすことができる．

対話を含んでいる歌詞の文体を「対話体」と呼ぶ．対話体ではそのテキスト全体が対話となっている場合と，独白のテキストのなかに部分的に対話が埋め込まれている場合とに大別できる．前者を「全対話体」，後者を「部分対話体」と呼ぶ．

a. 全対話体

全対話体はさらに「かけ合い体」と「ワンコーラス体」とに大別できる．「かけ合い体」とは，男女が一行ずつ交互に歌う形式で，「東京ナイト・クラブ」や「3年目の浮気」（1982，唄：ヒロシ＆キーボー）などがある．
「東京ナイト・クラブ」（1959，唄：フランク永井／松尾和子，詞：佐伯孝夫，曲：吉田正）（注記は筆者）

1（男）　なぜ泣くの　睫毛がぬれてる

（女）　好きになったの　もっと抱いて
　　（男）　泣かずに踊ろよ　もう夜もおそい
　　（女）　わたしが好きだと　好きだといって
　　（男）　フロアは青く　仄暗い
　　（女）　とても素敵な
　　（男・女）　東京ナイト・クラブ
2　（女）　もうわたし　欲しくはないのね
　　（男）　とても可愛い　逢いたかった
　　（女）　男は気まぐれ　その時だけね
　　（男）　うるさい男と　言われたくない
　　（女）　どなたの好み　このタイは
　　（男）　やくのはおよしよ
　　（男・女）　東京ナイト・クラブ
3　（男）　泣くのに弱いぜ　そろそろ帰ろう
　　（女）　そんなのいやよ　ラストまで　踊っていたいの
　　（男・女）　東京ナイト・クラブ
〈JASRAC 出 1702836-701〉

「ワンコーラス体」とは一番（ワンコーラス）が男言葉で，二番が女言葉というようにワンコーラス単位で交互に切り替わるという構成で，「木綿のハンカチーフ」が代表例として挙げられる．

「木綿のハンカチーフ」（1975，唄：太田裕美，詞：松本隆，曲：筒美京平）

1　（男）　恋人よ　ぼくは旅立つ
　　（男）　東へと向かう　列車で
　　（男）　はなやいだ街で　君への贈りもの
　　（男）　探す　探すつもりだ

2　（女）　いいえ　あなた　私は
　　（女）　欲しいものは　ないのよ
　　（女）　ただ都会の絵の具に
　　（女）　染まらないで　帰って
　　（女）　染まらないで　帰って

〈JASRAC 出 1702836-701〉

b. 部分対話体

部分対話体の典型例としては，以下のような「恋人がサンタクロース」（前掲）が挙げられる．

　　（独白・私）　　　昔となりのおしゃれなおねえさんはクリスマスの日わたしに云った
　　（対話・お姉さん）「今夜8時になれば　サンタが家にやって来る」

（対話・私）　　　「ちがうよそれは絵本だけのおはなし」
　（独白・私）　　　そういう私にウインクして
　（対話・お姉さん）「でもね大人になれば　あなたにもわかるそのうちに」
　この型の歌詞では独白の部分は場面の説明をしており，小説における地の文の機能を果たしている．

4.1.2 独 白 体

　独白（モノローグ）は，ドラマで登場人物が考えや心情を相手なしに一人でセリフをいうこと，また，そのセリフ自体，さらには独り言（を言うこと）である．独白は語りかける相手によって二つに大別される．一つは自分自身に語りかける場合で「対自独白体」と呼ぶ．もう一つは他人に語りかける場合で「対他独白体」と呼ぶ．
　対自独白体の例としては前掲の「海を見ていた午後」や，以下の中島の「あばよ」(1976) があげられる．

　　泣かないで泣かないで　あたしの恋心
　　あの人はあの人は　おまえに似合わない

　対他独白体の例としては以下の中島の「トラックに乗せて」(1976) が挙げられる．

　　おじさん　トラックに乗せて
　　おじさん　トラックに乗せて
　　次の町まで　いやでなければ
　　乗せて行ってよ　今夜は雨だよ

　この「トラックに乗せて」は目の前に語りかける相手がいることが文脈からわかるが，このような例はむしろまれで，多くは目の前に語りかける相手がいない状態で語りかける歌詞の方が多い．例えば，前掲の「時をかける少女」は歌詞の一番歌が目の前に語りかける相手がいない対他独白型で，二番歌が対自独白型の文体となっている．また，そのようにきれいにワンコーラス単位で分かれる歌詞もむしろまれで，多くは対他独白型のなかに対自独白型のテキストが混在している歌詞の方が多い．このような歌詞を「対自他独白体」と呼ぶ．例としては以下の中島の「わかれうた」(1977) が挙げられる．

（対他）途に倒れて　だれかの名を
　（対他）呼び続けたことが　ありますか
　　　　　　　　　〈中略〉
　【対自】わかれはいつもついて来る　幸せの後ろをついて来る
　【対自】それが私のクセなのか　いつも目覚めれば独り

4.1.3　歌詞の「語り」の文体の体系と構造

　以上の歌詞の「語り」の文体の体系（種類）と構造（関係）を図示すると以下のようになる．

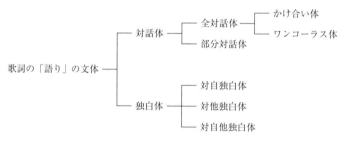

図 4.1　歌詞の「語り」の文体の体系と構造

▶ 4.2　人称代名詞から中島とユーミンの「語り」の文体的特徴をさぐる

　この節では，図 4.1 の文体の体系と構造の枠組みを応用して，二人の歌詞で使われている人称代名詞を手がかりに，それぞれの「語り」の文体的特徴を明らかにしていく．

4.2.1　人称代名詞の使用状況と解釈

　ここでは，中島とユーミンの歌詞に使われた人称代名詞の度数分布を観察していく．なお，両者の歌詞には外国語の人称代名詞も出てくるが，今回は対象から外した．
　人称代名詞の具体例は以下のとおりである．
　一人称：私，僕，俺　　二人称：貴方，君，お前
　三人称：彼，彼女，あの人，あいつ　　不定称：誰，どいつ
　日本語の人称代名詞は世界の言語のなかでももっとも種類が多く，複雑な構造

4.2 人称代名詞から中島とユーミンの「語り」の文体的特徴をさぐる

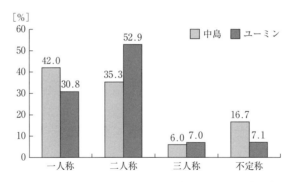

図 4.2 中島とユーミンの歌詞の人称代名詞の使用状況（延べ）

をもつ．ヨーロッパの諸言語では，一人称と三人称は 1 種類しかなく，二人称でわずかに 2 種類という言語が多い．中島は以上の日本語の人称代名詞の特性をうまく歌詞に生かしている．

表 4.1 と図 4.2 をみると，中島では一人称と不定人称でユーミンよりも 10 ポイント前後も比率が高いが，二人称だけはユーミンの方が 18 ポイントほども上回っている．その理由としては，ユーミンは恋人に語りかける対他独白体の歌詞が中島よりも多いためで，中島は自分自身に語りかける対自独白体の歌詞がユーミンよりも多いためと考えられる．なお，図 4.2 の元データである合計の実数は中島で 2535 語，ユーミンで 1835 語である．

4.2.2 一人称代名詞の使用状況

中島とユーミンの歌詞で使用された一人称代名詞の調査結果は表 4.1 のとおりである．

両者の間でもっとも目立つのは一人称代名詞のバラエティーの差で，中島が 15 種類も使用しているのに対し，ユーミンは 4 種類である．この点は後述する両者の創作性の違いの核心部分にあたる．

ユーミンは標準形「わたし，わたしたち」と若年男性語形「ぼく，ぼくたち」しか使っていないが，中島では，それ以外に「あたし，あたい，おれ，おいら，あたしたち，おれたち」などの俗語形が多い．また，丁寧形「わたくし」や文語形「われ，われら，われわれ」も使われており，歌詞の一人称キャラクターの位相の範囲が広い．つまり，作詞者としての中島の「多重人格性」が高いということができる．

統計学でいうところの「分布の中心傾向」（過半数以上）にあたる語形を観察すると，中島は「わたし」と「あたし」で，ユーミンは「わたし」だけである．どちらも「私系」の語であるのは，歌詞の語り手のほとんどが女性なので当然である．ただ，上述の中島の語形の多様さと同様に注目されるのは，ユーミンの「わたし」に対する過度の依存で，これが彼女の創作性に大きく影響することになる．

これらを系統別に整理すると以下のようになり，度数分布は表4.1と図4.3のようになる．

(a) 私系： わたくし，わたし，あたし，あたい，わたしたち，あたしたち
(b) 僕系： ぼく，ぼくたち，ぼくら
(c) 俺系： おれ，おいら，おれたち
(d) 我系： われ，われら，われわれ

表4.1 中島とユーミンの歌詞の一人称代名詞の使用度数

人称	数	代名詞	中島	ユーミン
一人称	単数	わたくし	0.6	0
		わたし	48.0	85.6
		あたし	20.5	0
		あたい	2.8	0
		ぼく	14.7	7.1
		おれ	0.6	0
		おいら	1.4	0
		われ	1.0	0
	複数	わたしたち	4.8	6.2
		あたしたち	2.9	0
		ぼくたち	1.4	1.1
		ぼくら	0.1	0
		おれたち	0.1	0
		われら	1.0	0
		われわれ	0.1	0
合計（比率）			100.0	100.0
合計（実数）			1061	566

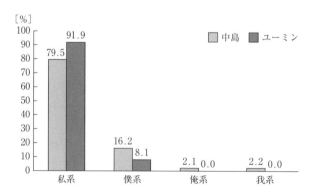

図4.3 中島とユーミンの歌詞の系統別一人称代名詞の使用率（延べ）

4.2.3 男性の「語り」

中島とユーミンは女性なので，一人称の語りは当然のことながら女性の語り手の歌詞がほとんどを占める．しかし，それ以外に男性の語り手の歌詞がわずかながら存在している．つまり，男性の立場に立って作詞した歌詞である．それが，図 4.3 における僕系と俺系と我系の歌詞である．僕系は中島が 16.2％で，ユーミンが 8.1％と中島の方が 2 倍多いことがわかる．俺系と我系は中島だけでどちらも 2％ぐらいしか使われていない．つまり，中島の方が男性の立場の歌詞が多いことを示している．

これは男性の「語り」と，男性の「発言」に大別することができる．
(1) 男性の語り： 男性の独白体で，「相手への語り」と「自分への語り」に大別される．
(2) 男性の発言： 男女の対話体での男性の発言

例えば，ユーミンにはつぎのような男性の語りの歌詞が 10 作品あるが，すべて「相手への語り」である．

  もしも 今も きみが傷ついてたら きっと もう二度とは離れはしない
  だから戻って 僕のデルフィーヌ （「Delphine」1995）

               〈JASRAC 出 1702836-701〉

また，中島には男性の語りのうち，a「相手への語り」の歌詞が 6 作品，b「自分への語り」の歌詞が 15 作品ある．

 a 君よ歌ってくれ 僕に歌ってくれ 忘れない忘れないものも ここにあるよと
  （「旅人のうた」1995）
 b 僕は青い鳥 今夜もだれか捕まえに来るよ 銀の籠を持ち （「僕は青い鳥」1979）

4.2.4 男性の「発言」

男女の対話体の歌詞は，ユーミンで 2 作品（**a**），中島で 10 作品（**b**）ある．
 a（女）次の朝みんなで笑う 彼は誰なの どこで見つけたの でもかわいいね あなたより背が低い 並んだら 5 cm も
  （男）僕もまえから おかしかったのさ やっぱり二人合わないよ 背がちがう 並んだら 5 cm も （「5 cm の向う岸」1980）

               〈JASRAC 出 1702836-701〉

 b（男）僕たちは 笑いながら 悲しむ つがいの嘘つき

（女）平気よ　あなたはどうなの　（男）元気さ　友だちもいるし　（「美貌の都」1983）

〈JASRAC 出 1702836-701〉

4.2.5　二人称代名詞の使用状況

中島とユーミンの歌詞で使用された二人称代名詞の調査結果は表 4.2 のとおりである．

一人称代名詞と同様に，二人称代名詞でも中島の方がバラエティーに富んでおり，中島の 9 種類に対し，ユーミンは 4 種類である．ユーミンでは標準形「あなた」と若年男性語形「きみ」が主流で，あとはわずかに粗野形「おまえ」と丁寧形「あなたさま」がみられるだけである．中島では，それ以外に俗語形・卑罵語形「あんた，あんたら，てめえ」，文語形「なんじ」，若年男性語複数形「きみたち」も使われており，位相性が広いことが二人称代名詞でも確認できる．

表 4.2　中島とユーミンの歌詞の二人称代名詞の使用度数

人称	数	代名詞	中島	ユーミン
二人称	単数	あなた	54	77.9
		あなたさま	0.1	0.1
		あんた	9.1	0
		きみ	19.7	21.7
		おまえ	16.1	0.3
		てめえ	0.2	0
		なんじ	0.6	0
	複数	あんたら	0.1	0
		きみたち	0.1	0
合　計（比率）			100.0	100.0
合　計（実数）			895	971

中心傾向にあたる語形は中島もユーミンも「あなた」だけである．その次に多いのは「きみ」である点も共通している．ただし，中島はこの後に「おまえ，あんた」が続くが，ユーミンでは無に等しい．ここでもユーミンの「あなた」への過度の依存が認められる．

結局，感情を抑えた「あなた，きみ」という表現はどちらでも主流であるが，中島は時に「おまえ，あんた」という俗語を使うことも少なくない点に特徴がある．さらにいえば，中島は「てめえ，あんたら」という感情的な卑罵語もまれに使っている．

これらを系統別に整理すると以下のようになり，度数分布は図 4.4 のようになる．

(e)　貴方系：　あなたさま，あなた，あんた，あんたら
(f)　君系　：　きみ，きみたち
(g)　お前系：　おまえ

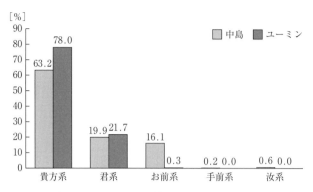

図 4.4 中島とユーミンの歌詞の系統別二人称代名詞の使用率（延べ）

(h) 手前系： てめえ
(i) 汝系　： なんじ

4.2.6　三人称代名詞の使用状況

　中島とユーミンの歌詞で使用された三人称代名詞の調査結果は表 4.3 のとおりである．

　これまでの一・二人称代名詞とは違い，三人称代名詞の種類は中島が 7 種類，ユーミンが 8 種類とユーミンの方が 1 種類多い点が注目される．ただし，恋人をさす三人称代名詞は，ユーミンは「かれ」だけで過半数（50.8％）を占めているが，中島の場合は「あのひと」と「あいつ」で過半数（55.9％）を占めている．ここにもユーミンの一語形への依存が認められる．

　結局，感情を抑えた「かれ，かのじょ，あのひと」という表現はどちらでも主流であるが，中島は時に「あいつ」という感情的な俗語を使うことも少なくない点に特徴がある．さらにいえば，中島は「そいつ，こいつ」，ユーミンでも「あい

表 4.3 中島とユーミンの歌詞の三人称代名詞の使用度数

人称	数	代名詞	中島	ユーミン
三人称	単数	かれ	7.9	51.0
		かのじょ	28.9	16.9
		あのひと	27.0	22.9
		あいつ	31.6	5.1
		このひと	0.0	0.8
		こいつ	1.3	1.7
		そいつ	2.6	0.0
	複数	あのひとたち	0.0	0.8
		かれら	0.7	0.8
合　計（比率）			100.0	100.0
合　計（実数）			152	118

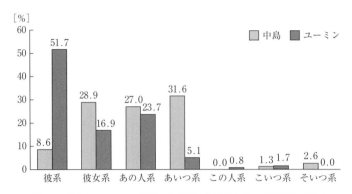

図4.5 中島とユーミンの歌詞の系統別三人称代名詞の使用状況（延べ）

つ，こいつ」という親しさや恨みや不快感をあらわにした語もまれに使われている．

　これらを系統別に整理すると以下のようになり，度数分布は図4.5のようになる．

（j）彼系　　：　かれ，かれら
（k）彼女系　：　かのじょ
（l）あの人系：　あのひと，あのひとたち
（m）あいつ系：　あいつ
（n）この人系：　このひと
（o）こいつ系：　こいつ
（p）そいつ系：　そいつ

彼系ではユーミンの方が43.1ポイントも高く，あいつ系では中島の方が26.5ポイント高い．つまり，恋人の男性を三人称で呼ぶときは，ユーミンは標準形の彼系を使うのに対し，中島は俗語形の「あいつ系」を使って，恨みの感情を隠しておらず，ここに顕著な違いが認められる．また，その中間的な感情を表す「あの人系」の比率はほぼ同じであることから，この系統の代名詞が共通した表現ということになる．

4.2.7　不定人称代名詞の使用状況

　中島とユーミンの歌詞で使用された不定人称代名詞の調査結果は表4.4のとおりである．

二人とも不定人称代名詞の95％以上は標準形の「だれ」と「だれか」で占められているが，これは不定人称代名詞自体の種類が少ないことが原因である．

ただし，人称代名詞全体からみると，中島は不定人称代名詞を三人称名詞よりも10ポイント以上も多く使用しており，中島の歌詞では大きな存在であることがわかる（図4.2）．

これらを系統別に整理すると度数分布は表4.4と図4.6のようになる．

(q) 誰系　　：　だれ
(r) 誰か系　：　だれか，だれかさん
(s) どなた系：　どなた，どなたさま

以上の考察をまとめると以下のようになる．

表4.4 中島とユーミンの歌詞の不定人称代名詞の使用度数

人称	数	代名詞	中島	ユーミン
不定称	単数	だれ	66.2	58.0
		だれか	33.6	39.7
		だれかさん	0.0	0.8
		どなた	0.0	1.5
		どなたさま	0.2	0.0
合計（比率）			100.0	100.0
合計（実数）			423	131

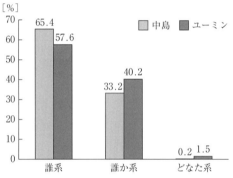

図4.6 中島とユーミンの歌詞の系統別不定称代名詞の使用状況（延べ）

① 中島では一人称と不定人称でユーミンよりも比率が高いが，二人称だけはユーミンの方が上回っている．その理由としては，ユーミンは対他独白体の歌詞が多いのに対し，中島は対自独白体の歌詞が多いためと考えられる．

② 一人称代名詞では，中島が15種類もあるのに対し，ユーミンは4種類しかない．また，二人称代名詞でも，中島の9種類に対し，ユーミンは4種類である．どちらの場合も中島の方がバラエティーに富んでいることがわかる．

③ 中島の方が男性の立場の歌詞が多く，また男性系の人称代名詞のバラエティーにも富んでいる．

第2部 中島みゆきとユーミンの言語学

第5章 ナラティブモデルによる中島とユーミンの創作の秘密の解明

　前章までは二人の人称代名詞の共時的な考察を行ってきたが，本章では通時的な考察を行っていく．

　ここでは，心理療法のナラティブセラピーで採用されているナラティブモデルを参考にして，人称代名詞からみた中島とユーミンの創作の秘密を探っていくことにする．

▶ 5.1　「ドミナントストーリー（支配的な物語）」と「オルタナティブストーリー（代替的な物語）」とは何か

5.1.1　ナラティブモデルとは何か

　「ナラティブ」とは「語り」のことで，「言葉を重視する考え方」を「ナラティブモデル」という．このモデルに基づいた心理療法がナラティブセラピーである．例えば，カウンセリングなどの心理療法を受ける人をクライエント（client）と呼ぶが，そのクライエントはカウンセリングで，セラピスト（治療者）に過去の苦い経験を「物語」として語る．セラピストとの何度かの会話を通して，クライエントは自己を低く評価していた古い物語から離れ，同じ出来事に対して，別の新しい物語を再構築するようになり問題が解決されていく．このような治療法をナラティブセラピーという（大山 2015）．

　20世紀前半までのフロイト派やユング派の心理療法は，医者は患者の一段上に立っており，医者は間違った物語に囚われている患者を正しい物語へと導く，という治療法が一般的であった．それに対し，その後，まったく異なった考え方によるナラティブセラピーという心理療法が考案され，20世紀後半以降，飛躍的な発展を遂げてきた．その基盤となった理論が，ハートマン（A. Hartman 1991）が提唱した「社会構成主義」で，「言葉は世界をつくる（"Words Create Worlds"）」という考えが核心にある．それによれば，「現実とは，人々のコミュニケーションの間で，言語を媒介にして構成されるものであり，客観的真実や本質といったものは存在しない」とする立場である．

5.1.2 「語り」における主体の二重性と生成

中島とユーミンの歌詞は，一人称による「語り」によって構成されているが，一人称の「語り」では，「語る主体」と「語られる主体」という二重の主体が現出する．この点については，言語学者のバンヴェニスト（É. Benveniste 1966）が，すでに次のように指摘している．

- 〈わたし〉ということばは，語っている者を指し示すと同時に，〈わたし〉に関する陳述にも関わってくる．〈わたし〉と言うとき，私は私について語らないわけにはいかない．（p. 228）
- （私が〈わたし〉と言うとき）そこには一体化した二重の発話の営み（instance）がある．すなわち，指示する主体としての〈わたし〉（je comme référent）という発話と，指示されたものとしての〈わたし〉（je comme référé）を含む語りという発話である．（p. 252）

＊訳は大山（2015）による．

つまり，私が〈わたし〉と言うときは，必然的に2人の「私」を生じさせることになるということである．1人は，発話者である言語主体としての〈わたし〉である．もう1人は，語られる言語内容の主語としての「わたし」である．

この解釈は日常会話ではそのまま成立するが，歌詞ではどうだろうか．つまり，中島やユーミンが〈わたし〉と歌った瞬間，2人の中島や2人のユーミンが生まれたといえるのか，ということである．この点について次節で考えてみる．

5.1.3 歌詞の「語り」における主体の生成

ここでは，歌詞の「語り」における主体の生成に焦点を合わせて考察していく．ナラティブモデルの一人称では「わたし」だけが問題となっているが，日本語の歌詞ではかなり複雑な問題が浮上してくる．すでにみてきたとおり，ユーミンの歌詞では〈わたし〉と〈ぼく〉が人称代名詞として多く使われている．〈わたし〉が使われた歌詞については後で考察することにして，ここではまず〈ぼく〉が使われた歌詞を扱っていく．

「オレオレ詐欺」であれば，それは「息子を騙る」ということになる．（なお，「語り」と「騙り」の関係の考察は，坂部（1989）に詳しい）．歌詞の場合は誰かを騙す目的で作成されることはない．とすれば，これに一番近いメディアは宝塚歌劇団のミュージカルということになろう．宝塚のミュージカルでは女優が男性の登場人物を「演じる」わけなので，ユーミンが〈ぼく〉と歌った瞬間，男性を

演じたという解釈が成り立つ．この点は「木綿のハンカチーフ」でも同じで，歌手の太田裕美は〈ぼく〉と歌った瞬間，男性登場人物を演じ，〈わたし〉と歌った瞬間，女性登場人物を演じたことになるわけである．

　この解釈をさらに進めると，歌詞の場合は「語る主体」がすべての登場人物を演じていると解釈した方が統一した説明が可能になる．つまり，〈わたし〉が使われた歌詞についても同じで，いくら女性の登場人物のキャラクターが中島やユーミンに近いとしても，本人たちが実際の経験を吐露しているとは考えられないからである．以上の考察から，歌詞の語りは「擬似的な語り」であり，語られる内容は「仮想現実」だという結論が得られる．

5.1.4　日本語の歌詞の「語り」における主体の多重性

　日本語の一人称代名詞の種類は，おそらく世界の言語のなかで一番多いであろうことはすでに述べた．この日本語の特徴が日本語の歌詞の「語り」についての考察をかなり複雑なものにする．

　すでに考察したとおり，ユーミンの歌詞では〈わたし〉と〈ぼく〉が一人称代名詞として使用されていることから，ユーミンは歌詞のドラマのなかでは，少なくても男女2人の登場人物を演じたことになる．ここには主体の多重性という問題が浮上してくる．このような問題があることは，一人称代名詞として〈I〉しかない英語の母語話者には想像もつかないことであろう．

　ここで，考察の対象を中島に移すと，この問題はさらに複雑になる．つまり，前述したように中島では一人称代名詞の単数だけでも，以下のように8種類も使用している．

(a)　私系：　わたくし，わたし，あたし，あたい
(b)　僕系：　ぼく
(c)　俺系：　おれ，おいら
(d)　我系：　われ

　ここから，中島は歌詞のドラマのなかでは，少なくても男女8人の登場人物を演じたことになる．中島とユーミンに共通しているのは，どちらも主体の多重性をもっている点だが，中島の方がその度合いがはるかに高い点が異なっている．この相違点は中島とユーミンの創作性に深く結びついているが，それについては後述する．

5.1.5 ナラティブセラピーにおける「ドミナントストーリー」と「オルタナティブストーリー」

さきにナラティブセラピーについて簡単に紹介したが，ここではもう少し詳しく解説する．カウンセリングのなかで，クライエントは苦い経験となったいろいろな出来事の原因に対して，自分の能力や努力が足りなかったとか，いつも運が悪かったとかという意味づけを繰り返して語り，固定した意味づけ行為の解釈枠（フレームワーク）から抜け出せないでいる．このようにクライエントを支配する物語を「ドミナントストーリー（dominant story）」（支配的な物語）という．この固定化された解釈枠を，セラピストとの会話という共同作業のなかで解体して読み替えていくのがナラティブセラピストの目指すところである．セラピストはクライエントが自分のドミナントストーリーを意識できるようにし，それは単なる思い込みにすぎず，それとは異なった新しい物語をクライエントの語りのなかでクライエント自身が再構築できるように促していくのである．そのような新しい物語を「オルタナティブストーリー（alternative story）」（代替的な物語）という（大山 2015）．

このドミナントストーリーとオルタナティブストーリーは，中島とユーミンの創作の秘密を解くためのキーワードとなる．ただし，ここではナラティブセラピーの概念をそのまま使うのではなく，多少変更を加えた形で応用していく．

▶ 5.2 中島とユーミンの創作の秘密

5.2.1 中島とユーミンにおける「ドミナントストーリー」と「オルタナティブストーリー」

クライエントがドミナントストーリーを語っている時期はまだ古い固定観念に支配され，新しいストーリーが作れない時期ということになる．また，オルタナティブストーリーを語るようになった時期は古い固定観念の支配から脱し，新しいストーリーを作れるようになった時期ということになる．

これをソングライターの歌詞の創作時期に読み替えると次のようになる．ソングライターが人気のある新しい歌詞（ストーリー）を作れない時期は古い固定観念に支配されているため，作詞をしてもドミナントストーリーしか書けない時期に相当する．ところが，同じソングライターが新しい歌詞（ストーリー）を作れるようになった時期は古い固定観念の支配から脱したので，オルタナティブスト

ーリーが書けるようになった時期に相当する．ナラティブセラピーの診療であればここで終わる．

　しかし，歌詞創作では，この二つの時期がワンサイクルとなって繰り返されることになる．つまり，新しいストーリーモデル（オルタナティブストーリー）を作ったとしても，数年経つとファンに飽きられることになるので，そのストーリーモデルはドミナントストーリーに格下げになる．人気を維持するためソングライターは次の新しいストーリーモデルを作る必要性に迫られ，苦心の末にオルタナティブストーリーを作り出す．

　以上の歌詞の創作時期への読み替えを中島とユーミンの創作力発揮モデルに応用すると以下のようになる．ユーミンの好調期には中島が不調期にあり，中島が好調期にはユーミンが不調期にあるという反比例の関係が認められる．例えば，1980 年代のユーミンはオリジナルアルバムを毎年 2 枚リリースしては，そのアルバムのツアーをするという年間サイクルを定着させており，まさに全盛期であった．一方，中島は 1980 年代中期からアルバム・セールスは下降線を辿り，それまでの中島の暗く重苦しい作風を変えようと試行錯誤をしていた時期であった．

　ここから，ユーミンは 1980 年代全般にわたりオルタナティブストーリーを書いていたのに対し，中島は 1980 年代中期・後期にはドミナントストーリーを書いていたということができる．

　ところが，1990 年代に入るとユーミンはオリジナルアルバムのリリース数が次第に減少するようになり，2000 年代以降は明らかに中島よりも歌詞の発表数が少なくなっていく．ここから，1990 年代以降は，ユーミンは 1980 年代の固定観念の支配から抜け出せずにドミナントストーリーを書くことが増えた時期に相当し，中島はオルタナティブストーリーを書き続けられるようになった時期に相当すると解釈できる．

　それでは，以上のような好不調の波の原因は何か．一言でいえば，使用した人称代名詞の種類の違いにあると推測している．これまでもみてきたとおり，ユーミンの人称代名詞は簡単にいうと，「わたし」と「あなた」，「ぼく」と「きみ」の域を出なかった．それに対し，中島は極めて多くの人称代名詞を使用している．人称代名詞の種類が多ければ，新しいストーリーを思いつくことも困難ではない．例えば，「わたくし」で語るストーリーと，「あたい」で語るストーリーとでは，まったく別物になることは容易に想像がつく．これにより中島は長期間にわたり次々と新しいオルタナティブストーリーを書きつづけることが可能だったのであ

5.2.2 中島における一人称単数の変遷

ここでは，中島が使用した一人称単数の語形の変遷を観察していく．

全9期間で使用されたのは「あたし」だけで，それに続くのは「わたし・ぼく」で，75年以降の8期間で使用されている．ただし，期間による使用率の変動は大きく，70年代前半では「あたし」しか使っていなかったが，それ以後は急減していったことがわかる．80年代前半以降は「わたし」がもっとも使用率が高く，期による増減はあるものの，傾向としては上昇傾向にある．また，「ぼく」は80年代前半まではほとんど使われていなかったが80年代後半以降は「あたし」を超えるようになり，「わたし」の次に高頻度で使われ続けている．ここから，80年代後半以降は男性キャラクターの独白体や部分対話体の歌詞が多くなったこと，つまりは新しいストーリーモデルが勢力を伸ばしていったことが推測される．この点は，1990年代からの中島の好調期と一致しており，その原因は「あたし」の使

表 5.1 中島の一人称単数代名詞の使用の変遷（実数）

70-74	75-79	80-84	85-89	90-94	95-99	00-04	05-09	10-14	合計
19	173	173	133	151	100	46	53	102	950

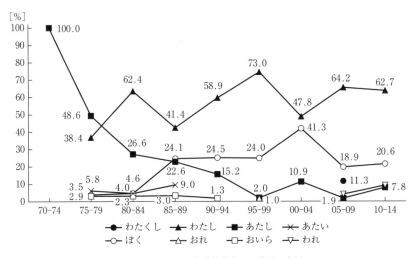

図 5.1 中島の一人称単数代名詞の使用の変遷

用を減らし,「わたし」と「ぼく」を多用することにあったのである.

逆に使用期間が短かったのは1期間の「おれ」(95-99)と「わたくし」(05-09),2期間の「われ」(05-14),3期間の「あたい」(75-89),4期間の「おいら」(75-94)である.中島は「あたい」という俗語を使った数少ないソングライターとして印象深いが,その使用期間が短かったことは意外であった.また,2005年度以降に,1期間の「わたくし」(05-09),2期間の「われ」(05-14)というような荘重語や文語が使われている点に新しいストーリーモデルの模索が行われていることがわかるが,この傾向が単発で終わるのか,今後も続くのかは注目される.

以上の観察から,中島では「あたし・わたし・ぼく」の3語が長期間にわたって使われた基本的な一人称代名詞だが,使用の変遷をみると「あたし」は基本語のグループから離脱していき,「わたし・ぼく」が通時的には基本語として残ったことがわかる.また,前期,中期,後期の短期間だけの一人称代名詞の使用は新しいストーリーモデルの模索が行われていたと推定される.

5.2.3 ユーミンにおける一人称単数の変遷

表5.2と図5.2はユーミンが使用した一人称単数の語の変遷を調査した結果で

表5.2 ユーミンの一人称単数代名詞の使用の変遷(実数)

70-74	75-79	80-84	85-89	90-94	95-99	00-04	05-09	10-14	合計
20	85	120	72	54	77	59	17	21	525

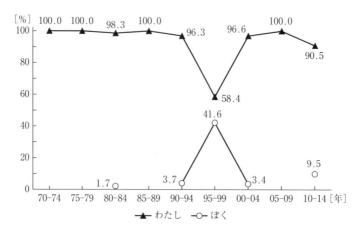

図5.2 ユーミンの一人称単数代名詞の使用の変遷

ある．全9期間で使用されたのは「わたし」だけで，それに続くのは「ぼく」だが，80年以降の5期間でしか使用されていない．しかも，不連続の期間もある．ユーミンが積極的に新しいストーリーモデルの構築に挑んだのは90年から04年までの3期間であったことがわかる．とりわけ95年から99年までの1期間は「ぼく」を41.6％も使っており，その意気込みがわかる．しかし，この期間は初めて中島よりもユーミンのアルバム発行枚数が減少し始める時期にあたる．そのため，「ぼく」によるストーリーモデルはオルタナティブストーリーにはなれずに，また「わたし」に戻るが，これもオルタナティブストーリーを作ることはできなかった．

以上のように，ユーミンの「わたし」と「ぼく」以外の一人称を使わない理由には，都会的なセンスにあふれた，生活感に乏しい叙情詩のような歌詞のスタイルは崩さないという創作戦略があったと推測する．その戦略は1980年代には見事に当たり，「わたし」だけでも新しいストーリーのアイデアはどんどん思いついた．ところが，1990年代に入ると次第に新しいストーリーが思いつかなくなり，またそれを支援してくれるセラピストもいなかった．つまり，1980年代の古い固定概念を崩せなかったため，いつまでもドミナントストーリーしか書けなくなっていったと推測している．

以上の調査は一人称単数の代名詞だけに焦点を当てたものである．その他の人称代名詞でも同様の傾向はみられるが，紙幅の関係で省略する．また，中島とユーミンの創作の秘密はもちろん人称代名詞だけに求められるものではないこともお断りしておく．

第3部　男歌と女歌のテーマ分析

第6章　ユーミンは何を歌ってきたか

　本章ではユーミンがこれまで発表してきた383作品を対象にしてテーマ分析を行い,「恋」のテーマタイプの体系と構造を構築した．テーマ分析というのは，あるソングライターの歌詞のテーマの種類を明らかにし，それぞれのテーマに所属する歌詞数を集計することでテーマ間の優劣関係を明らかにすることである．テーマ分析の目的は二つある．

　第一の目的は，あるソングライターの特徴分析のための調査の効率化をはかることである．例えば，ユーミンらしさが色濃く反映されているテーマは，そのテーマに所属する歌詞数の多さで判定できる．ほとんどの場合，歌詞数順位の1位と2位のテーマだけで全体の過半数が占められ，3位になると極端に歌詞数が少なくなる．つまり，1位と2位のテーマの歌詞を調査・分析すればそのソングライターらしさ，つまり特徴を十分に解明できるわけである．

　第二の目的は，調査・研究対象となるテキストの内容をよく理解することにある．近年，コーパスやインターネットのテキストを利用する言語研究が増えているが，個々のテキストを読まないで結果を出している場合がほとんどである．テキストを読まない人文科学ほど矛盾に満ちたものはない．また，漫然とテキストを読むよりは，このテキストのテーマは何かと考えながら読むほうが深読みができる．

▶ 6.1　ユーミンの「恋」の類型論

　ここではユーミンの歌詞のテーマに焦点を当てて分析方法を説明していく．次章ではその他のソングライターのデータも同様の方法で分析している．

　具体的には，ユーミンはこれまで何を歌ってきたのか，ユーミンのテーマにはいくつの種類があって，そのうちどのようなテーマを彼女は好んでいたのか，さらには彼女のテーマの体系とその構造はどのようなものであるかという点を明らかにしていく．

　これは，ひとえに「ユーミンらしいテーマとは何か」という探究にほかならない．このテーマに関しては，すでに伊藤（1997）で扱っているが，それからすで

に18年経っており（執筆当時：2015年4月），ここではその後に発表された歌詞89作品も対象に入れた．

ここで対象とするユーミンの作品は，ファーストアルバム『ひこうき雲』(1973) から2013年11月に発売された『POP CLASSICO』までの37枚のオリジナルアルバムに収録されている370作品と，3枚のベストアルバムだけに収録されている8作品，さらに，シングル盤だけで発表された5作品の，計383作品である．

ユーミンがファーストアルバムを発表してから，すでに40年を迎えており，この間，絶えることなくアルバムを発表しつづけてきたわけだが，彼女は何を歌ってきたのだろうか．

6.1.1 ユーミン作品の全体的テーマ

ユーミンが発表した383作品をテーマごとに分類してみると，表6.1のような結果となった．全作品の実に337作品（88.0%）は「恋愛」をテーマにしたものである．

そのつぎは「友情」，とくに「女性間の友情」をテーマにしているが，それも13作品（3.4%）にすぎない（「稲妻の少女」1979aなど）．そのつぎの「いやし」は10作品（2.6%）であった（「やさしさに包まれたなら」1974）．そして「はげまし」をテーマにした4作品（1.0%）が続く（「ピカデリーサーカス」2009）．以上のことから，ユーミンらしいテーマは「恋愛」に過度に集中していることがわかる．次項以降では，この「恋愛」に焦点をあてて，どのような恋を歌ってきたのかを明らかにしていく．

表6.1 ユーミン作品におけるテーマごとの歌詞分布

テーマ	歌数	(%)
恋愛	337	(88.0)
友情	13	(3.4)
いやし	10	(2.6)
はげまし	4	(1.0)
家族	3	(0.8)
青春回帰	2	(0.5)
愛郷	1	(0.3)
冒険	1	(0.3)
その他	12	(3.1)
	383	(100.0)

6.1.2 「恋」の類型的特徴（1）「過去・現在・未来」

恋の歌の分類はいろいろな観点から可能であるが，ここでは，まず「過去の恋・現在の恋・未来の恋」という時間軸を基準にした分類から始めることにする．

「過去の恋」には，「もうすでに終わった恋」，「片思いのままで終わった恋」も入る．とりわけ女性ソングライターの場合は「ふられた恋」が多い．

「現在の恋」には，「現在続いている恋」のほか，やはり「片思いの状態が続い

ている恋」も入る．なお，現在は一緒にいても，もう熱が冷めて別れることがはっきりしている場合は，「もうすでに終わった恋」と解釈して「過去の恋」のなかに入れた．

「未来の恋」には，「近い未来に成就しそうな恋」が入る．例えば「まだ見ぬ恋人」，「恋の予感」，「恋の獲得」，「よりをもどす」などといったキーワードで示されるものである．以上の三分類に歌詞を割りあて算出すると，表6.2のようになる．「過去の恋」がおよそ半分を占め，以下，「現在の恋」の39.2%，「未来の恋」の12.2%と続く．ここから，ユーミンはおもに「過去の恋」と「現在の恋」を歌っており，「未来の恋」は少ないことがわかる．

表6.2 「恋」の類型的特徴(1)「過去・現在・未来」

恋のタイプ	歌数（％）
過去の恋	164　（48.7）
現在の恋	132　（39.2）
未来の恋	41　（12.2）
合計	337（100.0）

6.1.3 「恋」の類型的特徴（2）「相思相愛」と「片思い」

ここでは，「恋する主体の心情」に注目をして，「相思相愛の恋」と「片思いの恋」という観点から分析していく．「恋愛」の歌詞は，337作品あり，そのうち「相思相愛の恋」は320作品（95.0%）で，「片思いの恋」は17作品（5.0%）である．なお，この「相思相愛の恋」のなかには未来の恋がすべて入っている．これはまだ実現していない恋であっても「相思相愛」を前提としていると解釈できるからである．

ここから，ユーミンはほぼすべて「相思相愛の恋」を歌ってきたことがわかる．「片思いの恋」はかなりマイナーなテーマである．

表6.3 「恋」の類型的特徴（2）「相思相愛」と「片思い」

恋のタイプ	歌数（％）
相思相愛の恋	320　（95.0）
片思いの恋	17　（5.0）
合計	337（100.0）

6.1.4 「恋」の類型的特徴（3）「未練」と「非未練」

6.1.2項で考察した「過去の恋」は，「別れた男性，あるいは過去に思いを寄せていた男性にまだ未練があるかどうか」でさらに細分化することができる．そこで「過去の恋」の下位分類の類型的特徴として，「未練の有無」を設定することにした．

なお，この「未練の有無」という特徴は，すでに恋が一度成就している場合は，「片思いの恋」ではなく，「相思相愛の恋」に分類した．そのため，後述する「恋」の体系のなかでは，「過去」の「相思相愛の恋」の下位分類の特徴として位置づけ

られることになる.

「過去」の「相思相愛の恋」として分類できる歌詞は，「過去片思いの恋」4 作品を除く 160 作品あり，そのうち「未練がある」のは 137 作品（85.6％）で，「未練がない」のは 23 作品（14.4％）である．ここから，「過去の恋」では「まだ未練がある」という内容の歌詞がユーミンらしいことがわかる.

表 6.4 「恋」の類型的特徴（3）「未練」と「非未練」

恋のタイプ	歌数（％）
未練がある恋	137 （85.6）
未練がない恋	23 （14.4）
合計	160 （100.0）

6.1.5 「恋」の類型的特徴（4）「破局への不安」と「現在の冷却」

6.1.2 項で考察した「現在の恋」は，現在進行中の恋が「あとはもう熱がさめていくだけではないか」とか，「近い将来に破局がくるのではないか」といった，「現在の恋に不安をいだいているかどうか」という「不安の有無」，さらには「恋する主体自身が恋に冷めていく」という「冷却の有無」という点で，細分化することができる．そこで，「現在の恋」の下位分類の類型的特徴として，「破局への不安」と「現在の冷却」が設定されることになる．

なお，この「破局への不安」と「現在の冷却」という特徴は，すでに恋が一度成就していることを前提としているため，やはり「片思い」ではなく，「相思相愛の恋」の特徴になる．そのため，後述する「恋」の体系のなかでは，「現在」の「相思相愛の恋」の下位分類の特徴として位置づけられる.

「現在」の「相思相愛の恋」として分類できる歌詞は，119 作品あり，そのうち「不安がある」のは 15 作品（12.6％）で，「不安がない」のは 104 作品（87.4％）である．「不安がない」歌詞のうち「現在冷却あり」は 10 作品（8.4％），「現在冷却なし」は 94 作品（79.0％）ということになる．

ここから，「現在冷却なし」が一番多いことがわかる．「現在冷却なし」ということは「いまは不安がない」，「いまがとっても幸せ」という内容の歌詞で，タイプ体系のなかでは「現在進行型」に分類されることになる．このタイプが「現在の恋」のなかでは一番ユーミンらしいことがわかる．

表 6.5 「恋」の類型的特徴（4）「破局への不安」と「現在の冷却」

恋のタイプ	歌数（％）
不安がある恋	15 （12.6）
冷却がある恋	10 （8.4）
冷却がない恋	94 （79.0）
合計	119 （100.0）

6.1.6 ユーミン作品における「恋」のタイプ体系とその構造

ここでは，ユーミン作品の「恋」のタイプの体系と構造とを明らかにしていく．これまでいくつかの「恋」の類型的特徴を個別に考察してきたが，それらを組み合わせて体系化すると，表6.6のようになる．結局，ユーミン作品の「恋」のタイプ体系は，9つに類型化されることになる．

「恋」のタイプ間の意味的遠近関係を示したのが図6.1で，これがユーミンの「恋」のタイプ構造である．

構造の面では「過去の恋」と「現在の恋」とが複雑な点や構成の点で同じ構造をもっているのに対し，「未来の恋」では分化はなく，とても単純な構造であることがわかる．このタイプ体系とその構造は，ユーミンの歌詞に基づいて設定したものであるが，他のソングライターの歌詞の分類に応用してみると，ほとんどこの体系と構造の枠組みのなかに収まるので，一般性が高いことがわかる．ただし，小椋佳だけは「恋愛一般」という独自のテーマをもっており，ユーミンのテーマ体系から逸脱する部分があるが詳しくは後述する．

なお，この9タイプ以外に「現在未練型」を設定した論考が三つある（上野 2009，宗野 2014，富永 2015）．このタイプは，まだ相思相愛の恋人同士が意に反して未練を残しながら別れなければならないというタイプで，駅やバス停での別れの瞬間を歌っていることが多い．例えば，第4章で例示した「木綿のハン

表6.6 ユーミン作品の「恋」のタイプ体系

	タイプ1	過去未練型
過去の恋	タイプ2	過去非未練型
	タイプ3	過去追憶型
	タイプ4	過去片思型
	タイプ5	現在不安型
現在の恋	タイプ6	現在冷却型
	タイプ7	現在進行型
	タイプ8	現在片思型
未来の恋	タイプ9	未来期待型

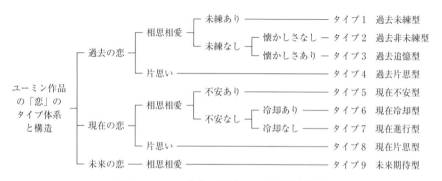

図6.1 ユーミン作品の「恋」のタイプ体系と構造

カチーフ」がそれで，遠距離恋愛の典型例となる．しかし，これは「現在進行型」の下位分類のタイプとして位置づけた方が構造の無用な複雑化を避けることができる．

以上の 9 タイプに分類した歌詞の例を示すと以下のようになる．

1. **過去未練型**： すでにふられて，もう終わった恋なのに，まだ相手に未練があり，次の恋に踏み出せないでいる心理を語った歌詞．

   海を見ていた午後（1974），悲しいほどお天気（1979b），真珠のピアス（1982）

2. **過去非未練型**： もう終わった恋の相手には未練がなく，次の恋に向かって歩き出そうとしている心理を語った歌詞．

   9 月には帰らない（1978），星のルージュリアン（1980），私らしく（1992）

3. **過去追憶型**： 遠い過去の恋を懐かしく振り返っている心理を語った歌詞．

   ノーサイド（1984），9 月の蝉しぐれ（1991），愛と遠い日の未来へ（2013）

4. **過去片思型**： 過去の片思いの恋を懐かしむ心理を語った歌詞．

   卒業写真（1975），最後の春休み（1979），灼けたアイドル（1980）

5. **現在不安型**： いまの恋がもうすぐ冷めるのではないかという不安を語った歌詞．

   旅立つ秋（1974），14 番目の月（1976），12 階のこいびと（1978）

6. **現在冷却型**： 相手に対しての恋心が冷めている心理を語った歌詞．

   結婚式をブッ飛ばせ（1997），恋は死んでしまった（1999），ひとつの恋が終るとき（2011）

7. **現在進行型**： いま続いている楽しい恋の心理を語った歌詞．

   中央フリーウェイ（1976），恋人がサンタクロース（1980），時をかける少女（1983）

8. **現在片思型**： いま片思いをしている切ない恋の心理を語った歌詞．

   忘れないでね（1982），Baby Pink（1995），Midnight Scarecrow（1995）

9. **未来期待型**： 恋の予感を感じ，未来に起こるであろう恋に期待を寄せている心理を語った歌詞．

   きっと言える（1973），土曜日は大キライ（1986），春よ，来い（1994）

▶ 6.2 「恋」のタイプとユーミンソング

6.2.1 ユーミン好みの「恋」のタイプ

前述の 9 タイプに 337 作品を所属させると，表 6.7 のようになる．一番多いの

が「過去未練型」の39.5%で，その次に多いのは「現在進行型」の27.9%だが，この二つを足すと67.4%と過半数を超えることから，これらがユーミン好みの二大テーマ（中心傾向）ということになる．さらに，三番目に多い「未来期待型」の12.2%も加えると79.6%とほぼ8割になることから，これを入れて三大テーマということもできる．ここから，「失恋の悲しい歌（過去未練型）」がもっとも多く，それに「恋愛中の楽しい歌（現在進行型）」が続き，三番目に「恋の予感の歌（未来期待型）」が多いということになる．

表6.7 ユーミン作品の「恋」のタイプ分布

タイプ	歌数	比率	累積比率
過去未練	133	39.5	39.5
現在進行	94	27.9	67.4
未来期待	41	12.2	79.6
過去非未練	23	6.8	86.4
現在不安	15	4.5	90.8
現在片思	13	3.9	94.7
現在冷却	10	3.0	97.7
過去片思	4	1.2	98.8
過去追憶	4	1.2	100.0

これら三大テーマの特徴は，どれもまったく異なったテーマだということである．つまり，類型的特徴は「過去，現在，未来」という時間軸にわたっているだけではなく，「未練，進行，期待」という恋愛過程も同じものがない．ここから，ユーミンは歌詞を作成する場合は，テーマが偏らないように注意していると推測できる．

また，少ないテーマの中心は，「現在不安，現在片思，現在冷却，過去片思，過去追憶」の5テーマで，これらの比率をすべて足しても15%に満たない．これらの特徴は，「もうすぐ破局を迎える」とか，「相手に会えない」とか，というような中途半端な心理状態の恋愛過程にあるテーマだということがわかる．ユーミンはこのようなテーマの歌詞は実験的に作っていたのではないかと推測している．

6.2.2 恋愛過程における「恋」のタイプとユーミンソング

恋愛の始まりから終わりまでの過程はかなり一般性が高い．筆者の考えた恋愛の過程と「恋」のタイプとの対応関係をまとめると表6.8のようになる．この表により，各タイプが恋愛過程でどの位置にあたるかが明確になる．表の構成は以下のとおりである．

第1行目は恋愛過程の段階番号，第2行目は各過程の内容，第3行目は各過程で歌詞の主人公が抱くであろう感情の種類，第4行目は「恋」のタイプ，第5行目は「恋」のテーマ類型に相当するユーミンの歌詞の例である．なお，恋愛過程の各段階と対応する「恋」のタイプは必ずしも一つというわけではない．恋愛過程の各段階の内容の幅よりも「恋」のタイプの方の幅が狭いので，複数のタイプ

6.2 「恋」のタイプとユーミンソング

表 6.8 恋愛過程における「恋」のタイプとユーミンソング

	1	2	3	4	5	6	7	8	9	10	11	12	13
過程	恋の予感	出会い	付き合う	告白	感情が強まる	感情が極まる	感情が弱まる	振られて別れる	振って別れる	再会する	立ち直る	再会する	一人のまま
感情	嬉しさ・喜び・期待	興味・憧れ・親しみ・恥じらい・ワクワク感・ドキドキ感・悩ましさ	喜び・嬉しさ・幸福・親しみ・恥じらい・ワクワク感・ドキドキ感	喜び・嬉しさ・勇気・緊張・快感・ワクワク感・ドキドキ感	喜び・嬉しさ・幸福・楽しさ・興奮・快感・満足・リラックス・安心・ワクワク感・ドキドキ感・嫉妬	喜び・嬉しさ・幸福・楽しさ・興奮・快感・満足・リラックス・安心・恐れ・ワクワク感・ドキドキ感・嫉妬	冷める・飽きる・不安・焦り・寂しさ・不満・恐れ・怖さ	悲しみ・憎しみ・苦しみ・切なさ・寂しさ・やるせなさ・愛しさ・恥ずかしさ・諦め・絶望・驚き・後悔・空虚・恨み・嫉妬・嫌悪・怒り・殺意	冷める	悲しみ・憎しみ・苦しみ・切なさ・寂しさ・愛しさ・恥ずかしさ・絶望・諦め・空虚・後悔・恨み・殺意・嫉妬・嫌悪・懐かしさ・ときめき	思い切る・諦める	愛しさ・懐かしさ・ときめき	懐かしさ・期待・希望
恋のタイプ	未来期待・現在片思	未来期待・現在片思	未来期待・現在進行	現在進行・未来期待	現在進行	現在進行・現在不安	現在冷却・現在不安	過去未練	現在冷却・過去非未練	過去未練・過去非未練	過去非未練	過去追憶	過去追憶・過去片思
例	土曜日は大キライ	きっと言える・忘れないでね	14番目の月	告白	結婚ルーレット	恋人がサンタクロース	結婚式を飛ばせ	海を見ていた午後	私らしくても	Good luck and Good bye	私らしく	9月の蝉しぐれ	卒業写真

が対応することは少なくない．この対応関係表が歌詞の「恋」のタイプを決定する際の一つの基準となるはずである．

例えば，前項の三大テーマは恋愛の過程では以下のように位置づけられる．

過去未練型は「過程8・10」，現在進行型は「過程3〜6」，未来期待型は「過程1〜4」に相当し，ほぼ全過程にわたっていることがわかる．

第3部 男歌と女歌のテーマ分析

第7章 男性作詞家（シンガーソングライター）は何を歌ってきたか

本章では，1999〜2008 年のランキング・ベストワンの流行歌と以下の男性ソングライター 7 名の歌詞のテーマ分析と，「恋愛」のテーマタイプの体系と構造を構築する．（小椋佳，ミスチル：桜井，ゆず：北川・岩沢，コブクロ：小渕，いきものがかり：水野・山下）

▶ 7.1 流行歌ランキング・ベストワンのソングライターは何をテーマにしてきたか

ここでは，カウントダウン TV ランキング・ベストワンの流行歌のソングライターは何をテーマにしてきたかを明らかにしていく．なお，本節は基本的には池田（2009）に基づいているが，後述のアーティスト達とのデータ統一のための微調整などは行っている．

7.1.1 分析対象とテーマ

池田は，カウントダウン TV ランキング（http://www.tbs.co.jp/cdtv/）で，1999〜2008 年の 10 年間でベストワンを獲得した作品を年 10 作品，合計 100 作品のソングライターの男女差とテーマの対応関係を調査分析している．その 100 作品をテーマごとに分類して，その変遷を示すと表 7.1 のようになる．なお，各年の合計は 10 なので，各テーマの数値に 10 を掛けるとパーセンテージになる．

一番多いのは「恋愛」で常に 50 ％以上を維持している．二番目に多いのは「はげまし」で 20%から 30%を維持している．

表 7.2 の列の合計をみると，一番多いのは「恋愛」で 70%，二番目に多いのは

表 7.1 流行歌ランキング・ベストワンの歌詞テーマの変遷

	1999	2000	2001	2002	2003	2004	2005	2006	2007	2008	合計
恋愛	5	10	8	8	6	8	8	5	6	6	70
はげまし	2	0	2	2	2	2	0	3	2	2	17
人生	1	0	0	0	1	0	0	0	0	0	2
その他	2	0	0	0	1	0	2	2	2	2	11
合計	10	10	10	10	10	10	10	10	10	10	100

72 第7章　男性作詞家（シンガーソングライター）は何を歌ってきたか

表7.2　流行歌ランキング・ベストワンのソングライターにおけるテーマと性差比率

性差	恋愛	はげまし	人生	その他	合計
男	48 (68.6)	15 (88.2)	2 (100.0)	8 (72.7)	73
女	21 (30.0)	1 (5.9)	0 (0.0)	3 (27.3)	25
男女	1 (1.4)	0 (0.0)	0 (0.0)	0 (0.0)	1
不明	0 (0.0)	1 (5.9)	0 (0.0)	0 (0.0)	1
合計	70 (100.0)	17 (100.0)	2 (100.0)	11 (100.0)	100

「はげまし」の17%である．

また，どのテーマにおいてもソングライターには男性が多いことがわかる．行の合計をみると，男が73%，女が25%とほぼ3:1の開きがあることがわかる．

以上のデータと同様の傾向は，次節以降のソングライターのテーマ傾向でも確認することができる．

7.1.2　流行歌ランキング・ベストワンで好まれる「恋」のタイプ

ユーミンの「恋愛」の9タイプにランキング・ベストワンの「恋愛」の70作品を所属させ，さらに各年ごとの分布の変遷を示すと表7.3のようになる．

一番多いのが「現在進行型」の44.3%で，その次に多いのは「過去未練型」の21.4%だが，この二つを足すと61.7%と過半数を超えることから，これらが流行歌ランキングで好まれる「恋」のタイプの中心傾向ということになる．さらに，三番目に多い「現在片思型」の17.1%も加えると78.8%になることから，これを入れて三大タイプということもできる．

以上の三大テーマの順位は，後述する6人のソングライター（小椋佳，「Mr. Children（以下「ミスチル」）」の桜井和寿，「ゆず」の北川悠仁，「コブクロ」の

表7.3　流行歌ランキング・ベストワンの「恋」のテーマの変遷

タイプ	1999	2000	2001	2002	2003	2004	2005	2006	2007	2008	合計
現在進行	3	2	3	7	2	4	3	1	4	2	31 (44.3)
過去未練	0	5	1	1	0	2	4	1	0	1	15 (21.4)
現在片思	0	1	0	1	0	2	2	1	2	1	12 (17.1)
現在不安	2	1	2	0	0	0	1	0	1	0	7 (10.0)
過去非未練	0	1	1	0	2	0	0	0	1	0	5 (7.1)
合計	5	9	8	8	6	8	8	5	6	6	70 (100.0)

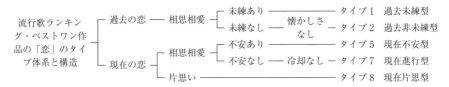

図 7.1 流行歌ランキング・ベストワン作品の「恋」のタイプ体系と構造

小渕健太郎,「DREAMS COME TRUE（以下「ドリカム」）」の吉田美和, aiko）の調査結果とも一致している．さらに二大タイプに限れば，「いきものがかり」の水野良樹と山下穂尊もこのなかに入ることになる．

ほとんどの女性ソングライターの場合は，1位と2位が逆で「過去未練＞現在進行」となる（後述）．この点，流行歌ランキング・ベストワンの三大タイプの順位は，男性ソングライターの好みが反映されていることがわかる．この理由としては，ベストワンのソングライターは圧倒的に男性が多いという点に求められる．つまり，男性ソングライターの好みとファンの好みとが一致したわけだが，これは偶然というよりもむしろ男性ソングライターがすぐれた歌詞を多く発表したため，ファンがその好みに同調した結果とみるべきであろう．

以上から，流行歌ランキングで好まれるタイプは「恋愛中の楽しい歌」がもっとも多く，それに「失恋の悲しい歌」が続き，三番目に「現在片思い中の歌」が多いということになる．

流行歌ランキング・ベストワン作品の「恋」のタイプ体系とその構造を示すと図 7.1 のようになる．ユーミンと比べると「タイプ3　過去追憶型」,「タイプ4　過去片思型」,「タイプ6　現在冷却型」,「タイプ9　未来期待型」の4タイプがないため，タイプ体系は小さめでタイプ構造も簡素であることがわかる．このことは，ファンが好むタイプは集中していることを示している．

▶ 7.2　男性ソングライターは何を歌ってきたか

第2節では男性ソングライター7名（小椋佳,「Mr.Children」の桜井和寿,「ゆず」の北川悠仁・岩沢厚治，コブクロの小渕健太郎,「いきものがかり」の水野良樹・山下穂尊）の歌詞のテーマ分析を行っていく．

7.2.1 小椋佳は何を歌ってきたか

ここでは小椋佳の歌詞のテーマ分析を行っていく．なお，本項のデータは基本的には馬場（2004）に基づいているが，テーマ体系の改訂などは行っている．

a．プロフィール

小椋佳は（1944年1月東京都生まれ）は日本を代表するシンガーソングライターである．なお，1967年に東京大学法学部卒業後，日本勧業銀行（現 みずほ銀行）に入行し，銀行マンのかたわら音楽活動を続けてきた（1993年退職）．

1971年に1stアルバム『青春〜砂漠の少年〜』でメジャーデビューする．3rdアルバム『彷徨』は100万枚のセールスを突破した．当初は，フォークソングに分類されていたが，次第にジャンルを広げていった．以来，作詞・作曲家としても，多数のアーティストへ作品を提供した．「シクラメンのかほり」（唄：布施明），「俺たちの旅」（唄：中村雅俊），「愛燦燦」（唄：美空ひばり），「十六夜だより」（唄：三橋美智也），「愛しき日々」（作曲・唄：堀内孝雄）など，数多くのヒット作品がある．また，アニメーション『銀河英雄伝説』のエンディング曲のほか，校歌・市歌・社歌なども数多く手掛けている．

1975年，第13回ゴールデンアロー賞音楽賞，「シクラメンのかほり」で第8回日本作詞大賞と第17回日本レコード大賞，中山晋平・西条八十賞の各賞を受賞した．

1983年，「夢芝居」で第25回日本レコード大賞作詞賞，第5回古賀政男記念音楽大賞，「旅先の雨に」でプロ作品優秀賞，1984年には第4回日本作曲大賞優秀作曲者賞，2005年にはモンブラン国際文化賞の各賞を受賞した．

2007年，特別企画美空ひばり生誕70周年記念として，「第58回NHK紅白歌合戦」に特別出演した（3回目の出演）．2014年，生前葬としてNHKホールで4日間連続の，歌が重複しない100曲コンサートを行った．

（以上，公式webサイト「小椋佳倶楽部」，Wikipedia「小椋佳」2017年2月24日閲覧）

b．小椋作品のテーマ

分析対象とした小椋作品は1971年から2003年までにリリースされた29枚のオリジナルアルバムに収録された239作品である．

表7.4でもっとも特徴的なのはテーマの豊富さである．主なものでも11種類あり，本書で扱ったソングライターのなかでは一番多い．

c．小椋好みの「恋」のタイプ

ユーミンの9タイプに小椋の「恋愛」の106作品を所属させると，表7.5のようになる．ただし，小椋にはその他のアーティストにはないテーマが一つある．

7.2 男性ソングライターは何を歌ってきたか

表7.4 小椋作品のテーマ分布

テーマ	歌数	比率
恋愛	106	44.4
旅	23	9.6
人生	20	8.4
心情	13	5.4
青春・子供時代	9	3.8
人間全般	9	3.8
子供	8	3.3
死	5	2.1
夢	5	2.1
自分	4	1.7
ある人への賛美	4	1.7
その他	33	13.8
合計	239	100

表7.5 小椋作品の「恋」のタイプ分布

タイプ	歌数（％）
現在進行	32 (31.1)
過去未練	26 (25.2)
現在片思	17 (16.5)
現在不安	12 (11.7)
過去非未練	9 (8.7)
過去片思	2 (1.9)
現在冷却	1 (1.0)
未来期待	1 (1.0)
恋愛一般	3 (2.9)
合計	103 (100.0)

それは「恋愛一般」で,「恋愛とはこういうものだ」ということをテーマにしているのである．それ以外の「恋」のタイプが「こんな恋があった，あるいはいまこんな恋をしている」という経験の「語り」，いわば「恋愛特殊論」であるのとは大きく異なっている．つまり,「恋のタイプ」ではなく,「恋愛一般」という抽象度の高いテーマなのである．ただし,「恋愛一般」は3作品と極めて少ない．

一番多いのが「現在進行型」の31.1％で，その次に多いのは「過去未練型」の25.2％だが，この二つを足すと56.3％と過半数を超えることから，これらが小椋好みの「恋愛」の中心傾向ということになる．さらに，三番目に多い「現在片思型」の16.5％も加えると71.8％になるので，これを入れて三大タイプということもできる．ここから,「恋愛中の楽しい歌」がもっとも多く，それに「失恋の悲しい歌」が続き，三番目に「現在片思い中の歌」が多いということになる．なお，以上の三大タイプの順位は以下のソングライターとも一致している．

流行歌ランキング・ベストワン作品（以下「ベストワン作品」),「ミスチル」の桜井,「ゆず」の北川,「コブクロ」の小渕,「ドリカム」の吉田, aiko

小椋作品の「恋愛」のタイプ体系と構造を示すと図7.2のようになる．ユーミンと比べると「タイプ3 過去追憶型」はないが，ユーミンにはない「タイプ10 恋愛一般論」があるため，ユーミンとタイプ数が同じ9タイプになっている．つまり，ユーミンと同様に「恋」のタイプ体系が大きく，タイプ構造も複雑だということができる．ただし，恋愛以外のタイプの豊富さを考慮に入れると，ユーミ

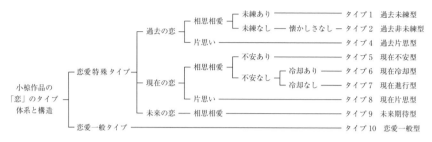

図7.2 小椋作品の「恋」のタイプ体系と構造

ンを遥かに超えている．

7.2.2 「Mr.Children」は何を歌ってきたか

ここでは「ミスチル」の桜井和寿が作詞した歌詞のテーマ分析を行っていく．なお，本項のデータは基本的には湯沢（2009）に基づいている．

a. プロフィール

「ミスチル」は，桜井和寿（1970年3月東京都生まれ．ボーカル，ギター），田原健一（1969年9月福岡県生まれ．ギター），中川敬輔（1969年8月長崎県生まれ．ベース），鈴木英哉（1969年11月東京都生まれ，ドラムス，コーラス）の4人からなるロックバンドで，1992年5月，1stミニアルバム『EVERYTHING』でメジャーデビューした．

1994年発売の5thシングル「innocent world」で初のオリコンチャート1位を獲得した．その後，6thシングル「Tomorrow never knows」と1996年発売の10thシングル「名もなき詩」はダブルミリオンとなるなど，これまでにシングル10作品でミリオンセラーを達成している（歴代3位）．さらに，「innocent world」と「名もなき詩」はオリコン年間チャート1位を獲得した．

アルバムでは1994年発売の4thアルバム『Atomic Heart』と1997年発売の6thアルバム『BOLERO』がトリプルミリオン，1996年発売の5thアルバム『深海』と2001年発売のベストアルバム『Mr.Children 1992-1995』がダブルミリオンとなるなど，アルバム14作品でミリオンセラーを達成している（歴代2位タイ）．さらに，2007年発売の13thアルバム『HOME』と2012年発売のベストアルバム『Mr. Children 2005-2010〈macro〉』ではオリコン年間チャート1位を獲得した．

・CD総出荷枚数：約6950.3万枚（2015年6月現在，歴代2位）
・CDシングル総売上：約2872.9万枚（2017年1月現在，歴代3位）

・CD アルバム総売上：約 3047.5 万枚（2015 年 6 月現在，歴代 3 位）

【受賞歴】

「日本レコード大賞」第 36, 46 回（1994, 2004 年）

「日本ゴールドディスク大賞」第 9～28 回（1995～2014 年）の間に 18 回受賞など．

(以上，Wikipedia「Mr.Children」2017 年 2 月 24 日閲覧)

b. ミスチル作品の作詞者

調査対象としたミスチル作品は 1992 年 5 月 10 日から 2008 年 12 月 10 日までにリリースされた 168 作品である．

表 7.6 から，ミスチル作品の 98.2％が桜井和寿の作詞によることがわかるので，ここでは桜井の作品だけを考察対象にしていく．

c. 分析対象とテーマ

分析対象は桜井が作詞した 168 作品で，それをテーマごとに分類すると，表 7.7 のようになる．一番多いテーマは「恋愛」で 98 作品（58.0％）と，このテーマだけで過半数を超えており，中心傾向であることがわかる．その次に多いのは「人生」の 52 作品（31.0％）で，この二つで 89.0％を占める二大テーマであることがわかる．

d. ミスチル・桜井好みの「恋」のタイプ

ユーミンの「恋」の 9 タイプに桜井の 98 作品を所属させると，表 7.8 のようになる．一番多いのが「現在進行型」の 51.0％で，このタイプだけで過半数を超えており，中心傾向であることがわかる．その次に多いのは「過去未練型」の 21.4％，三番目に多いのは「現在片思型」の 14.3％で，以上が桜井の三大タイプである．つまり，「恋愛中の楽しい歌」がもっとも多く，それに「失恋の悲しい歌」が

表 7.6 ミスチル作品の作詞者

作詞者	歌数	比率
桜井和寿	168	98.2
小林武史	1	0.6
桜井／小林	2	1.2
合計	171	100

表 7.7 ミスチル・桜井作品のテーマ分布

テーマ	歌数 (％)
恋愛	98 (58.0)
人生	52 (31.0)
社会	14 (8.3)
その他	4 (2.4)
合計	168 (100.0)

表 7.8 ミスチル・桜井の「恋」のタイプ分布

タイプ	歌数 (％)
現在進行	50 (51.0)
過去未練	21 (21.4)
現在片思	14 (14.3)
現在不安	7 (7.1)
過去非未練	5 (5.1)
過去片思	1 (1.0)
合計	98 (100.0)

第7章 男性作詞家（シンガーソングライター）は何を歌ってきたか

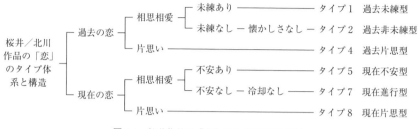

図7.3 桜井作品の「恋」のタイプ体系と構造

続き，三番目に「片思い中の歌」が多いということになる．なお，以上の三大タイプの順位は以下のソングライターとも一致している．

　　ベストワン作品，小椋，「ゆず」の北川，「コブクロ」の小渕，「ドリカム」の吉田，aiko

桜井作品の「恋」のタイプ体系と構造を示すと図7.3のようになる．ユーミンと比べると「タイプ3　過去追憶型」と「タイプ6　現在冷却型」と「タイプ9　未来期待型」とがないため，タイプ体系は中くらいの大きさで，タイプ構造もさほど複雑ではない．ちなみに，体系・構造ともに後述する「ゆず」の北川作品と同じである．

7.2.3　「ゆず」は何を歌ってきたか

ここでは「ゆず」の北川悠仁と岩沢厚治が作詞した歌詞のテーマ分析を行っていく．なお，本項のデータは基本的には上野（2008）に基づいているが，テーマ体系の改訂などは行っている．

a.　プロフィール

「ゆず」は，北川悠仁（1977年1月神奈川県生まれ．ボーカル，ギター）と岩沢厚治（1976年10月神奈川県生まれ．ボーカル）からなるフォークデュオである．

1998年7月発売の1stフルアルバム『ゆず一家』でメジャーデビューし，最終的に100万枚近い売上を記録した．フォーク復興の立役者として，「ネオ・フォーク」と呼ばれる新たなフォークの1ジャンルを確立した．2001年6月には初の東京ドーム公演が成功し，名実ともにトップアーティストとなった．

2003〜2016年の間に7回「NHK紅白歌合戦」に出場した．NHKの2004年アテネオリンピック放送の公式テーマソングに「栄光の架橋」が起用され，ゆずの知名度はさらに高まった．2013年，11枚目のオリジナルアルバム『LAND』を発表し，オリコン

週間アルバムランキングで 1 位を獲得しただけではなく，第 55 回「日本レコード大賞」で最優秀アルバム賞に選ばれた．

(以上，Wikipedia「ゆず」2017 年 2 月 24 日閲覧)

b. ゆず作品の作詞者と調査対象

調査対象としたゆず作品は，1997 年のインディーズデビューから 2007 年 12 月末までに発売された北川 79 作品と岩沢 71 作品の全 150 作品である．なお，北川・岩沢共作曲や，アドベンチャーキャンプの子供達との共作曲，"ゆずおだ" などの，純粋にゆずの作品と判断しにくいものは対象外にしている．

表 7.9 から，ゆず作品の 52.7％が北川で，47.3％が岩沢と，それぞれほぼ半分ずつ作詞していることがわかる．以後では，二人のデータを別々に考察していく．

表 7.9 ゆず作品の作詞者の度数分布

作詞者	歌数（％）
北川悠仁	79（52.7）
岩沢厚治	71（47.3）
合計	150（100.0）

c. 分析対象とテーマ

分析対象は北川と岩沢が作詞した 150 作品で，それらをテーマごとに分類すると，表 7.10 のような結果になった．どちらも「恋愛」と「人生」が二大テーマである点は共通している．北川で一番多いのが「恋愛」の 38.0％，その次が「人生」の 26.6％で，この二大テーマで過半数を超えるので，これらが北川の中心傾向ということになる．岩沢で一番多いのが「人生」の 52.1％で，すでに過半数を超えるので，これが岩沢の中心傾向ということになる．その次に多いのは「恋愛」の 29.6％だが，今回取り上げたソングライターで，「恋愛」が一番にならなかったのは，この岩沢だけということを考えると，かなり個性的なソングライターであることがわかる．

表 7.10 北川作品と岩沢作品の度数分布

	北川	岩沢
テーマ	歌数（％）	歌数（％）
恋愛	30（38.0）	21（29.6）
人生	21（26.6）	37（52.1）
はげまし	18（22.8）	13（18.3）
その他	10（12.7）	0（0.0）
合計	79（100.0）	71（100.0）

d. ゆず・北川と岩沢好みの「恋」のタイプ

ユーミンの 9 タイプに，恋愛がテーマの 51 作品（北川 30 作品，岩沢 21 作品）を所属させると，表 7.11 のようになる．全体をみて特徴

表 7.11 北川と岩沢作品の「恋」のタイプ分布

	北川	岩沢
タイプ	歌数（％）	歌数（％）
現在進行	14（46.7）	2（9.5）
過去未練	9（30.0）	14（66.7）
現在片思	3（10.0）	0（0.0）
現在不安	2（6.7）	5（23.8）
過去非未練	1（3.3）	0（0.0）
過去片思	1（3.3）	0（0.0）
合計	30（100.0）	21（100.0）

的なのはタイプ数の違いで，北川が7タイプで岩沢が3タイプと，ほぼ2：1の極端な違いが認められる．やはり今回取り上げたソングライターの中では「恋」のタイプが一番少なく，ここにも岩沢の個性的な面が表れている．

　北川で一番多いのが「現在進行型」の46.7％で，その次に多いのは「過去未練型」の30.0％だが，この二つを足すと76.7％と過半数を超えることから，これらが北川好みの中心傾向ということになる．さらに，三番目に多い「現在片思型」の10.0％も加えると86.7％になることから，これを入れて三大タイプということもできる．ここから，「恋愛中の楽しい歌」がもっとも多く，それに「失恋の悲しい歌」が続き，三番目に「片思い中の歌」が多いということになる．なお，以上の三大タイプの順位は以下のソングライターとも一致している．

　　ベストワン作品，小椋，「ミスチル」の桜井，「コブクロ」の小渕，「ドリカム」の
　　吉田，aiko

　岩沢で一番多いのが「過去未練型」の66.7％で，このタイプだけで過半数を超えており，「恋」のテーマの岩沢好みの中心傾向であることがわかる．その次に多いのは「現在不安型」の23.8％だが，この二つを足すと90.5％となることから，これらが岩沢の二大タイプということになる．

　北川と岩沢作品の「恋愛」のタイプ体系と構造を示すと図7.4と図7.5のようになる．北川はユーミンと比べると「タイプ3　過去追憶型」と「タイプ6　現在

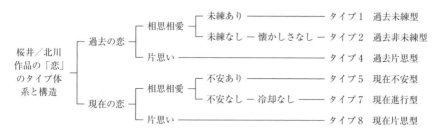

図7.4　北川作品の「恋」のタイプ体系と構造

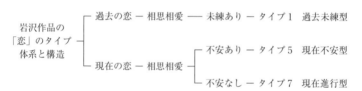

図7.5　岩沢作品の「恋」のタイプ体系と構造

冷却型」と「タイプ9　未来期待型」がないため，桜井と同様，タイプ体系は中程度の大きさで，タイプ構造もさほど複雑ではない．ちなみに，体系・構造ともに前述したミスチルの桜井作品と同じである．

一方，岩沢は3タイプしかないため，タイプ体系がもっとも小さく，タイプ構造がもっとも単純である．

7.2.4 「コブクロ」は何を歌ってきたか

ここでは「コブクロ」の小渕健太郎が作詞した歌詞のテーマ分析を行っていく．なお，本項のデータは基本的には江口（2012）に基づいている．

a. プロフィール

「コブクロ」は，黒田俊介（1977年3月大阪府生まれ．ボーカル）と小渕健太郎（1977年3月宮崎県生まれ．ボーカル．ギター）からなるフォークデュオで，2001年3月，アルバム『YELL〜エール〜／Bell』でメジャーデビューした．

2005年12月発売のアルバム『NAMELESS WORLD』はオリコン初登場1位，100万枚突破を記録し，年末の「NHK紅白歌合戦」にも初出場を果たした．2012年9月にはベストアルバム『ALL SINGLES BEST 2』をリリースし100万枚を突破する．2013年の「第64回NHK紅白歌合戦」にて8度目の出場を果たす．

【受賞歴】

「日本レコード大賞」　第47〜49回（2005〜2007年）

「日本ゴールドディスク大賞」　第16，20〜22，26，27回（2005，2009〜2011，2015，2016年）

（以上，Wikipedia「コブクロ」，2017年2月25日閲覧）

b. コブクロ作品の作詞者

表7.12から，コブクロ作品の87.5％が小渕健太郎の作詞によることがわかる．その他の作詞者の作品数は10％に満たないため，安定したデータにはならない．そこで，ここでは小渕の作詞による105作品だけを考察対象にしていく．

表7.12　コブクロ作品の作詞者

作詞者	歌詞数	比率
小渕健太郎	105	87.5
黒田俊介	11	9.2
小渕・黒田	4	3.3
合計	120	100

c. 分析対象とテーマ

小渕の105作品をテーマごとに分類すると，表7.13のようになる．

全作品の51.4％（54作品）は「恋愛」をテーマにしたものであり，これが中心傾向ということになる．その次に多いのは「夢」の23.8％だが，この二つを足す

と75.2%となることから，これらが小渕の二大テーマということになる．

「夢」というテーマは，「夢を追う（人を励ます）」といった内容であり，「夢を実現するまでの悩み」などもこれに入る．

d. コブクロ・小渕好みの「恋」のタイプ

ユーミンの9タイプに恋愛の54作品を所属させると表7.14のようになる．恋愛のテーマが5タイプしかないというのは，岩沢の3タイプについで少ない．

一番多いのが「現在進行型」の42.6%で，そのつぎに多いのは「過去未練型」の25.9%だが，この二つを足すと68.5%と過半数を超えるので，小渕好みの中心傾向ということになる．さらに，三番目に多い「現在片思型」の16.7%も加えると85.2%とほぼ9割になることから，これを入れて三大タイプということもできる．ここから，「恋愛中の楽しい歌」がもっとも多く，それに「失恋の悲しい歌」が続き，三番目に「片思い中の歌」が多いということになる．なお，この三大タイプの順位は以下のソングライターとも一致している（後述）．

表7.13 コブクロ・小渕作品のテーマ

テーマ	歌数（%）
恋愛	54 (51.4)
夢	25 (23.8)
その他	26 (24.8)
合計	105 (100.0)

表7.14 コブクロ・小渕作品の「恋」のタイプ分布

タイプ	歌数（%）
現在進行	23 (42.6)
過去未練	14 (25.9)
現在片思	9 (16.7)
現在不安	5 (9.3)
過去片思	3 (5.6)
合計	54 (100.0)

ベストワン作品，小椋，「ミスチル」の桜井，「ゆず」の北川，「ドリカム」の吉田，aiko

小渕作品の「恋」のタイプ体系と構造を示すと図7.6のようになる．ユーミンと比べると「タイプ2　過去未練型」，「タイプ3　過去追憶型」，「タイプ6　現在冷却型」，「タイプ9　未来期待型」がないため，タイプ体系は小さめで，タイプ構造もさほど複雑ではない．

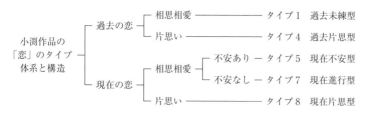

図7.6 コブクロ・小渕作品の「恋」のタイプ体系と構造

7.2.5 「いきものがかり」は何を歌ってきたか

ここでは「いきものがかり」の水野良樹と山下穂尊が作詞した歌詞のテーマ分析を行っていく．なお，本項のデータは基本的には富永（2013）に基づいているが，テーマ体系の改訂などは行っている．

a. プロフィール

「いきものがかり」は吉岡聖恵（1984年2月神奈川県生まれ．ボーカル，タンバリン），水野良樹（1982年12月神奈川県生まれ．ギター，コーラス），山下穂尊（1982年8月神奈川県生まれ．ギター，コーラス）からなる3人組のJポップグループで，2006年3月にシングル「SAKURA」でメジャーデビューした．

「いきものがかり」の楽曲は，NHK合唱コンクールの課題曲「YELL」やロンドンオリンピックのテーマソング「風が吹いている」，映画やドラマの主題歌「ありがとう」，CM音楽などに起用され，2016年までに発売されたシングル曲はほとんどタイアップ曲となっている．オリコンの「好きなアーティストランキング」で2010年から4年連続で2位となったばかりではなく，全世代別でもTOP3にランクインしており，老若男女を問わず人気がある．「NHK紅白歌合戦」には第59〜67回（2008〜2016）と9年連続で出場した．

アルバムは3rdアルバム『My song Your song』（2007）以降，『FUN! FUN! FANFARE!』（2014）までの5作が連続でオリコンチャート初登場1位を獲得した．特にベストアルバム『いきものばかり〜メンバーズBESTセレクション〜』（2010）は，140万枚以上の売上を記録した．

オリコン集計によるアーティスト・トータル・セールス（CD総売上枚数）は約569万枚（シングル：約162万枚，アルバム：約407万枚）となっている（2015年12月時点）．2017年1月5日に，10周年を区切りとし，活動休止（彼らは「放牧」と表現）を宣言した．

【受賞歴】
「日本レコード大賞」 第51〜58回（2009〜2016年）
「日本ゴールドディスク大賞」 第21，26回（2007，2012年）
「ベストヒット歌謡祭」（2009，2010年）
「日本有線大賞」 第42回（2009年）
「MTV Video Music Aid Japan」（2011年）
「iTunes Best of 2012」
など．
（以上，Wikipedia「いきものがかり」，2015年11月4日，2017年2月25日閲覧）

b. いきものがかり作品の作詞者

表7.15から，いきものがかり作品のほとんどが水野と山下どちらかの作詞によることがわかる．吉岡の作品数は10％に満たないため今回は対象外とし，水野と山下による88作品を調査対象にした．

表7.15 いきものがかり作品の作詞者

作詞者	歌数	比率
水野良樹	43	45.3
山下穂尊	45	47.4
吉岡聖恵	7	7.4
合計	95	100

c. 分析対象とテーマ

分析対象は水野と山下が作詞した88作品で，それらをテーマごとに分類してみると，表7.16のようになる．どちらも「恋愛」と「はげまし」が二大テーマである点は共通している．しかし，水野では「恋愛」が62.8％，「はげまし」が23.3％と，「恋愛」を「はげまし」のほぼ3倍も作詞しているのに対し，山下では「恋愛」と「はげまし」はどちらもほぼ40％と偏りがない．この点，山下は個性的なソングライターといえる．

表7.16 水野と山下作品のテーマ

テーマ	水野 歌数（％）	山下 歌数（％）
恋愛	27（62.8）	19（42.2）
はげまし	10（23.3）	18（40.0）
その他	6（14.0）	8（17.8）
合計	43（100.0）	45（100.0）

d. いきものがかり・水野と山下好みの「恋」のタイプ

ユーミンの9タイプに水野の恋愛27作品と山下の恋愛19作品を所属させると，表7.17のようになる．水野で一番多いのが「現在進行型」だが，このタイプだけで過半数を超えており中心傾向であることがわかる．その次に多いのは「過去未練型」の22.2％だが，この二つを足すと74.1％となり，これらが水野好みの二大タイプということになる．ここから，「恋愛中の楽しい歌」がもっとも多く，それに続いて「失恋の悲しい歌」が多

表7.17 水野と山下作品の「恋」のタイプ分布

タイプ	水野 歌数（％）	山下 歌数（％）
現在進行	16（59.3）	6（31.6）
過去未練	6（22.2）	7（36.8）
過去非未練	2（7.4）	0（0.0）
現在不安	0（0.0）	2（10.5）
現在片思	1（3.7）	2（10.5）
過去片思	1（3.7）	1（5.3）
未来期待	1（3.7）	1（5.3）
合計	27（100.0）	19（100.0）

いということになる．山下においても，「現在進行型」と「過去未練型」が二大タイプである点は水野と共通しているが，どちらもほぼ同じ度数である点でここでも個性的な側面をみせている．

なお，以上の二大タイプの順位は以下のソングライターとも一致している．

ベストワン作品，小椋，「ミスチル」の桜井，「ゆず」の北川，「コブクロ」の小渕，

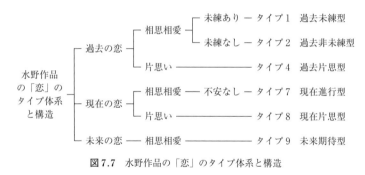

図 7.7 水野作品の「恋」のタイプ体系と構造

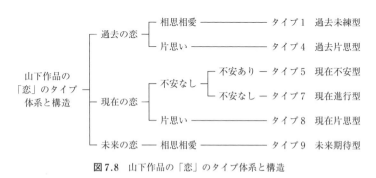

図 7.8 山下作品の「恋」のタイプ体系と構造

「ドリカム」の吉田，aiko

水野と山下作品の「恋」のタイプ体系と構造を示すと図 7.7 と図 7.8 のようになる．水野はユーミンと比べると「タイプ 3　過去追憶型」と「タイプ 5　現在不安型」と「タイプ 6　現在冷却型」がなく，山下は「タイプ 2　過去未練型」と「タイプ 3　過去追憶型」と「タイプ 6　現在冷却型」がないことがわかる．どちらも 6 タイプである点，タイプ体系は中程度の大きさで，タイプ構造は少し複雑である．

第3部　男歌と女歌のテーマ分析

第8章　女性作詞家とアイドルは何を歌ってきたか

　本章からは女性ソングライター4名とアイドル歌手2名の歌詞のテーマ分析を行い，「恋愛」のテーマタイプの体系と構造を構築する（竹内まりや，「DREAMS COME TRUE」（以下「ドリカム」）の吉田美和，aiko，miwa，松田聖子，中森明菜）．

▶ 8.1　女性ソングライターは何を歌ってきたか

8.1.1　竹内まりやは何を歌ってきたか

　ここでは竹内まりやが作詞した歌詞のテーマ分析を行っていく．なお，本項のデータは基本的には齋藤（2008）に基づいている．

a.　プロフィール

　竹内まりや（1955年3月島根県生まれ）はシンガーソングライターである．夫はシンガーソングライターの山下達郎で「シンガーソング専業主婦」と自称している．

　1978年11月にアイドル歌手としてデビューし，「SEPTEMBER」や「不思議なピーチパイ」などのヒット曲があったが，1982年4月に結婚してから，シンガーソングライターとして活動を開始し，「けんかをやめて」「Invitation」などのヒットを放つ．1984年にリリースしたオリジナルアルバム『VARIETY』は30万枚以上のヒットになった．

　アルバム『REQUEST』（1987）は3年間のロングセールスを記録したほか，シングル曲「駅」（1987），「シングル・アゲイン」（1989），「告白」（1990），「マンハッタン・キス」（1992）などが続けてヒットした．特に1994年発売の「純愛ラプソディ」は，自身現時点で最大のヒット曲となった．さらに，1992年にはアルバム『Quiet Life』が発売と同時にミリオン・セラーとなり，1994年のベストアルバム『Impressions』は売り上げ300万枚を超えるヒットを記録した．

　作詞・作曲家としても薬師丸ひろ子の「元気を出して」（1984），中山美穂の「色・ホワイトブレンド」（1986），広末涼子の「MajiでKoiする5秒前」（1997）など，多くのヒット作を生んだ．

　子育てが一段落したことで2006年からは再び積極的に新譜リリースを行うようにな

り，2007 年には 6 年ぶりにオリジナルアルバム『Denim』を発表し，オリコンチャート 1 位入りを果たした．

【受賞歴】

「日本レコード大賞」 第 35 回（1993 年）

「岩谷時子賞」 第 6 回（2015 年）

（以上，Wikipedia「竹内まりや」，2017 年 2 月 26 日閲覧）

b. 分析対象とテーマ

分析対象は竹内まりやが作詞した 92 作品である．それらをテーマごとに分類すると表 8.1 のようになるが，「恋愛」だけで 70 作品と 8 割近くを占めており，中心傾向であることがわかる．その次に多いのは「人生」の 12 作品（13.0％）で，この二つでほぼ 9 割を占める．

表 8.1 竹内まりや作品のテーマ分布

テーマ	歌数（％）
恋愛	70（76.1）
人生	12（13.0）
はげまし	5（5.4）
その他	5（5.4）
合計	92（100.0）

c. 竹内好みの「恋」のタイプ

ユーミンの 9 タイプに竹内の「恋愛」の 70 作品を所属させると，表 8.2 のようになる．一番多いのが「過去未練型」の 31.4％で，その次に多いのは「現在進行型」の 25.7％だが，この二つを足すと 57.1％と過半数を超えることから，これらが竹内好みの中心傾向ということになる．この点はユーミンと共通している．さらに，三番目に多い「現在片思型」の 18.6％も加えると 75.7％になることから，これを入れて三大タイプということもできる．ここから，「失恋の悲しい歌」がもっとも多く，それに「恋愛中の楽しい歌」が続き，三番目に「現在片思い中の歌」が多いということになる．

表 8.2 竹内作品の「恋」のタイプ分布

タイプ	歌数（％）
過去未練	22（31.4）
現在進行	18（25.7）
現在片思	13（18.6）
現在不安	9（12.9）
過去非未練	4（5.7）
過去片思	3（4.3）
未来期待	1（1.4）
合計	70（100.0）

竹内作品の「恋愛」のタイプ体系と構造を示すと図 8.1 のようになる．ユーミンと比べると「タイプ 3 過去追憶型」と「タイプ 6 現在冷却型」がないことから，竹内は比較的にタイプ体系は大きく，タイプ構造も複雑なアーティストであることがわかる．ちなみに，体系・構造ともに後述する aiko 作品と同じである．

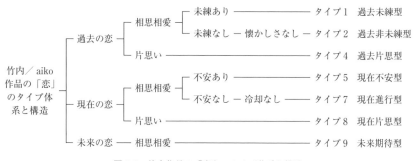

図 8.1　竹内作品の「恋」のタイプ体系と構造

8.1.2　「DREAMS COME TRUE」の吉田美和は何を歌ってきたか

本項では「ドリカム」の吉田美和作品のテーマ分析を行っていく．なお，本項のデータは基本的には原（2008）に基づいている．

a.　プロフィール

「ドリカム」は，吉田美和（1965 年 5 月北海道生まれ．ボーカル）と中村正人（1958 年 10 月東京都生まれ．ベース）からなる J ポップバンドで 1988 年 1 月に結成された．結成当初から 2002 年までは西川隆宏（1964 年 5 月北海道生まれ．キーボード）も含めた 3 人編成であった．1989 年 3 月に，シングル「あなたに会いたくて」とアルバム『DREAMS COME TRUE』の同時リリースで CD デビューした．作詞はすべて吉田が，作曲は吉田と中村のどちらも手がける．

アルバムでは 1989 年の 2nd アルバム『LOVE GOES ON…』，3rd アルバム『WONDER 3』は売上枚数 100 万枚以上，4th アルバム『MILLION KISSES』から 8th アルバム『LOVE UNLIMITED ∞』までは売上枚数 200 万枚以上を記録し，なかでも 1992 年の 5th アルバム『The Swinging Star』はオリコン史上初の累計売上枚数 300 万枚を突破した．その後 1999 年の 10th アルバム『the Monster』でもミリオンセラーを達成している．

シングルでは 1992 年発売の「決戦は金曜日／太陽が見てる」以降，1995 年までに 5 作品がミリオンセラーとなり，なかでも「LOVE LOVE LOVE／嵐が来る」は売上枚数 240 万枚以上になっている．

「NHK 紅白歌合戦」には，1990〜2013 年の間に計 15 回出場している．

（以上，Wikipedia「DREAMS COME TRUE」，「吉田美和」，2017 年 2 月 27 日閲覧）

b. 分析対象とテーマ

分析対象とした吉田作品は 1989～2007 年にリリースされたオリジナルアルバム 14 枚に収録された 175 作品のうちの 160 作品である．対象外とした 15 作品は，歌詞が付いていないものや，オープニングテーマであるために歌詞が付いていても短いため，充分な解釈ができないと判断したものである．

吉田が作詞した 160 作品をテーマごとに分類すると表 8.3 のようになる．「恋愛」だけで 146 作品と 91.3 ％を占めているのでこれが中心傾向であり，「恋愛」への極端な集中が認められる．

c. 吉田好みの「恋」のタイプ

ユーミンの 9 タイプに吉田の「恋愛」の 146 作品を所属させると，表 8.4 のようになる．一番多いのが「現在進行型」の 39.0 ％で，その次が「過去未練型」の 33.6 ％だが，この二つを足すと 72.6 ％と過半数を超えるので，これらが吉田好みの中心傾向ということになる．さらに，三番目に多い「現在片思型」の 12.3 ％も加えると 84.9 ％になることから，これを入れて三大タイプということもできる．ここから，「恋愛中の楽しい歌」がもっとも多く，それに「失恋の悲しい歌」が続き，三番目に「現在片思い中の歌」が多いということになる．なお，以上の三大タイプの順位は以下のソングライターとも一致している．

> ベストワン作品，小椋，「ミスチル」の桜井，「ゆず」の北川，「コブクロ」の小渕，aiko

表 8.3 吉田美和作品のテーマ分布

テーマ	歌数 (％)
恋愛	146 (91.3)
家族	4 (2.5)
はげまし	3 (1.9)
友情	2 (1.3)
人生	2 (1.3)
その他	3 (1.9)
合計	160 (100.0)

表 8.4 吉田作品の「恋」のタイプ分布

タイプ	歌数 (％)
現在進行	57 (39.0)
過去未練	49 (33.6)
現在片思	18 (12.3)
現在不安	15 (10.3)
過去非未練	5 (3.4)
未来期待	2 (1.4)
合計	146 (100.0)

吉田作品の「恋」のタイプ体系と構造を示すと図 8.2 のようになる．ユーミンと比べると「タイプ 3 過去追憶型」と「タイプ 4 過去片思型」と「タイプ 6 現在冷却型」がないことから，吉田はタイプ体系は中程度の大きさで，テーマ構造は少し複雑なアーティストであることがわかる．ちなみに 6 タイプというのは，男性ソングライターでは標準的な数だが，女性ソングライターではもっとも少ないタイプ数である．

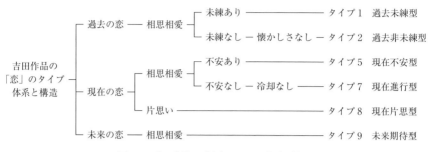

図 8.2 吉田作品の「恋」のタイプ体系と構造

8.1.3 aiko は何を歌ってきたか

ここでは aiko が作詞した歌詞のテーマ分析を行っていく．なお，本項のデータは基本的には中西（2010）に基づいている．

a. プロフィール

aiko（1975 年 11 月大阪府生まれ）はシンガーソングライターで，1998 年 7 月に 1st シングル「あした」でメジャーデビューした．

2000 年，2nd アルバム『桜の木の下』が週間オリコンチャートで 1 位を獲得し，累計 140 万枚を売り上げる大ヒットとなり，日本ゴールドディスク大賞を受賞する．シングル「ボーイフレンド」も約 50 万枚以上を売り上げた．

2001 年，3rd アルバム『夏服』が 2 作連続となるミリオンヒットとなり，前作に続き日本ゴールドディスク大賞を受賞した．

2005 年，オリコンの「音楽ファン 2 万人が選ぶ好きなアーティストランキング」で 1 位を獲得（翌年 2006 年も 1 位）．2006 年 8 月発売の 7th アルバム「彼女」はオリコンチャートで初登場 1 位を獲得．2009 年，25th シングル「milk／嘆きのキス」がオリコン週間シングルチャートで自身初となる 1 位を獲得．

「NHK 紅白歌合戦」には第 51〜64 回（2000〜2013 年）の間に 12 回出場した．

(以上，Wikipedia「aiko」，2017 年 2 月 27 日)

b. 分析対象とテーマ

分析対象とした aiko 作品は，1998 年から 2010 年 4 月までに発表された 9 枚のアルバムに収録された 112 作品である．それらをテーマごとに分類すると表 8.5 のようになる．「恋愛」だけで 108 作品と 96.4％を占め，これが中心傾向であることがわかる．吉田の 91.3％と比べても 5 ポイントも高く，テーマの偏りの度合いが極端に高いことがわかる．

c. aiko 好みの「恋」のタイプ

ユーミンの9タイプにaikoの「恋愛」の108作品を所属させると，表8.6のようになる．一番多いのが「現在進行型」の41.7%で，その次に多いのは「過去未練型」の25.0%だが，この二つを足すと66.7%と過半数を超えることから，これらがaiko好みの中心傾向ということになる．さらに，三番目に多い「現在片思型」の13.0%も加えると79.7%になることから，これを入れて三大タイプということもできる．ここから，「恋愛中の楽しい歌」がもっとも多く，それに「失恋の悲しい歌」が続き，三番目に「現在片思い中の歌」が多いということになる．なお，以上の三大テーマの順位は以下のソングライターとも一致している．

ベストワン作品，小椋，「ミスチル」の桜井，「ゆず」の北川，「コブクロ」の小渕，「ドリカム」の吉田

aiko作品の「恋」のタイプ体系と構造を示すと図8.3のようになる．ユーミンと比べると「タイプ3　過去追憶型」と「タイプ6　現在冷却型」がないだけなので，aikoは竹内と同様，タイプ体系が比較的に大きく，タイプ構造が複雑であることがわかる．ちなみに，体系・構造ともに前述した竹内作品と同じである．

表8.5　aiko作品のテーマ

テーマ	歌数 (%)
恋愛	108 (96.4)
人生	2 (1.8)
はげまし	1 (0.9)
その他	1 (0.9)
合計	112 (100.0)

表8.6　aiko作品の「恋」のタイプ分布

タイプ	歌数 (%)
現在進行	45 (41.7)
過去未練	27 (25.0)
現在片思	14 (13.0)
現在不安	11 (10.2)
過去非未練	4 (3.7)
過去片思	4 (3.7)
未来期待	3 (2.8)
合計	108 (100.0)

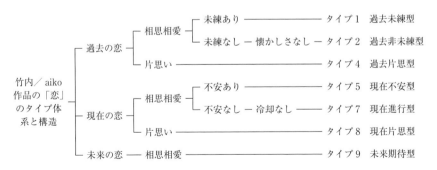

図8.3　aiko作品の「恋」のタイプ体系と構造

8.1.4 miwa は何を歌ってきたか

ここでは miwa が作詞した歌詞のテーマ分析を行っていく．なお，本項のデータは基本的には宗野（2014）に基づいているが，筆者が新たに 4th アルバム『ONENESS』（2015）に収録された 14 作品を増補している．

a. プロフィール

miwa（1990 年 6 月神奈川県生まれ）は，シンガーソングライターで，2010 年 3 月に 1st シングル「don't cry anymore」でメジャーデビューした．

2011 年 4 月に 1st アルバム『guitarissimo』をリリースし，オリコン週間アルバムチャートで初登場 1 位を獲得（平成生まれのシンガーソングライターとして初）．2013 年 5 月 3rd アルバム『Delight』をリリースし，アルバム週間チャート 1 位を獲得した．2016 年 10 月，NHK 全国学校音楽コンクール・中学校の部で課題曲として「結—ゆい—」が起用された．

「NHK 紅白歌合戦」には第 64〜67 回（2013〜2016 年）の 4 回連続で出場した．

【受賞歴】

「日本ゴールドディスク大賞」 第 25 回（2011 年）

(以上，「miwa」公式サイト，2017 年 2 月 27 日閲覧)

b. 分析対象とテーマ

miwa が 2010 年にデビューしてから 2015 年までにリリースした 4 枚のアルバムに収録された 52 作品を分析対象とした．

miwa が発表した 52 作品をテーマごとに分類すると表 8.7 のようになるが，「恋愛」だけで 35 作品と 66.0% と過半数を占め，これが中心傾向であることがわかる．その次に多いのは「はげまし」の 15 作品（30.2%）で，この二つで 96.2% を占め，二大テーマということになる．

表 8.7 miwa 作品のテーマ分布（宗野 2008 を増補）

テーマ	歌数（%）
恋愛	35（66.0）
はげまし	16（30.2）
人生	1（1.9）
その他	1（1.9）
合計	53（100.0）

c. miwa 好みの「恋」のタイプ

ユーミンの 9 タイプに miwa の「恋愛」の 35 作品を所属させると，表 8.8 のようになる．一番多いのが「現在進行型」の 34.3% で，その次に多いのは「未来期待型」の 17.1% だが，この二つを足すと 51.4% と過半数を超えることから，これらが miwa 好みの「恋愛」の中心傾向ということになる．さらに，三番目に多い「過去未練型」の 14.3% も加えると 65.7% になることから，これを入れて三大タイプということもできる．ここから，「恋愛中の楽しい

歌」がもっとも多く，それに「恋の予感を感じさせる楽しい歌」が続き，三番目に「失恋の悲しい歌」が多いということになる．なお，この三大タイプとその順序は，後述するアイドル歌手の松田聖子と中森明菜の三大タイプと一致している点は興味深い．

miwa作品の「恋愛」のタイプ体系と構造を示すと図8.4のようになる．ユーミンと比べると「タイプ2 過去非未練型」と「タイプ5 現在不安型」とがないことから，miwaはaikoや竹内と同様，テーマ体系が比較的に大きく，タイプ構造が複雑であることがわかる．

表8.8 miwa作品の「恋」のタイプ分布（宗野2008を増補）

タイプ	歌数（%）
現在進行	12（34.3）
未来期待	6（17.1）
過去未練	5（14.3）
現在片思	4（11.4）
過去追憶	3（8.6）
現在冷却	3（8.6）
過去片思	2（5.7）
合計	35（100.0）

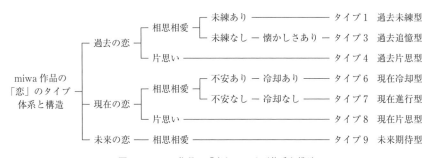

図8.4 miwa作品の「恋」のタイプ体系と構造

▶ 8.2 アイドル歌手・松田聖子と中森明菜は何を歌ってきたか

これまでは，ソングライター作品のテーマ分析をしてきたが，ここでは松田聖子と中森明菜という二人のアイドル歌手のために作詞された歌詞のテーマ分析を行っていく．つまり，松田と中森のアイドルイメージに合わせて，複数のソングライターがどのようなテーマの歌詞を提供することにより，それぞれのアイドルイメージを形成したのかを解明していく．この節の調査データは基本的には丸山（2013）による．

分析対象は二人のデビュー年から1989年までの作品とする．松田聖子は1980～1989年に発売されたシングル54作品，中森明菜は，1982～1989年に発売されたシングル46作品を対象とした．

8.2.1 松田聖子と中森明菜のプロフィール

以下の松田と中森のプロフィールは Wikipedia「松田聖子」,「中森明菜」(ともに 2017 年 2 月 27 日閲覧) に基づいている.

a. 松田聖子

松田聖子 (1962 年 3 月福岡県生まれ) は 1980 年代を代表するアイドル歌手である. 1980 年に,「裸足の季節」でレコードデビューしたが, そのデビュー曲は CM タイアップで火がつき, すぐに続けざまにヒット曲を連発した.

歌手としては 1980 年の「風は秋色」から 1988 年の「旅立ちはフリージア」まで 24 曲連続でオリコンシングルチャート (週間) 1 位を獲得した. 1990 年代に入ると, シンガーソングライターとしての活動を展開していく.

オリジナルアルバム『1992 Nouvelle Vague』(1992) から『Bibbidi-Bobbidi-Boo』(2015) までの 31 枚中 12 枚はセルフプロデュースによる全曲作詞作曲で, シングル曲でも「きっと, また逢える…」「大切なあなた」「輝いた季節へ旅立とう」「さよならの瞬間」などをヒットさせる. 特に, 1996 年発表の「あなたに逢いたくて〜Missing You〜」は, オリコンチャートで自身シングル初のミリオンセラー (100 万枚突破) を記録し最大のヒット曲 (2016 年現在) となった.

【受賞歴】

「日本レコード大賞」 第 22〜34 回 (1980〜1992 年) の間に 7 回受賞

「全日本有線放送大賞」 第 13〜16 回 (1980〜1983 年) の間に 3 回受賞

b. 中森明菜

中森明菜 (1965 年 7 月東京都生まれ) は, 松田聖子と肩を並べる 1980 年代を代表するアイドル歌手である. 1982 年にシングル「スローモーション」でデビューし, 2 枚目のシングル「少女 A」がヒットした. 翌 1983 年には,「セカンド・ラブ」,「禁区」などのヒットでレコードセールスはトップとなる. 以降も「北ウイング」,「飾りじゃないのよ涙は」など連続してシングルヒットし, 1985 年の「ミ・アモーレ〔Meu amoré…〕」と 1986 年の「DESIRE −情熱−」で 2 年連続となる日本レコード大賞を受賞した. 1985 年から 1987 年のレコード・セールスでは 3 年連続でトップを記録する.

中森がデビューした 1982 年はアイドルの当たり年で, この時期 (1981 年 10 月から 1982 年 9 月) にデビューしたアイドル達を総称して「花の 82 年組」または「花の 57 年組」と呼んだ.

2002 年にはユニバーサルミュージックに移籍し, カバーアルバム『-ZEROalbum-

歌姫2』の発表以降,『歌姫3〜終幕』,『フォーク・ソング〜歌姫抒情歌』などカバーアルバムのシリーズ作をリリースする.2004年にはプライベートレーベル「歌姫レコーズ」を設立した.2010年10月,体調不良により芸能活動の無期限休止を発表した.4年間の活動休止を経て,2015年1月,シングル「Rojo-Tierra-」,カバーアルバム『歌姫4-My Eggs Benedict-』をリリースして,活動を再開した.

【受賞歴】
 「日本レコード大賞」 第25〜49回(1983〜2007年)の間に7回受賞
 「全日本有線放送大賞」 第15〜21回(1982〜1988年)の間に7回受賞
 「日本ゴールドディスク大賞」 第1〜29回(1982〜2015年)の間に5回受賞
など.

8.2.2 松田聖子のアイドルイメージを形成したソングライター達

松田聖子の歌詞を作成したソングライターの分布は,表8.9と図8.5のようになる.

もっとも多くの歌詞を作成したのは松本隆で,67.3%と過半数を占めており,松田のアイドルイメージの中心傾向を形成したのは彼だったことがわかる.また,二番目に多い三浦徳子の17.3%も小さくないが,両者には時間的な相補関係がある.というのは,松田のデビュー後2年間で発表してきた5枚のシングルに収録された歌詞10作品のうち9作品が三浦の作品で,6枚目から松本が作詞に加わり,松田のプロデューサーのような存在になったからである.つまり,デビューから2年間の松田のアイドルイメージを三浦が形成し,それ以降は松本が担当していたのである.ちなみに三浦は中森のためにも2作品を作詞しており,二人に共通

表8.9 松田聖子のソングライター分布

ソングライター	歌数	割合
松本隆	35	67.3%
三浦徳子	9	17.3%
Seiko Matsuda	3	5.8%
小坂明子	2	3.8%
浅川佐記子	1	1.9%
尾崎亜美	1	1.9%
吉本由美	1	1.9%
合計 7名	52	100.0%

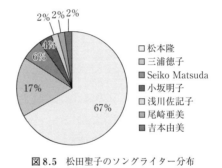

図8.5 松田聖子のソングライター分布

するソングライターとしては唯一の存在である．

松本隆が形成した松田聖子のアイドルイメージの具体像については，小倉(1989)で以下のように述べられている．

「聖子をして聖子たらしめた人物となると，ためらうことなく松本隆の名が挙げられます．聖子のイメージを完成させたのは，松本隆その人です．」(pp.150-151)

「松本隆の歌詞は，さながら耳で聞く少女漫画の世界です．色鮮やかな花や果実，星に月，そして海，人間の住む社会の背景に退き，物言わぬ自然と共にある時にだけ，少女は幸福なのです．」(p.175)

「少女は生きながらの花であり鳥であり，そして決定的な比喩で言えば果物なのです．少女たちだけが，主体としての花鳥風月なのです．松本隆は少女のそのありようを，そのまま歌詞にしたのです．すみれやひまわりやフリージアやスイートピーに囲まれ，少女は花の一輪になるのです．」(p.176)

以上の記述のように，松本隆は松田聖子のための作詞を通して，松本がイメージした独自の少女像を確立し，それが松田のアイドルイメージとして定着していったことがわかる．

ちなみに松田のアイドルイメージを表したあだ名に「ぶりっ子」がある．これは，当時の人気漫才コンビの春やすこ・けいこや山田邦子が，松田が意識的に自分をかわいく見せようとする「男に媚びる女」のイメージをからかったあだ名で流行語にまでなった．

8.2.3 中森明菜のアイドルイメージを形成したソングライター達

中森明菜の歌詞を作成したソングライターの分布は，表8.10と図8.6のようになる．

中森のために歌詞を作成したソングライターは26名で，松田聖子の7名の実に4倍ちかくにのぼる．一番作品数が多いのは，来生えつこ

表8.10 中森明菜のソングライター分布

ソングライター	歌数	割合
来生えつこ	5	10.9%
売野雅勇	4	8.7%
康珍化	3	6.5%
許瑛子	3	6.5%
松本一起	3	6.5%
大津あきら	3	6.5%
麻生圭子	3	6.5%
中里綴	2	4.3%
湯川れい子	2	4.3%
三浦徳子	2	4.3%
井上あづさ	1	2.2%
堀江淳	1	2.2%
芹沢類	1	2.2%
庄野真代	1	2.2%
SEYMOUR	1	2.2%
井上陽水	1	2.2%
松井五郎	1	2.2%
EPO	1	2.2%
あらい舞	1	2.2%
阿木燿子	1	2.2%
冬杜花代子	1	2.2%
秋元康	1	2.2%
加藤登紀子	1	2.2%
森由里子	1	2.2%
QUMICOFUCCI	1	2.2%
白峰美津子	1	2.2%
合計　26名	46	100.0%

8.2 アイドル歌手・松田聖子と中森明菜は何を歌ってきたか　　97

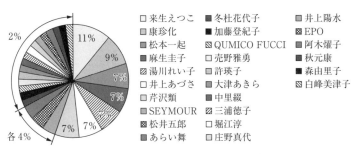

図 8.6　中森明菜のソングライター分布

だが，それでも5作品で10.9%にすぎない．また，興味深いのは1作品だけ作詞したソングライターが16名と全体の62%を占めている点である．

この辺の事情については，デビュー以来1作ごとにソングライターを入れ替えることにより，中森に幅広い世界を歌い続けさせるプロデューサーの戦略があったといわれている．そのため中森の顕著な特徴として，「『路線』が存在しない」という点が挙げられている（馬飼野 2006）．しかし，中森のアイドルイメージは松田のように固定化しなかったかというとそうでもなく，「ミステリアスな魅力をもつアイドル」というイメージは定着している．おそらく「少女A」や「飾りじゃないのよ涙は」などのヒット曲の，「男に媚びない女」のイメージが定着したものと推測される．

この点，「男に媚びるぶりっ子アイドル」松田聖子と「男に媚びないミステリアス・アイドル」中森明菜はアイドルイメージでは真逆の関係にあったことがわかる．

8.2.4　松田と中森の全体的なテーマ分析

松田が歌った54作品をテーマごとに分類すると表8.11のようになるが，「恋愛」だけで49作品の94.2%とほぼすべてを占めている．

中森が歌った46作品をテーマごとに分類すると表8.12のようになるが，「恋愛」だけで43作品の93.5%と，松田と同様ほぼすべてを占めている．この点，「ドリカム」の吉田やaikoとも共通している．

表 8.11　松田聖子のイメージテーマ分布

テーマ	歌数（%）
恋愛	49　(94.2)
はげまし	1　(1.9)
いやし	1　(1.9)
その他	1　(1.9)
合計	52 (100.0)

8.2.5 松田の「恋」のイメージタイプ

ユーミンの9タイプに松田の「恋愛」の49作品を所属させると，表8.13のようになる．一番多いのが「現在進行型」の28.6％で，その次に多い「未来期待型」の22.4％を足すと51.0％と過半数を超えることから，この二つが松田の「恋愛」イメージの中心傾向ということになる．さらに，三番目に多い「過去未練型」の14.3％も加えると65.3％になることから，これを入れて三大タイプということもできる．ここから，「恋愛中の楽しい歌」がもっとも多く，それに「恋の予感を感じさせる楽しい歌」が続き，三番目に「失恋の悲しい歌」が多いということになる．なお，この三大タイプとその順序は，miwaと中森明菜の三大タイプと一致している．

松田の「恋愛」のタイプ体系と構造を示すと図8.7のようになる．ユーミンの体系と構造とまったく同じなので，タイプ体系がもっとも大きく，タイプ構造がもっとも複雑である．

表8.12 中森明菜のイメージテーマ分布

テーマ	歌数（％）
恋愛	43 (93.5)
その他	3 (6.5)
合計	46 (100.0)

表8.13 松田の「恋」のタイプ分布

タイプ	歌数（％）
現在進行	14 (28.6)
未来期待	11 (22.4)
過去未練	7 (14.3)
現在不安	5 (10.2)
過去追憶	4 (8.2)
現在片思	4 (8.2)
過去非未練	2 (4.1)
過去片思	1 (2.1)
現在冷却	1 (2.1)
合計	49 (100.0)

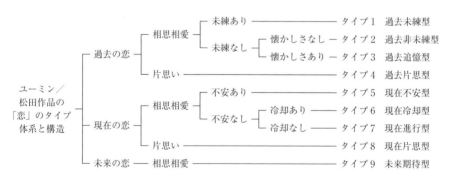

図8.7 松田作品の「恋」のタイプ体系と構造

8.2.6 中森の「恋」のイメージタイプ

ユーミンの9タイプに中森の「恋愛」の43作品を所属させると表8.14のようになる．一番多いのが「現在進行型」の27.9％で，その次に多い「未来期待型」の23.3％を足すと51.2％と過半数を超えることから，この二つが中森の「恋愛」

イメージの中心傾向ということになる．さらに，三番目に多い「過去未練型」の 20.9% も加えると 72.1% になることから，これを入れて三大タイプということもできる．ここから，「恋愛中の楽しい歌」がもっとも多く，それに「恋の予感を感じさせる楽しい歌」が続き，三番目に「失恋の悲しい歌」が多いということになる．なお，この三大タイプとその順序は，前述したとおり，miwa と松田聖子の三大タイプと一致している．

中森作品の「恋愛」のタイプ体系と構造を示すと図 8.8 のようになる．ユーミンと比べると「タイプ 2　過去非未練型」と「タイプ 4　過去片思型」とがないことから，中森作品はタイプ体系が比較的に大きく，タイプ構造が少し複雑であることがわかる．

表 8.14　中森の「恋」のタイプ分布

タイプ	歌数 (%)
現在進行	12 (27.9)
未来期待	10 (23.3)
過去未練	9 (20.9)
現在不安	5 (11.6)
過去追憶	3 (7.0)
現在冷却	3 (7.0)
現在片思	1 (2.3)
合計	43 (100.0)

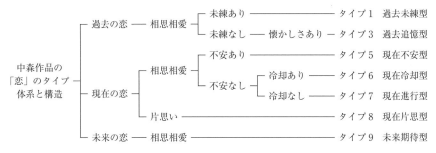

図 8.8　中森作品の「恋」のタイプ体系と構造

8.2.7　松田と中森の「恋」のイメージタイプ比較

松田と中森の「恋」のイメージタイプのデータを棒グラフにまとめると，図 8.9 のようになる．まず，タイプ数では松田が 9 タイプ，中森が 7 タイプで，中森には「過去非未練型」と「過去片思型」がない．

タイプの比率（歌数）の多さの順位では 6 位までが同じというのは意外である．というのは，前述したように両者のアイドルイメージは真逆だったからである．ただし，細かく分析すると以下の違いがみえてくる．松田と中森に共通する 7 タイプのうち，5 タイプの比率は両者ともほぼ同じで，その差は 2 ポイント未満である．しかし，3 位の「過去未練型」は中森の方が 6 ポイント強も多く，また 6 位の「現在片思型」では松田の方が 6 ポイント弱も多い．ここから，中森の方が，

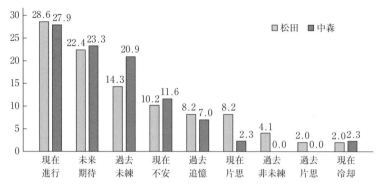

図 8.9　松田と中森の「恋」のイメージタイプ比較

「現在片思型」が少なく,「過去片思型」がないという点は,中森の「男に媚びないミステリアス・アイドル」のイメージ形成に寄与しているが,「過去未練型」が多いという点はそのイメージに反しており興味深い.このようなイメージというのは,少数のヒット曲が定着させているのかもしれない.

　ただし,1位の「現在進行型」と2位の「未来期待型」の比率の差が1ポイント未満だということは,この二つが「夢を与える」アイドルイメージの基本タイプとして一般性が高い可能性がある.

第3部 男歌と女歌のテーマ分析

第9章 男女の作詞家のテーマを比較する

本章では，これまでの男女のソングライターとアイドル歌手のデータを比較することにより，テーマの男女差を明らかにしていく．

▶ 9.1 テーマ全体の比較

9.1.1 男性ソングライターのテーマ全体の比較

これまで見てきた男性ソングライターのテーマ全体を比較できるようにしたのが表9.1である．ほとんどのソングライターで一番多いテーマは「恋愛」であるが，岩沢は「人生」が一番多く，山下は「恋愛」と「はげまし」との差がほとんどない．前述した二人の個性の強さが確認できる．また，「恋愛」の比率の幅は62.8%〜29.6%で，次項の女性と比べると全体的に30%ほど低めになっており，ここに男女差が認められる．さらに，テーマ全体のなかで「恋愛」だけで中心傾向となっているのは，桜井，小渕，水野の三人だけなのに対し，女性ソングライターではすべてで中心傾向となっている点にも明確な違いが認められる．

以上のことから，「恋愛」を好む度合は男性よりも女性の方が高いということが明らかになった．

男性にあって女性にないテーマは「夢，社会，旅」だが，男性でも一人ずつしか作詞しておらず，もともとマイナーなテーマであることがわかる．

表9.1 男性ソングライターのテーマ全体の比較表

デビュー年	1971	1992	1998		2001	2006		1999-2008
グループ名	-	ミスチル	ゆず		コブクロ	いきものがかり		
テーマ	小椋	桜井	北川	岩沢	小渕	水野	山下	ベストワン
恋愛	106 (44.4)	98 (58.0)	30 (38.0)	21 (29.6)	54 (51.4)	27 (62.8)	19 (42.2)	70
人生	20 (8.3)	52 (31.0)	21 (26.6)	37 (52.1)	0 (0.0)	0 (0.0)	0 (0.0)	2
はげまし	0 (0.0)	0 (0.0)	18 (22.8)	13 (18.3)	0 (0.0)	10 (23.3)	18 (40.0)	17
夢	0 (0.0)	0 (0.0)	0 (0.0)	0 (0.0)	25 (23.8)	0 (0.0)	0 (0.0)	0
社会	0 (0.0)	14 (8.3)	0 (0.0)	0 (0.0)	0 (0.0)	0 (0.0)	0 (0.0)	0
旅	23 (9.6)	0 (0.0)	0 (0.0)	0 (0.0)	0 (0.0)	0 (0.0)	0 (0.0)	0
その他	90 (37.7)	4 (2.4)	10 (12.7)	0 (0.0)	26 (24.8)	6 (14.0)	8 (17.8)	11
合計	239 (100.0)	168 (100.0)	79 (100.0)	71 (100.0)	105 (100.0)	43 (100.0)	45 (100.0)	100

9.1.2　女性ソングライターとアイドル歌手のテーマ全体の比較

　女性ソングライターとアイドル歌手の「恋愛」の比率の幅は96.4〜66.0％と，すべてで中心傾向となっていることがわかる（表9.2）．また，男性の比率の幅である62.8％〜29.6％と比べると全体的に30％ほど高めになっている．

　二番目に多いテーマはほとんどの場合5.4％以下であるため問題にならないが，miwaの「はげまし」の30.0％と，竹内の「人生」の13.0％は高い比率を示している．

　ちなみに，前述したカウントダウンTVランキングベストワンと前項の調査では，「はげまし」と「人生」は男性ソングライターでは多めになる傾向が認められる．ここから，miwaと竹内は男性的なテーマも好んでいることがわかる．

　女性にあって男性にないテーマは「友情」と「いやし」と「家族」だが，女性でも「友情」と「家族」はユーミンと吉田だけ，「いやし」はユーミンと松田だけで，やはりマイナーなテーマであることがわかる．

表9.2　女性ソングライターのテーマ全体の比較表

デビュー年	1972	1978	1989	1998	2010	1980	1982
テーマ	ユーミン	竹内	吉田	aiko	miwa	松田	中森
恋愛	337 (88.0)	70 (76.1)	146 (91.3)	108 (96.4)	35 (66.0)	49 (94.2)	43 (93.5)
友情	13 (3.4)	0 (0.0)	2 (1.3)	0 (0.0)	0 (0.0)	0 (0.0)	0 (0.0)
いやし	10 (2.6)	0 (0.0)	0 (0.0)	0 (0.0)	0 (0.0)	1 (1.9)	0 (0.0)
はげまし	4 (1.0)	5 (5.4)	3 (1.9)	1 (0.9)	16 (30.2)	1 (1.9)	0 (0.0)
家族	3 (0.8)	0 (0.0)	4 (2.5)	0 (0.0)	0 (0.0)	0 (0.0)	0 (0.0)
人生	0 (0.0)	12 (13.0)	2 (1.3)	2 (1.8)	1 (1.9)	0 (0.0)	0 (0.0)
その他	16 (4.2)	5 (5.4)	3 (1.9)	1 (0.9)	1 (1.9)	1 (1.9)	3 (6.5)
合計	383(100.0)	92(100.0)	160(100.0)	112(100.0)	53(100.0)	52(100.0)	46(100.0)

▶ 9.2　恋愛のテーマタイプの比較

9.2.1　男性ソングライターの恋愛のタイプ比較

　これまでみてきた男性ソングライターの恋愛のタイプを比較できるようにしたのが表9.3である．一番目と二番目に多いタイプは，ほとんどが「現在進行＞過去未練」の順だが，岩沢と山下だけはその順が逆になっている．三番目に多いタイプは，岩沢と水野以外は「現在片思」である．ここから，男性ソングライター好みの恋愛のタイプの優性な順位は「現在進行＞過去未練＞現在片思」というこ

表9.3 男性ソングライターの恋愛のタイプの比較表

デビュー年	1971	1992	1998	1998	2001	2006	2006	1999-2008
タイプ	小椋	桜井	北川	岩沢	小渕	水野	山下	ベストワン
1 現在進行	34 (32.1)	50 (51.0)	14 (46.6)	2 (9.5)	23 (42.6)	16 (59.3)	6 (31.6)	31 (44.3)
2 過去未練	26 (24.5)	21 (21.4)	9 (30.0)	14 (66.7)	14 (25.9)	6 (22.2)	7 (36.8)	15 (21.4)
3 現在片思	18 (17.0)	14 (14.3)	3 (10.0)	0 (0.0)	9 (16.7)	1 (3.7)	2 (10.5)	12 (17.1)
4 現在不安	12 (11.3)	7 (7.1)	2 (6.7)	5 (23.8)	5 (9.3)	0 (0.0)	2 (10.5)	7 (10.0)
5 過去非未練	9 (8.5)	5 (5.1)	1 (3.3)	0 (0.0)	0 (0.0)	2 (7.4)	0 (0.0)	5 (7.1)
6 過去片思	2 (1.9)	1 (1.0)	1 (3.3)	0 (0.0)	3 (5.6)	1 (3.7)	1 (5.3)	0 (0.0)
7 現在冷却	1 (0.9)	0 (0.0)	0 (0.0)	0 (0.0)	0 (0.0)	0 (0.0)	0 (0.0)	0 (0.0)
8 未来期待	1 (0.9)	0 (0.0)	0 (0.0)	0 (0.0)	0 (0.0)	1 (3.7)	1 (5.3)	0 (0.0)
9 恋愛一般	3 (2.8)	0 (0.0)	0 (0.0)	0 (0.0)	0 (0.0)	0 (0.0)	0 (0.0)	0 (0.0)
合計	106(100.0)	98(100.0)	30(100.0)	21(100.0)	54(100.0)	27(100.0)	19(100.0)	70(100.0)

とができる．この順位は前述したカウントダウンTVランキングのベストワンの結果と一致している．その理由としてはやはりベストワンのソングライターは圧倒的に男性が多いという点に求められる．

また，男性ソングライターのなかで「過去追憶」のテーマで作詞した例は認められない．

9.2.2 女性ソングライターの恋愛のタイプ比較

これまでみてきた女性ソングライターとアイドル歌手の恋愛のタイプを比較できるようにしたのが表9.4である．一番目と二番目に多いタイプは，1970年代にデビューしたユーミンと竹内は「過去未練＞現在進行」の順だが，1980年代以降にデビューした吉田，aikoでは「現在進行＞過去未練」と，男性と同じ順になっている．ここから，1980年代を境に女性ソングライターの恋愛のタイプの好みが男性化してきている可能性がある．三番目に多いタイプが，ユーミンとmiwa以外は「現在片思」だという点は男性ソングライターと一致している．

ここから，女性ソングライター好みの恋愛のタイプの優性な順位は以下のようになる．

　a　1970年代のデビュー　　　「過去未練＞現在進行＞現在片思」
　b　1980年代以降のデビュー　「現在進行＞過去未練＞現在片思」

順位を考えなければ，男女ともほとんどのソングライターの三大タイプが「現在進行・過去未練・現在片思」で共通しているのは注目される．というのは，カウントダウンTVランキングベストワンの三大タイプとも一致しており，ソング

表 9.4 女性ソングライターとアイドル歌手の恋愛のタイプの比較表

デビュー年 タイプ	1972 ユーミン	1978 竹内	1989 吉田	1998 aiko	2010 miwa	1980 松田	1982 中森
1 過去未練	133 (39.5)	22 (31.4)	49 (33.6)	27 (25.0)	5 (14.3)	7 (14.3)	9 (20.9)
2 現在進行	94 (27.9)	18 (25.7)	57 (39.0)	45 (41.7)	12 (34.3)	14 (28.6)	12 (27.9)
3 未来期待	41 (12.2)	1 (1.4)	2 (1.4)	3 (2.8)	6 (17.1)	11 (22.4)	10 (23.3)
4 過去非未練	23 (6.8)	4 (5.7)	5 (3.4)	4 (3.7)	0 (0.0)	2 (4.1)	0 (0.0)
5 現在不安	15 (4.5)	9 (12.9)	15 (10.3)	11 (10.2)	0 (0.0)	5 (10.2)	5 (11.6)
6 現在片思	13 (3.9)	13 (18.6)	18 (12.3)	14 (13.0)	4 (11.4)	4 (8.2)	1 (2.3)
7 現在冷却	10 (3.0)	0 (0.0)	0 (0.0)	0 (0.0)	3 (8.6)	1 (2.1)	3 (7.0)
8 過去片思	4 (1.2)	3 (4.3)	0 (0.0)	4 (3.7)	2 (5.7)	1 (2.1)	0 (0.0)
9 過去追憶	4 (1.2)	0 (0.0)	0 (0.0)	0 (0.0)	3 (8.6)	4 (8.2)	3 (7.0)
合計	336(100.0)	70(100.0)	146(100.0)	108(100.0)	35(100.0)	49(100.0)	43(100.0)

ライターの好みと流行歌ファンの好みとが，この三大タイプに表れているからである．

なお，三大タイプに「未来期待」が入るのは，ユーミン，miwa，松田，中森である．「未来期待」の歌詞はこの4人以外ではまったく，あるいはほとんど作成されていない．miwaと松田と中森の場合は，歌詞が作成された時点で当人たちが20代だという点と関係があろう．ユーミンの場合は50代の2009年にも「未来期待」をタイプとする歌詞「黄色いロールスロイス」を発表しており，彼女のこのタイプに対する好みが強く反映していることがわかる．

さらに「過去追憶」は男性ではまったく作詞されていないが，女性でも少なく，このタイプの歌詞があるのは，ユーミン，miwa，松田，中森だけで，ここにも4人の共通性が認められる．

松田と中森の順位が「現在進行＞未来期待＞過去未練」で共通しているのは，「明るく夢のある恋愛」を多く歌うというアイドル歌手の特性からきていると考えられる．

9.2.3 男性ソングライターと女性ソングライターの「恋愛」のタイプ体系と構造の比較

ここでは，男性ソングライターと女性ソングライターの「恋愛」のタイプの体系と構造とを比較していく．男女のソングライターの「恋愛」のタイプ体系の項目数と構造の相違を比較できるようにしたのが表9.5である．表中でイコールで結ばれているカップルは，体系の項目数だけではなく，構造も同じであることを意味している．

表からは男性が項目数の少ない下方に偏り，女性は上方に偏っている．ここから，女性ソングライターの方が「恋愛」のタイプがバラエティーに富んでいる傾向を読み取ることができる．そのことは，それぞれの体系の中心傾向が男性で6項目体系，女性で7項目体系であることにも表れている．

また，体系の項目数の多さは，構造の複雑さと比例しているので，女性の方が男性よりも複雑な傾向があることを意味している．

以上をまとめると，男性ソングライターよりも女性ソングライターの「恋愛」のタイプ体系は大きく，構造は複雑な傾向があるということになる．その理由としては，女性ソングライターの方が「恋愛」に対する興味が高いためと解釈される．

表 9.5 「恋愛」のタイプ体系と構造の比較

項目	男性	女性
9	小椋	ユーミン＝松田
7		竹内＝aiko, miwa, 中森
6	桜井＝北川, 水野, 山下	吉田
5	小渕, ベストワン	
3	岩沢	

第4部　男歌と女歌の語彙分析

第10章　男歌と女歌のことばを計算する

　本章から第12章まではJポップの歌詞を対象にした調査・分析モデルを紹介していく．調査の目的は「失恋の歌詞における男歌と女歌の性差に関わる語彙的特徴を明らかにすること」である．対象としたのは，以下の4作品である．

表10.1　調査対象とした4作品

性	ソングライター	生年	発表	タイトル	延べ語数	異なり語数
男	山下達郎	1953	1983	クリスマス・イブ	63	31
	小田和正	1947	1991	ラブ・ストーリーは突然に	158	67
計					221	93
女	中島みゆき	1952	1978	化粧	108	50
	松任谷由実	1954	1982	真珠のピアス	101	68
計					209	114

　分析までの作業手順は以下のとおりである．

第10章
　（a）　男歌と女歌のタイニーコーパスと度数順語彙表を作成する．

第11章
　（b）　対照語彙表と構造語彙表を作成する．

第12章
　（c）　構造語彙表に対して第一次分析を行う．
　（d）　構造語彙表を三つの小さな構造語彙表に分割して，第二次分析と第三次分析を行う．

▶ 10.1　男歌と女歌のタイニーコーパスを作成する

10.1.1　作業過程の概要

　「タイニーコーパス（tiny corpus）」とは小規模のコーパスを意味する．タイニーコーパスを作成するまでの作業過程は以下の（1）〜（8）のようになる．なお，この8つの作業過程は形態素解析プログラムを使わずにすべて手作業で行った場

合のものである．ワープロや表計算ソフトの細かい操作については伊藤（2002）で説明しているので，初心者は参考にされたい．

（1） プレイン・テキストの作成

4作品の歌詞テキストをワープロで入力し，歌詞ごとにテキストファイルを記憶媒体に保存する．なお，入力ミスのチェックは必ず行うこと．以下の例文は，山下達郎（1983）「クリスマス・イブ」で，例文末の「イブ10」はファイル名である．

　　雨は夜更け過ぎに　雪へと変わるだろう　（「イブ10」）

（2） 文節単位テキストファイルの作成

4作品テキストファイルを文節ごとに区切って，文節単位テキストファイルを作成する．文節切りプログラムが利用できる場合はそれを利用する．ただし，必ずミスがあるので訂正はする．

　　／雨は／夜更け過ぎに／雪へと／変わるだろう／　（「イブ20」）

（3） カッコ［【】］の入力

タグ（見出し語情報）を入れるカッコ［【】］をスラッシュの前に入力する．ワープロの置換機能を使うとすぐ終わる．

　　／雨は［【】］／夜更け過ぎに［【】］／雪へと［【】］／変わるだろう［【】］／（「イブ30」）

（4） 見出し語の自立語の代表形を［と【の間に入力する．

　　／雨は［あめ【】］／夜更け過ぎに［よふけすぎ【】］／雪へと［ゆき【】］／変わるだろう［かわる【】］／　（「イブ40」）

（5） 【】のなかに，正書法（漢字表記など）を入力する．

　　／雨は［あめ【雨】］／夜更け過ぎに［よふけすぎ【夜更け過ぎ】］／雪へと［ゆき【雪】］／変わるだろう［かわる【変わる】］／　（「イブ50」）

（6） 縦長ファイルの作成

／のところで改行して，／を消し，1行1単位のテキストに整形する．ワープロの置換機能を使って，「スラッシュ（／）」を「段落記号（^p）」に置換すればすぐ終わる．

　　雨は［あめ【雨】］
　　夜更け過ぎに［よふけすぎ【夜更け過ぎ】］
　　雪へと［ゆき【雪】］
　　変わるだろう［かわる【変わる】］　（「イブ60」）

(7) 】と］の間に品詞情報を入れる．

　雨は［あめ【雨】名］

　夜更け過ぎに［よふけすぎ【夜更け過ぎ】名］

　雪へと［ゆき【雪】名］

　変わるだろう［かわる【変わる】動］　（「イブ 70」）

(8)　Excel に読み込むためのファイル整形

　［を半角のカンマ（,）に変換し，行末の］は置換機能で取り除いて，「タイニーコーパス」（タグ付きテキストファイル）を作成する．

　雨は,あめ【雨】名

　夜更け過ぎに,よふけすぎ【夜更け過ぎ】名

　雪へと,ゆき【雪】名

　変わるだろう,かわる【変わる】動　　　（「イブ 80」）

　形態素解析プログラムを利用した場合は処理結果には必ずミスがあるのでチェックして訂正する．この段階で，男女の歌詞ごとにそれぞれ 2 作品を一つのファイルに統合して，二つのテキストファイル「男歌 10」と「女歌 10」にして保存する（ファイル形式は「書式なし」，「テキスト」など）．

［形態素解析プログラムを利用する場合の注意］

　形態素解析プログラムのシステムには大きく分けて 2 種類のシステムがある．

　一つは「茶筌（ChaSen）」など，工学者が作成したシステムで (1) のファイルを作成した後，そのファイルを「茶筌」などで処理すれば，(8) に近い結果を得ることができる．ただし，解析される単位は「短い単位」となるため，「夜更け／過ぎ／に」のように，複合語は単純語に区切られ，助詞・助動詞も分割されてしまうという問題がある．短い単位に区切ると特徴語の候補が消されることになる．例えば「夜更け／過ぎ／に」のように区切られるため「夜更け過ぎ」という複合名詞は存在しないことになる．つまり，歌詞の特徴を分析したい場合は「長い単位」でプログラム処理しないと特徴語を明らかにするのは不可能なのである．また，「茶筌」の品詞のなかには言語学や日本語学で認められていないものがある．以上のように，「茶筌」を使用した場合は最後の段階で，複合語を復元したり，助詞・助動詞を削減したり，品詞を付けなおしたりなど，面倒な調整をしなければならないという大きな問題がある．

　もう一つのシステムは，筆者が開発している長い単位用のもので，まず (1) の

ファイルを作成した後に,そのファイルを「文節切りプログラム」で処理して,(2) の文節切りファイルを作成する.文節切りファイルのミスを訂正した後,それを「形態素プログラム」で処理することにより,(8) と同じタイニーコーパスが作成されるという,2段階の処理過程をふむものである.このシステムはまだ開発中のため公開はしていない.

10.1.2 プレイン・テクストの作成

ここからは実際の作業の例示に入る.歌詞テクストファイルは歌詞ごとに作成して,以下のファイル名で保存する.「イブ10」,「突然10」,「化粧10」,「ピアス10」.

(a) 山下達郎 (1983)「クリスマス・イブ」(「イブ10」)
＊1983　クリスマス・イブ
＊作詞・作曲　山下達郎
雨は夜更け過ぎに
雪へと変わるだろう　Silent night　Holy night
きっと君は来ない
ひとりきりのクリスマス・イブ　Silent night　Holy night
　　心深く　秘めた想い
　　叶えられそうもない
　　必ず今夜なら言えそうな気がした
　　Silent night　Holy night
　　まだ消え残る　君への想い
　　夜へと降り続く
街角にはクリスマス・ツリー
銀色のきらめき
Silent night　Holy night
雨は夜更け過ぎに
雪へと変わるだろう　Silent night　Holy night
きっと君は来ない
ひとりきりのクリスマス・イブ　Silent night　Holy night

〈JASRAC 出 1702836-701〉

(b) 小田和正（1991）「ラブ・ストーリーは突然に」（「突然 10」）
＊1991　ラブ・ストーリーは突然に
＊作詞・作曲　小田和正
何から伝えればいいのか　分からないまま時は流れて
浮かんでは　消えてゆく　ありふれた言葉だけ
君があんまりすてきだから
ただすなおに　好きと言えないで
多分もうすぐ　雨も止んで　二人　たそがれ
　　　あの日　あの時　あの場所で　君に会えなかったら
　　　　僕等は　いつまでも　見知らぬ二人のまま
誰れかが甘く誘う言葉に　もう心揺れたりしないで
切ないけど　そんなふうに　心は縛れない
明日になれば君をきっと　今よりもっと好きになる
そのすべてが僕のなかで　時を超えてゆく
　　　君のためにつばさになる　君を守りつづける
　　　やわらかく　君をつつむ　あの風になる
　　　あの日　あの時　あの場所で　君に会えなかったら
　　　　僕等は　いつまでも　見知らぬ二人のまま
今　君の心が動いた　言葉止めて　肩を寄せて
僕は忘れないこの日を　君を誰れにも渡さない
　　　君のためにつばさになる　君を守りつづける
　　　やわらかく　君をつつむ　あの風になる
　　　あの日　あの時　あの場所で　君に会えなかったら
　　　　僕等は　いつまでも　見知らぬ二人のまま
誰れかが甘く誘う言葉に　もう心揺れたりしないで
君をつつむ　あの風になる
　　　あの日　あの時　あの場所で　君に会えなかったら
　　　　僕等は　いつまでも　見知らぬ二人のまま

〈JASRAC 出 1702836-701〉

(c) 中島みゆき（1974）「化粧」（「化粧 10」）
＊1974　化粧
＊作詞・作曲　中島みゆき
化粧なんて　どうでもいいと思ってきたけれど

せめて　今夜だけでも　きれいになりたい
今夜　あたしは　あんたに　逢いに　ゆくから
最後の最後に　逢いに　ゆくから
あたしが出した　手紙の束を返してよ
誰かと　二人で　読むのは　やめてよ
放り出された昔を　胸に抱えたら
見慣れた夜道を　走って帰る
流れるな　涙　心でとまれ
流れるな　涙　バスが出るまで
バカだね　バカだね　バカだね　あたし
愛してほしいと　思ってたなんて
バカだね　バカだね　バカのくせに
愛してもらえるつもりでいたなんて

化粧なんて　どうでもいいと思ってきたけれど
今夜　死んでも　いいから　きれいになりたい
こんなことなら　あいつを捨てなきゃよかったと
最後の最後に　あんたに　思われたい
流れるな　涙　心でとまれ
流れるな　涙　バスが出るまで
流れるな　涙　心でとまれ
流れるな　涙　バスが出るまで
バカだね　バカだね　バカだね　あたし
愛してほしいと　思ってたなんて
バカだね　バカだね　バカのくせに
愛してもらえるつもりでいたなんて

(d)　松任谷由実（1982）「真珠のピアス」(「ピアス 10」)
＊1982　真珠のピアス
＊作詞・作曲　松任谷由実
Broken heart　最後の夜明け
彼のベッドの下に片方捨てた
Ah…真珠のピアス

肩にアゴをのせて耳元でささやくわ
　　私はずっと変わらない
　　背中にまわす指の力とはうらはらな
　　あなたの表情が見たい
　　　もうすぐかわいいあの女(ひと)と
　　　引越しするとき気づくでしょう
Broken heart　最後のジェラシー
そっとベッドの下に片方捨てた
Ah…真珠のピアス
　　古ぼけた広告でヒコーキを折ってみる
　　高台の部屋の案内
　　いつか住もうと云って微笑(ほほえ)んだあの夢へ
　　せめてヒラリと飛んでゆけ
　　　どこかで半分失くしたら
　　　役には立たないものがある
Broken heart　それはあのとき
蒼い心の海にひとつぶ投げた
Ah…真珠のピアス
Broken heart　最後の夜明け
Broken heart　最後のジェラシー
Broken heart　最後の夜明け
Broken heart　最後のジェラシー

〈JASRAC 出 1702836-701〉

10.1.3　タイニーコーパスまでの作業

　作業過程の作業のうち (2) 〜 (7) までの作業結果の解答は省略し，(8) のタイニーコーパスの作業結果の解答をもってそれらに代える．というのは作業 (8) の結果からそれまでの作業結果を復元することができるからである．以下の作業結果はタイニーコーパスを Excel に読み込んだ形式で示してある．A 列は歌詞で使われた文節形で，B 列はタグである．

10.1 男歌と女歌のタイニーコーパスを作成する 113

(1) 山下達郎（1983）「クリスマス・イブ」

表 10.2 「イブ」のタイニーコーパス（「イブ 80」）

	A	B			A	B
1	雨は	あめ [雨] 名	32	night	night [night] 名
2	夜更け過ぎに	よふけすぎ [夜更け過ぎ] 名	33	まだ	まだ [未だ] 副
3	雪へと	ゆき [雪] 名	34	消え残る	きえのこる [消え残る] 動
4	変わるだろう	かわる [変わる] 動	35	君への	きみ [君] 名・代
5	Silent	silent [silent] 形	36	想い	おもい [思い・想い] 名
6	night	night [night] 名	37	夜へと	よる [夜] 名
7	Holy	holy [holy] 形	38	降り続く	ふりつづく [降り続く] 動
8	night	night [night] 名	39	街角には	まちかど [街角・町角] 名
9	きっと	きっと [屹度・急度] 副	40	クリスマス・ツリー	くりすます・つりい [クリスマス・ツリー：Christmas tree] 名
10	君は	きみ [君] 名・代	41	銀色の	ぎんいろ [銀色] 名
11	来ない	くる [来る] 動	42	きらめき	きらめき [煌めき] 名
12	ひとりきりの	ひとり [一人・独り] 名	43	Silent	silent [silent] 形
13	クリスマス・イブ	くりすます・いぶ [クリスマス・イブ：Christmas Eve] 名	44	night	night [night] 名
14	Silent	silent [silent] 形	45	Holy	holy [holy] 形
15	night	night [night] 名	46	night	night [night] 名
16	Holy	holy [holy] 形	47	雨は	あめ [雨] 名
17	night	night [night] 名	48	夜更け過ぎに	よふけすぎ [夜更け過ぎ] 名
18	心	こころ [心] 名	49	雪へと	ゆき [雪] 名
19	深く	ふかい [深い] 形	50	変わるだろう	かわる [変わる] 動
20	秘めた	ひめる [秘める] 動	51	Silent	silent [silent] 形
21	想い	おもい [思い・想い] 名	52	night,	night [night] 名
22	叶えられそうも	かなえる [叶える] 動	53	Holy	holy [holy] 形
23	ない	ない [無い] 形	54	night	night [night] 名
24	必ず	かならず [必ず] 副	55	きっと	きっと [屹度・急度] 副
25	今夜なら	こんや [今夜] 名	56	君は	きみ [君] 名・代
26	言えそうな	いえる [言える・云える] 動・可	57	来ない	くる [来る] 動
27	気が	き [気] 名	58	ひとりきりの	ひとり [一人・独り] 名
28	した	する [為る] 動	59	クリスマス・イブ	くりすます・いぶ [クリスマス・イブ：Christmas Eve] 名
29	Silent	silent [silent] 形	60	Silent	silent [silent] 形
30	night	night [night] 名	61	night	night [night] 名
31	Holy	holy [holy] 形	62	Holy	holy [holy] 形
			63	night	night [night] 名

(2) 小田和正（1991）「ラブ・ストーリーは突然に」

表 10.3 「突然」のタイニーコーパス（「突然80」）

	A	B
1	何から	なに【何】名・代
2	伝えれば	つたえる【伝える】動
3	いいのか	よい【良い・善い・好い・佳い】形
4	分からない	わかる【分かる】動
5	まま	まま【儘】名
6	時は	とき【時】名
7	流れて	ながれる【流れる】動
8	浮かんでは	うかぶ【浮かぶ】動
9	消えて	きえる【消える】動
10	ゆく	ゆく【行く】動・補
11	ありふれた	ありふれる【有り触れる】動
12	言葉だけ	ことば【言葉】名
13	君が	きみ【君】名・代
14	あんまり	あまり【余り】副
15	すてきだから	すてきだ【素敵だ】形動
16	ただ	ただ【徒・唯・只・但】副
17	すなおに	すなおだ【素直だ】形動
18	好きと	すきだ【好きだ】形動
19	言えないで	いえる【言える・謂える・云える】動・可
20	多分	たぶん【多分】副
21	もう	もう【もう】副
22	すぐ	すぐ【直ぐ】副
23	雨も	あめ【雨】名
24	止んで	やむ【止む・已む】動
25	二人	ふたり【二人】名
26	たそがれ	たそがれ【黄昏】名
27	あの	あの【彼の】連体
28	日	ひ【日・陽】名
29	あの	あの【彼の】連体
30	時	とき【時】名
31	あの	あの【彼の】連体
32	場所で	ばしょ【場所】名
33	君に	きみ【君】名・代
34	会えなかったら	あえる【会える・逢える】動・可
35	僕等は	ぼくら【僕等】名・代
36	いつまでも	いつまでも【何時までも】副
37	見知らぬ	みしる【見知る】動
38	二人の	ふたり【二人】名
39	まま	まま【儘】名
40	誰れかが	だれか【誰か】名・代
41	甘く	あまい【甘い】形
42	誘う	さそう【誘う】動
43	言葉に	ことば【言葉】名
44	もう	もう【もう】副
45	心	こころ【心】名
46	揺れたり	ゆれる【揺れる】動
47	しないで	する【為る】動・補
48	切ないけど	せつない【切ない】形
49	そんな	そんなだ【そんなだ】形動
50	ように	ふう【風】名
51	心は	こころ【心】名
52	縛れない	しばれる【縛れる】動・可
53	明日に	あした【明日】名
54	なれば	なる【成る・為る】動
55	君を	きみ【君】名・代
56	きっと	きっと【吃然・急度】副
57	今より	いま【今】名
58	もっと	もっと【もっと】副
59	好きに	すきだ【好きだ】形動
60	なる	なる【成る・為る】動
61	その	その【其の】連体
62	すべてが	すべて【全て・凡て・総て】名
63	僕の	ぼく【僕】名・代
64	なかで	なか【中】名
65	時を	とき【時】名
66	超えて	こえる【越える・超える】動
67	ゆく	ゆく【行く】動・補
68	君の	きみ【君】名・代
69	ために	ため【為】名
70	つばさに	つばさ【翼】名
71	なる	なる【成る・為る】動
72	君を	きみ【君】名・代
73	守りつづける	まもりつづける【守り続ける】動
74	やわらかく	やわらかい【柔らかい】形
75	君を	きみ【君】名・代
76	つつむ	つつむ【包む】動
77	あの	あの【彼の】連体
78	風に	かぜ【風】名
79	なる	なる【成る・為る】動
80	あの	あの【彼の】連体
81	日	ひ【日・陽】名
82	あの	あの【彼の】連体
83	時	とき【時】名
84	あの	あの【彼の】連体
85	場所で	ばしょ【場所】名
86	君に	きみ【君】名・代
87	会えなかったら	あえる【会える・逢える】動・可
88	僕等は	ぼくら【僕等】名・代
89	いつまでも	いつまでも【何時までも】副
90	見知らぬ	みしる【見知る】動
91	二人の	ふたり【二人】名
92	まま	まま【儘】名
93	今	いま【今】名
94	君を	きみ【君】名・代
95	心が	こころ【心】名
96	動いた	うごく【動く】動
97	言葉	ことば【言葉】名
98	止めて	とめる【止める・留める・停める・駐める】動
99	肩を	かた【肩】名
100	寄せて	よせる【寄せる】動
101	僕は	ぼく【僕】名・代
102	忘れない	わすれる【忘れる】動
103	この	この【此の】連体
104	日を	ひ【日・陽】名
105	君を	きみ【君】名・代
106	誰れにも	だれ【誰】名・代
107	渡さない	わたす【渡す】動
108	君の	きみ【君】名・代
109	ために	ため【為】名
110	つばさに	つばさ【翼】名
111	なる	なる【成る・為る】動
112	君を	きみ【君】名・代
113	守りつづける	まもりつづける【守り続ける】動
114	やわらかく	やわらかい【柔らかい】形
115	君を	きみ【君】名・代
116	つつむ	つつむ【包む】動
117	あの	あの【彼の】連体
118	風に	かぜ【風】名
119	なる	なる【成る・為る】動
120	あの	あの【彼の】連体
121	日	ひ【日・陽】名
122	あの	あの【彼の】連体
123	時	とき【時】名
124	あの	あの【彼の】連体
125	場所で	ばしょ【場所】名
126	君に	きみ【君】名・代
127	会えなかったら	あえる【会える・逢える】動・可
128	僕等は	ぼくら【僕等】名・代
129	いつまでも	いつまでも【何時までも】副
130	見知らぬ	みしる【見知る】動
131	二人の	ふたり【二人】名
132	まま	まま【儘】名
133	誰れかが	だれか【誰か】名・代
134	甘く	あまい【甘い】形
135	誘う	さそう【誘う】動
136	言葉に	ことば【言葉】名
137	もう	もう【もう】副
138	心	こころ【心】名
139	揺れたり	ゆれる【揺れる】動
140	しないで	する【為る】動・補
141	君を	きみ【君】名・代
142	つつむ	つつむ【包む】動
143	あの	あの【彼の】連体
144	風に	かぜ【風】名
145	なる	なる【成る・為る】動
146	あの	あの【彼の】連体
147	日	ひ【日・陽】名
148	あの	あの【彼の】連体
149	時	とき【時】名
150	あの	あの【彼の】連体
151	場所で	ばしょ【場所】名
152	君に	きみ【君】名・代
153	会えなかったら	あえる【会える・逢える】動・可
154	僕等は	ぼくら【僕等】名・代
155	いつまでも	いつまでも【何時までも】副
156	見知らぬ	みしる【見知る】動
157	二人の	ふたり【二人】名
158	まま	まま【儘】名

10.1 男歌と女歌のタイニーコーパスを作成する

(3) 中島みゆき（1974）「化粧」

表10.4 「化粧」のタイニーコーパス（「化粧80」）

	A	B	
1	化粧なんて	けしょう [化粧]	名
2	どうでも	どうでも [どうでも]	副
3	いいと	よい [良い・善い・好い・佳い]	形・補
4	思って	おもう [思う・想う]	動
5	きたけれど	くる [来る]	動・補
6	せめて	せめて [せめて]	副
7	今夜だけでも	こんや [今夜]	名
8	きれいに	きれいだ [奇麗だ]	形動
9	なりたい	なる [成る・為る]	動
10	今夜	こんや [今夜]	名
11	あたしは	あたし [私]	名・代
12	あんたに	あんた [貴方]	名・代
13	逢いに	あう [会う・逢う]	動
14	ゆくから	ゆく [行く]	動
15	最後の	さいご [最後]	名
16	最後に	さいご [最後]	名
17	逢いに	あう [会う・逢う]	動
18	ゆくから	ゆく [行く]	動
19	あたしが	あたし [私]	名・代
20	出した	だす [出す]	動
21	手紙の	てがみ [手紙]	名
22	束を	たば [束]	名
23	返してって	かえす [返す]	動
24	誰かに	だれか [誰か]	名・代
25	二人で	ふたり [二人]	名
26	読むのは	よむ [読む]	動
27	やめてよ	やめる [止める・已める]	動
28	放り出さねた	ほうりだす [放り出す]	動
29	昔に	むかし [昔]	名
30	胸に	むね [胸]	名
31	抱えたら	かかえる [抱える]	動
32	見慣れた	みなれる [見慣れる]	動
33	夜道を	よみち [夜道]	名
34	走って	はしる [走る]	動
35	帰る	かえる [帰る・還る・復る]	動
36	流れるな	ながれる [流れる]	動
37	涙	なみだ [涙・泪・涕]	名
38	心で	こころ [心]	名
39	とまれ	とまる [止まる・留まる・停まる・駐まる]	動
40	流れるな	ながれる [流れる]	動
41	涙	なみだ [涙・泪・涕]	名
42	バスが	ばす [バス (omnibus)]	動
43	出るまで	でる [出る]	動
44	バカだね	ばかだ [馬鹿だ : baka]	形動
45	バカだね	ばかだ [馬鹿だ : baka]	形動
46	バカだね	ばかだ [馬鹿だ : baka]	形動
47	あたし	あたし [私]	名・代
48	愛して	あいする [愛する]	動
49	ほしいと	ほしい [欲しい]	形・補
50	思う	おもう [思う・想う]	動
51	でてなんて	いる [居る]	動・補
52	バカだね	ばかだ [馬鹿だ : baka]	形動
53	バカだね	ばかだ [馬鹿だ : baka]	形動
54	バカだね	ばかだ [馬鹿だ : baka]	形動
55	愛して	あいする [愛する]	動
56	もらえる	もらう [貰う]	動
57	つもりで	つもり [積もり]	名
58	いたなんて	いる [居る]	動・補
59	化粧なんて	けしょう [化粧]	名
60	どうでも	どうでも [どうでも]	副
61	いいと	よい [良い・善い・好い・佳い]	形・補
62	思って	おもう [思う・想う]	動
63	きたけれど	くる [来る]	動・補
64	今夜	こんや [今夜]	名
65	死んでも	しぬ [死ぬ]	動
66	いいから	よい [良い・善い・好い・佳い]	形・補
67	きれいに	きれいだ [奇麗だ]	形動
68	なりたい	なる [成る・為る]	動
69	こんな	こんなだ [こんなだ]	形動
70	ことなら	こと [事]	名
71	あいつを	あいつ [彼奴]	名・代
72	捨てなきゃ	すてる [捨てる・棄てる]	動
73	よかったと	よい [良い・善い・好い・佳い]	形
74	最後の	さいご [最後]	名
75	最後に	さいご [最後]	名
76	あんたに	あんた [貴方]	名・代
77	思われたい	おもう [思う・想う]	動
78	ながれるな	ながれる [流れる]	動
79	涙	なみだ [涙・泪・涕]	名
80	心で	こころ [心]	名
81	とまれ	とまる [止まる・留まる・停まる・駐まる]	動
82	流れるな	ながれる [流れる]	動
83	涙	なみだ [涙・泪・涕]	名
84	バスが	ばす [バス (omnibus)]	動
85	出るまで	でる [出る]	動
86	バカだね	ばかだ [馬鹿だ : baka]	形動
87	バカだね	ばかだ [馬鹿だ : baka]	形動
88	バカだね	ばかだ [馬鹿だ : baka]	形動
89	あたし	あたし [私]	名・代
90	流れるな	ながれる [流れる]	動
91	涙	なみだ [涙・泪・涕]	名
92	バスが	ばす [バス (omnibus)]	動
93	出るまで	でる [出る]	動
94	バカだね	ばかだ [馬鹿だ : baka]	形動
95	バカだね	ばかだ [馬鹿だ : baka]	形動
96	バカだね	ばかだ [馬鹿だ : baka]	形動
97	あたし	あたし [私]	名・代
98	愛して	あいする [愛する]	動
99	ほしいと	ほしい [欲しい]	形・補
100	思う	おもう [思う・想う]	動
101	でてなんて	いる [居る]	動・補
102	バカだね	ばかだ [馬鹿だ : baka]	形動
103	バカだね	ばかだ [馬鹿だ : baka]	形動
104	バカのくせに	ばか [馬鹿 : baka]	名
105	愛して	あいする [愛する]	動
106	もらえる	もらう [貰う]	動・補・可
107	つもりで	つもり [積もり]	名
108	いたなんて	いる [居る]	動

(4) 松任谷由実（1982）「真珠のピアス」

表10.5 「ピアス」のタイニーコーパス（「ピアス 80」）

	A	B						
1	Broken	break [break] 動	34	とき	とき [時] 名	68	失くしたら	なくす [無くす・亡くす・失くす] 動
2	heart	heart [heart] 名	35	気づくでしょう	きづく [気付く] 動	69	役には	やく [役] 名
3	最後の	さいご [最後] 名	36	Broken	break [break] 動	70	立たない	たつ [立つ・起つ・発つ] 動
4	夜明け	よあけ [夜明け] 名	37	heart	heart [heart] 名	71	ものが	もの [物] 名
5	彼の	かれ [彼] 名・代	38	最後の	さいご [最後] 名	72	ある	ある [在る・有る] 動
6	ベッドの	ベッド [ベッド: bed] 名	39	ジェラシー	じぇらしい [ジェラシー: jealousy] 名	73	Broken	break [break] 動
7	下に	した [下] 名	40	そっと	そっと [そっと] 副	74	heart	heart [heart] 名
8	片方	かたほう [片方] 名	41	ベッドの	ベッド [ベッド: bed] 名	75	それは	それ [其れ] 名・代
9	捨てた	すてる [捨てる・棄てる] 動	42	下に	した [下] 名	76	あの	あの [彼の] 連体
10	Ah...	ah [ah] 感	43	片方	かたほう [片方] 名	77	とき	とき [時] 名
11	真珠の	しんじゅ [真珠] 名	44	捨てた	すてる [捨てる・棄てる] 動	78	青い	あおい [青い] 形
12	ピアス	ぴあす [ピアス: pierced earrings] 名	45	Ah...	ah [ah] 感	79	心の	こころ [心] 名
13	肩に	かた [肩] 名	46	真珠の	しんじゅ [真珠] 名	80	溝に	みぞ [溝] 名
14	アコ杯	あり [蟻] 名	47	ピアス	ぴあす [ピアス: pierced earrings] 名	81	ひとつぶ	ひとつぶ [一粒] 名
15	のせて	のせる [乗せる・載せる] 動	48	古ぼけた	ふるぼける [古ぼける] 動	82	投げれば	なげる [投げる] 動
16	見え元	ヒコーキを	49	広告で	こうこく [広告] 名	83	Ah...	ah [ah] 感
17	さきやくと	さき [先] 名・代	50	ヒコーキを	ひこうき [飛行機] 名	84	真珠の	しんじゅ [真珠] 名
18	私は	わたし [私] 名・代	51	折り	おる [折る] 動	85	ピアス	ぴあす [ピアス: pierced earrings] 名
19	ずっと	ずっと [ずっと] 副	52	みる	みる [見る] 動・補	86	Broken	break [break] 動
20	変わらない	かわる [変わる] 動	53	高台の	たかだい [高台] 名	87	heart	heart [heart] 名
21	背中に	せなか [背中] 名	54	部屋の	へや [部屋] 名	88	最後の	さいご [最後] 名
22	まわす	まわす [回す] 動	55	案内	あんない [案内] 名	89	夜明け	よあけ [夜明け] 名
23	指の	ゆび [指] 名	56	いつか	いつか [何時か] 副	90	Broken	break [break] 動
24	力とは	ちから [力] 名	57	住もう	すむ [住む・棲む・済む] 動	91	heart	heart [heart] 名
25	うらはらに	うらはらだ [裏腹だ] 形動	58	云って	いう [言う・謂う・云う] 動	92	最後の	さいご [最後] 名
26	あなたの	あなた [貴方] 名・代	59	微笑んだ	ほほえむ [微笑む] 動	93	ジェラシー	じぇらしい [ジェラシー: jealousy] 名
27	表情が	ひょうじょう [表情] 名	60	あの	あの [彼の] 連体	94	Broken	break [break] 動
28	見たい	みる [見る・観る・視る・診る] 動	61	夢く	ゆめ [夢] 名	95	heart	heart [heart] 名
29	もう	もう [もう] 副	62	せめて	せめて [せめて] 副	96	最後の	さいご [最後] 名
30	すぐ	すぐ [直ぐ] 副	63	ヒラリと	ひらりと [ひらりと] 副	97	夜明け	よあけ [夜明け] 名
31	かわいい	かわいい [可愛い] 形	64	宙んで	とぶ [飛ぶ] 動	98	Broken	break [break] 動
32	あの女を	あのひと [彼の人] 名・代	65	ゆけ	ゆく [行く] 動・代	99	heart	heart [heart] 名
33	引越しする	ひっこしする [引越しする] 動	66	どこかで	どこ [何処] 名・代	100	最後の	さいご [最後] 名
			67	半分	はんぶん [半分] 名	101	ジェラシー	じぇらしい [ジェラシー: jealousy] 名

▶ 10.2 男女別の度数順語彙表の作成

この段階で，男女の歌詞ごとにそれぞれ2作品を一つのタイニーコーパスに統合し，ファイル名「男歌80」と「女歌80」で保存する（ファイル形式は「CSV（カンマ区切り）」）．

男女別のタイニーコーパスに基づいて，次ページ以降にあげた度数順語彙表を二つ作成し，「男歌・度数順語彙表10」と「女歌・度数順語彙表10」というファイル名で保存する（ファイル形式は「CSV（カンマ区切り）」）．なお，Excelによる「度数順語彙表」の作成方法については伊藤（2002）を参照のこと．

以上で，歌詞4作品のタイニーコーパスと度数順の語彙表が作成され，これで，言語の計量的な調査・研究をするための最低限の準備ができたことになる．今後はこれらを利用することにより，計量語彙論や計量文体論の調査が可能になる．ここではその一例として，品詞構成比率の度数分布表の分析を紹介する．その前に，Jポップソングを分析するための品詞論について説明していく．

▶ 10.3 Jポップソング分析のための品詞論

Jポップの歌詞には日本語の通常のテクストにはみられない表現が使われることが少なくない．そのような表現は従来の日本語文法の品詞論の枠内には入りきらないことが多いため，そのような表現をも枠内に収められるような新たな品詞や品詞論が必要となる．

ここでは，そのような新しい品詞として「擬音詞・擬態詞」を提案し，新しい品詞論として「日英共通品詞論」を紹介する．なお，本品詞論はいわゆる自立語だけで，付属語は対象としておらず，単位認定の面では日本語四大文法の一つの松下文法に近い．同じように英語の付属成分である「前置詞」と「冠詞」は対象外としている．

10.3.1 擬音詞と擬態詞

従来，書き言葉のテクストでは，擬音語と擬態語は用言を修飾する用例しかなかったため「副詞」と認定されてきた．しかし，Jポップの歌詞やその他の韻文では，以下のような副詞とは認定できない用例がみられる．

表 10.6　男歌の度数順語彙表（「男歌・度数順語彙表 10」）

	A	B			
1	きみ [君] 名・代	18	32	する [為る] 動・補	2
2	あの [彼の] 連体	15	33	ため [為] 名	2
3	night [night] 名	12	34	だれか [誰か] 名・代	2
4	なる [成る・為る] 動	7	35	つばさ [翼] 名	2
5	holy [holy] 形	6	36	ひとり [一人・独り] 名	2
6	silent [silent] 形	6	37	ぼく [僕] 名・代	2
7	とき [時] 名	6	38	まもりつづける [守り続ける] 動	2
8	こころ [心] 名	5	39	やわらかい [柔らかい] 形	2
9	ひ [日・陽] 名	5	40	ゆき [雪] 名	2
10	ふたり [二人] 名	5	41	ゆく [行く] 動・補	2
11	また [又] 副	5	42	ゆれる [揺れる] 動	2
12	ある [有る・在る] 動・可	4	43	よぶけすぎ [夜更け過ぎ] 名	2
13	いつまでも [何時までも] 副	4	44	あした [明日] 名	2
14	ことば [言葉] 名	4	45	あまり [余り] 副	1
15	ばしょ [場所] 名	4	46	ありふれる [有り触れる] 動	1
16	ぼく [僕] 名・代	4	47	うかぶ [浮かぶ] 動	1
17	みしる [見知る] 動	4	48	うごく [動く] 動	1
18	あめ [雨] 名	3	49	かた [肩] 名	1
19	かぜ [風] 名	3	50	かなえる [叶える] 動	1
20	きっと [屹度・急度] 副	3	51	かならず [必ず] 副	1
21	つつむ [包む] 動	3	52	き [気] 名	1
22	もう [もう] 副	3	53	きえのこる [消え残る] 動	1
23	あまい [甘い] 形	2	54	きえる [消える] 動	1
24	いえる [言える・謂える・云える] 動・可	2	55	きらめき [煌めき] 名	1
25	いま [今] 名	2	56	ぎんいろ [銀色] 名	1
26	おもい [思い・想い] 名	2	57	くりすますつりい [クリスマス・ツリー : Christmas tree] 名	1
27	かわる [変わる] 動	2	58	こえる [越える・超える] 動	1
28	くりすますいぶ [クリスマス・イブ : Christmas Eve] 名	2	59	この [此の] 連体	1
29	くる [来る] 動	2	60	こんや [今夜] 名	1
30	さそう [誘う] 動	2	61	しばれる [縛れる] 動・可	1
31	すきだ [好きだ] 形動	2	62	すぐ [直ぐ] 副	1
			63	すてきだ [素敵だ] 形動	1
64	すなおだ [素直だ] 形動	1			
65	すべて [全て・凡て・総て] 名	1			
66	する [為る] 動	1			
67	せつない [切ない] 形	1			
68	その [其の] 連体	1			
69	そんなに [そんなに] 副	1			
70	たがれる [焦がれる] 動	1			
71	ただ [徒・唯・只・但] 副	1			
72	たぶん [多分] 副	1			
73	だれ [誰] 名・代	1			
74	つたえる [伝える] 動	1			
75	とめる [止める・留める・停める・駐める] 動	1			
76	ない [無い] 形	1			
77	なか [中] 名	1			
78	ながれる [流れる] 動	1			
79	なに [何] 名・代	1			
80	ひめる [秘める] 動	1			
81	ふう [風] 名	1			
82	ふかい [深い] 形	1			
83	ふりつづく [降り続く] 動	1			
84	また [来た] 副	1			
85	まちかど [街角・町角] 名	1			
86	もっと [もっと] 副	1			
87	やむ [止む・已む] 動	1			
88	よい [良い・善い・好い・佳い] 形	1			
89	よせる [寄せる] 動	1			
90	よる [夜] 名	1			
91	わかる [分かる] 動	1			
92	わすれる [忘れる] 動	1			
93	わたす [渡す] 動	1			
94	総合計	221			

表 10.7 女歌の度数順語彙表（「女歌・度数順語彙表 10」）

	A	B
1	さいご [最後] 名	10
2	ばかだ [馬鹿だ: baka] 形動	10
3	break [break] 動	7
4	heart [heart] 名	7
5	ながれる [流れる] 動	6
6	なみだ [涙・泪・涕] 名	6
7	おもう [思う・想う] 動	5
8	あいする [愛する] 動	5
9	あたし [私] 名・代	4
10	こころ [心] 名	4
11	an [an] 感	4
12	こんや [今夜] 名	3
13	じぇらしい [ジェラシー: jealousy] 名	3
14	しんじゅ [真珠] 名	3
15	すてる [捨てる・棄てる] 動	3
16	でる [出る] 動	3
17	とまる [止まる・留まる・停まる・駐まる] 動	3
18	ばす [バス (omni)bus] 名・車	3
19	ぴあす [ピアス: pierced earrings] 名	3
20	よあけ [夜明け] 名	3
21	よい [良い・善い・好い・佳い] 形	3
22	あう [会う・逢う] 動	2
23	あの [彼の] 連体	2
24	あなた [貴方] 名・代	2
25	いる [居る] 動・補	2
26	いる [居る] 動・補	2
27	かたほう [片方] 名	2
28	きれいだ [綺麗だ] 形動	2
29	くる [来る] 動・補	2
30	けしょう [化粧] 名	2
31	した [下] 名	2
32	せめて [せめて] 副	2
33	つもり [積もり] 名	2
34	どうでも [どうでも] 副	2
35	とき [時] 名	2
36	なる [成る・為る] 動	2
37	ばか [馬鹿: baka] 名	2
38	べっど [ベッド: bed] 名	2
39	ほしい [欲しい] 形・補	2
40	もらえる [貰える] 動・補・可	2
41	ゆく [行く] 動	2
42	あいつ [彼奴] 名・代	1
43	あおい [青い] 形	1
44	あご [顎] 名	1
45	あなた [貴方] 名・代	1
46	あのひと [彼の人] 名・代	1
47	ある [有る・在る] 動	1
48	あんない [案内] 名	1
49	いう [言う・謂う・云う] 動	1
50	いつか [何時か] 副	1
51	うみ [海] 名	1
52	うらはらだ [裏腹だ] 形動	1
53	おる [折る] 動	1
54	かえす [返す] 動	1
55	かえる [帰る・還る・返る] 動	1
56	かかえる [抱える] 動	1
57	かた [肩] 名	1
58	かど [角] 名・代	1
59	かわいい [可愛い] 形	1
60	かわる [変わる] 動	1
61	きづく [気付く] 動	1
62	こうこく [広告] 名	1
63	こと [事] 名	1
64	こんなに [こんなに] 形動	1
65	ささやく [囁く] 動	1
66	しぬ [死ぬ] 動	1
67	すぐ [直ぐ] 副	1
68	ずっと [ずっと] 副	1
69	すむ [住む・棲む] 動	1
70	せなか [背中] 名	1
71	そっと [そっと] 副	1
72	それ [其れ] 名・代	1
73	たかだい [高台] 名	1
74	だす [出す] 動	1
75	たつ [立つ・起つ・発つ] 動	1
76	たば [束] 名	1
77	だれか [誰か] 名・代	1
78	ちから [力] 名	1
79	てがみ [手紙] 名	1
80	どこ [何処] 名・代	1
81	とぶ [飛ぶ] 動	1
82	なくす [無くす・亡くす・失くす] 動	1
83	なげる [投げる] 動	1
84	のせる [乗せる・載せる] 動	1
85	はしる [走る] 動	1
86	はんぶん [半分] 名	1
87	ひこうき [飛行機] 名	1
88	ひっこしする [引越しする] 動	1
89	ひとつぶ [一粒] 名	1
90	ひょうじょう [表情] 名	1
91	ひらりと [ひらりと] 副	1
92	ふたり [二人] 名	1
93	ふるぼける [古ぼける] 動	1
94	へや [部屋] 名	1
95	ほうりだす [放り出す] 動	1
96	ほほえむ [微笑む] 動	1
97	まわす [回す] 動	1
98	みなれる [見慣れる] 動	1
99	みみもと [耳元] 名	1
100	みる [見る・観る・視る・診る] 動	1
101	むかし [昔] 名	1
102	むね [胸] 名	1
103	もう [もう] 副	1
104	もの [物] 名	1
105	やく [役] 名	1
106	やめる [止める・已める] 動	1
107	ゆく [行く] 動・補	1
108	ゆび [指] 名	1
109	ゆめ [夢] 名	1
110	よい [良い・善い・好い・佳い] 形	1
111	よみち [夜道] 名	1
112	よむ [読む] 動	1
113	わたし [私] 名・代	1
114	総合計	209

(a)「ももいろパンチ」(唄：ももいろクローバー，作詞：TZK，2001)
　ぎゅっ！　ぎゅっ！　ぎゅっ!!!　抱きしめて！
　Chu♪　Chu♪　True love ☆　I love you ☆ 〈JASRAC 出 1702836-701〉

　この用例では擬態語の「ぎゅっ！ ぎゅっ！ ぎゅっ!!!」は「！」で区切られており，擬音語の「Chu♪　Chu♪」は「♪」で区切られていることから，どちらも，一語文の連続であることがわかる．つまり，これらは修飾先がないので，副詞と認定することはできない．

(b)「MONSTAR」(唄：いきものがかり，作詞：水野良樹，2001)
　かっこつけてぶらさげて　あーもう可愛いくなる
　どきゅーん　どきゅーん
　おとぎ話を捨てて　ぜんぶ今ここで　つくってしまおう
 〈JASRAC 出 1702836-701〉

　この用例でも擬音語の「どきゅーん　どきゅーん」は修飾先がないので副詞とは認定できない．

(c)「かまっておんど」(唄：大竹しのぶ，作詞：つかこうへい，2001)
　どうせ僕は　きらわれてんだ
　泣いちゃうからシクシクシク　すねちゃうからツンツンツン
 〈JASRAC 出 1702836-701〉

　この用例の擬態語の「シクシクシク」も「ツンツンツン」もそれぞれ修飾先がないので副詞とは認定できない．

(d)「三味線旅がらす」(唄：氷川きよし，作詞：松井由利夫，2010)
　そんな浮世を　斜(はす)にみて
　エー　チントンシャン　チントンシャン
　気まま向くまま　唄まくら
 〈JASRAC 出 1702836-701〉

　この用例でも擬音語の「チントンシャン」は修飾先がないので副詞とは認定できない．ちなみにこの「チントンシャン」は「口三味線」と呼ばれており，三味線の楽譜をかねた擬音語だけによる言語表現である．この口三味線は江戸時代から伝わっており，現在販売されている長唄の譜面は歌詞の横に口三味線が記載されている．
　このような修飾先がない擬音語や擬態語が大量に使われるのが漫画である．こ

れらは実写映画の効果音に相当する．筆者は25年前（2017年3月現在）に漫画「アキラ」（作：大友克洋）で使われた修飾先がない擬音語や擬態語だけを対象にした画像付き漫画オノマトペ・データベースを開発したことがある（伊藤 1992）．このデータベースは日本語版「アキラ」だけではなく，英語翻訳版「AKIRA」も対象としている．つまり，英語にもこのような擬音語・擬態語が確認できるのである．そのころからそれらの品詞認定が気になっていたが，副詞として認められないとすると，どのような品詞として認定できるのか．この段階で従来の日本語の品詞論の枠に収まらないことは明白である．一語文である点では感動詞と同じであるが，人間の感情を表現しているわけではないので，感動詞と認定することはできない．

そこで，「擬音詞」と「擬態詞」という新しい品詞を設定することを提案したい．ただし，ここで注意しておきたいことは，擬音語や擬態語がすべて擬音詞や擬態詞になるわけではないということである．修飾先がある場合はこれまでどおり「副詞」であり，一語文の場合だけ「擬音詞」と「擬態詞」になるということである．

10.3.2　日英共通品詞論

　Jポップの歌詞には日本語のテクストに英語などの外国語が混在しているテクスト，いわゆる「日英混交文」（伊藤 2000a, c）が少なくない．そのような歌詞の品詞構成比率を計算する場合，どのような方法が考えられるか．研究者の多くは，日本語の品詞と英語の品詞とを分けて算出するであろう．しかし，これでは歌詞を二分することになり，歌詞の一体性が反映できなくなる．日英混交文の歌詞は日本語と英語とが混ざった状態で一つの作品なのである．歌詞の一体性を保ったままで，品詞構成比率を計算するためには，日本語と英語の品詞を分けずに算出しなければならない．そこに「日英共通品詞論」の必要性が出てくる（伊藤 2005）．

　表10.8は「日英共通品詞分類」である．右2列はどちらも学校文法に基づいた日英の品詞体系で，両者の対応関係を示しているので，どちらも日英共通品詞分類として使用することができる．なお，どちらにも「擬音詞」と「擬態詞」を追加してある．また，日本語の品詞には英語にないものが3つあるが，それらに相当すると考えられる英語の品詞の候補を（　）に入れた．このミクロ分類は歌詞の品詞構成比率の細かなデータが必要な時に採用されることになる．

左2列は主に国立国語研究所の語彙調査で設定された品詞分類を参考にしている．これらは形容詞類や感動詞類を「相言」や「感言」としてまとめた点で共通している．品詞構成比率をマクロな視点から算出することを意味している．つまり，品詞はまとめた方が傾向が表れやすくなるだけではなく，使用度数を高めることで，偶然性のゆらぎを小さくする効果もある．

二つの分類案のうち，モーダルな品詞構成比率が知りたい場合は4分類を，それ以外は3分類を選ぶことになる．

表 10.8　日英共通品詞分類

マクロ分類		ミクロ分類	
3分類	4分類	日本語	英語
体言	体言	名詞・代名詞	名詞・代名詞
用言	用言	動詞 補助動詞	動詞 助動詞
相言	相言	形容詞 形容動詞 連体詞 程度／情態副詞 擬音詞 擬態詞	なし（→動詞） 形容詞 副詞 擬音詞 擬態詞
	感言	陳述の副詞 接続詞 感動詞	なし（→副詞） 接続詞 間投詞

▶ 10.4　品詞構成比率からみた歌詞テクストの表現性

ここでは，男歌と女歌の歌詞テクストの表現性の違いを前項の品詞分類による品詞構成比率をもとにして分析する．

10.4.1　ミクロ分類とマクロ分類の品詞構成比率

表 10.9 は学校文法による品詞構成比率の度数分布表である．分布の中心傾向は

表 10.9　学校文法による品詞構成比率

	男歌 [%]	女歌 [%]
名	49.3	46.9
動	24.0	35.4
形	9.0	3.8
形動	2.3	6.7
副	7.7	4.8
連体	7.7	1.0
感	0.0	1.4
合計	221	209

表 10.10　4分類による品詞構成比率

	男歌 [%]	女歌 [%]
体言	49.3	46.9
用言	24.0	35.4
相言	26.7	16.3
感言	0.0	1.4
合計	221	209

どちらも名詞と動詞で，二つの値を足すと男歌で73.3%，女歌で82.3%となる．それ以外の品詞はどれも10%以下と少数のケースにあたる．

表10.10は4分類による品詞構成比率の度数分布表である．中心傾向は女歌では学校文法と同じ名詞（体言）と動詞（用言）だが，男歌では名詞（体言）と形容詞類（相言）となり，相言が多い点が女歌と異なっている．二つの品詞の合計は76.0%となる．なお，感言がまったく使われていない点は一つの特徴となる．一方，女歌では相言は男歌よりも10ポイントも低く，感言はわずかだが使われている．

以上の観察でもっとも注目されるのは，相言において男歌が女歌よりも10ポイントも高く使われている点である．ここには男歌と女歌の表現性の違いが表れている．

ここからさらに，相言に所属する「形容詞類はすべて男歌の方が高い」という仮説を立ててみる．そこで表10.9で確認してみると，確かに形容詞，副詞，連体詞は男歌の方がはるかに高いが，形容動詞だけは男歌が2.3%，女歌が6.7%と男歌が女歌のほぼ1/3しか使われていないということがわかり，仮説は成立しないことになる．ここからさらにその理由は何かという新しい研究課題が生まれることになるが，ここではその追究は省略する．

10.4.2　男歌と女歌の表現性を計算する── MVR という文章指標

前項で男歌と女歌の表現性に顕著な違いがあることは指摘した．その表現性の違いを計量的に判定するための指標として MVR がある（樺島・寿岳 1965）．まず学校文法の品詞を以下のように再区分する．

N：名詞，V：動詞，M：形容詞・形容動詞・副詞・連体詞，I：接続詞・感動詞

この区分は上述の4分類とほとんど同じだが，4分類では「陳述の副詞」が感言（I）に分類されている点に違いがある．4分類ではモーダルな品詞を厳密に感言にまとめているので，樺島の分類よりも精度が高いデータを得ることができる．MVR は M の比率を V の比率で割った値に100をかけることで求められる．

$MVR = M \div V \times 100$

MVR の値	品詞比率	表現のあり方
大	M > V	ありさま > 動き
小	M < V	ありさま < 動き

つまり，MVR の値が大きいほど「ありさま描写的」であり，MVR の値が小さいほど「動き描写的」だという判定がなされる．

4 分類による品詞構成比率の度数分布表（表 10.10）の品詞と値とを上記の式に当てはめると以下のようになる．

$$\text{MVR} = 相言 \div 用言 \times 100$$

男歌　$111.3 = 26.7 \div 24.0 \times 100$ 　→　ありさま描写的表現

女歌　$46.0 = 16.3 \div 35.4 \times 100$ 　→　動き描写的表現

以上の計算の結果，男歌は「ありさま描写的表現」で，女歌は「動き描写的表現」だという表現性の違いを明らかにすることができた．

第4部 男歌と女歌の語彙分析

第11章 男歌と女歌のことばを分類する

　本章では，前章で作成した二つの度数順語彙表を利用して，男歌と女歌の対照語彙表と構造語彙表とを作成していく．ここでいう対照語彙表とは，どの見出し語が男歌で何例，女歌で何例使われたかがわかるようにした一覧表のことである．

▶ 11.1 対照語彙表の作成

　対照語彙表を作成していく．まず「簡略版対照語彙表」を作成してから，「詳細版対照語彙表」の作成に入る．簡略版対照語彙表を作成するまでの手順は以下のとおりである．

11.1.1 簡略版対照語彙表の作成
a. 原データファイルの作成

(1) Excelで「男歌・度数順語彙表10」と「女歌・度数順語彙表10」とを開く．なお，「ファイル」>「開く」から語彙表が入っているフォルダーを選択すると，フォルダー内のファイル一覧が表示される．右下の［すべてのExcelファイル］というボタンをクリックして［すべてのファイル］を選択すると，語彙表のファイル名がウインドウ内に表示されるので，選択して「開く」をクリックする．

(2) 「男歌・度数順語彙表10」の一行目に行を挿入し，セルA1に「タグ」

表11.1 簡略版対照語彙表の原データファイル

	A	B	C
43	かかえる【抱える】動		1
44	かぜ【風】名	3	
45	かた【肩】名	1	
46	かた【肩】名		1
47	かたほう【片方】名		2
48	かなえる【叶える】動	1	
49	かならず【必ず】副	1	
50	かれ【彼】名・代	1	
51	かわいい【可愛い】形		1
52	かわる【変わる】動	2	
53	かわる【変わる】動		
54	き【気】名	1	
55	きえのこる【消え残る】動	1	

表11.2 簡略版対照語彙表のデータ統合ファイル

	A	B	C
43	かぜ【風】名	3	
44	かた【肩】名	1	1
45	かたほう【片方】名		2
46	かなえる【叶える】動	1	
47	かならず【必ず】副	1	
48	かれ【彼】名・代	1	1
49	かわいい【可愛い】形	1	1
50	かわる【変わる】動	2	1
51	き【気】名	1	
52	きえのこる【消え残る】動	1	
53	きえる【消える】動	1	
54	きづく【気付く】動		1
55	きっと【屹度・急度】副	3	

第 11 章 男歌と女歌のことばを分類する

表 11.3 4作品の簡略版対照語彙表「簡略版対照語彙表 20」

0	A	B	C
1	タグ	男	女
2	ah【ah】感		3
3	break【break】動		7
4	heart【heart】名		7
5	holy【holy】形	6	
6	night【night】名	12	
7	silent【silent】形	6	
8	あいする【愛する】動		4
9	あいつ【彼奴】名・代	1	
10	あう【会う・逢う】動		2
11	あえる【会える・逢える】動・可	4	
12	あおい【青い】形		1
13	あご【顎】名		1
14	あした【明日】名	1	
15	あたし【私】名・代		4
16	あなた【貴方】名・代		1
17	あの【彼の】連体	15	2
18	あのひと【彼の人】名・代		1
19	あまい【甘い】形	2	
20	あまり【余り】副	1	
21	あめ【雨】名	3	
22	ありふれる【有り触れる】動	1	
23	ある【在る・有る】動		1
24	あんた【貴方】名・代		2
25	あんない【案内】名		
26	いう【言う・謂う・云う】動		1
27	いえる【言える・謂える・云える】動・可	2	
28	いつか【何時か】副		1
29	いつまでも【何時までも】副	4	
30	いま【今】名	2	
31	いる【居る】動		2
32	いる【居る】動・補		2
33	うかぶ【浮かぶ】動	1	
34	うごく【動く】動	1	
35	うみ【海】名		1
36	うらはらだ【裏腹だ】形動		1
37	おもい【思い・想い】名	2	
38	おもう【思う・想う】動		5
39	おる【折る】動		1
40	かえす【返す】動		1
41	かえる【帰る・還る・復る】動		1
42	かかえる【抱える】動		1
43	かぜ【風】名	3	
44	かた【肩】名	1	1
45	かたほう【片方】名		2
46	かなえる【叶える】動	1	
47	かならず【必ず】副	1	
48	かれ【彼】名・代		1

49	かわいい【可愛い】形		1
50	かわる【変わる】動	2	1
51	き【気】名	1	
52	きえのこる【消え残る】動	1	
53	きえる【消える】動	1	
54	きづく【気付く】動		1
55	きっと【屹度・急度】副	3	
56	きみ【君】名・代	18	
57	きらめき【煌めき】名	1	
58	きれいだ【奇麗だ】形動		2
59	ぎんいろ【銀色】名	1	
60	くりすます・いぶ【クリスマス・イブ：Christmas Eve】名	2	
61	くりすます・つりい【クリスマス・ツリー：Christmas tree】名	1	
62	くる【来る】動	2	
63	くる【来る】動・補		2
64	けしょう【化粧】名		2
65	こうこく【広告】名		1
66	こえる【越える・超える】動	1	
67	こころ【心】名	5	4
68	こと【事】名		1
69	ことば【言葉】名	4	
70	この【此の】連体	1	
71	こんだ【こんなだ】形動		1
72	こんや【今夜】名	1	3
73	さいご【最後】名		10
74	ささやく【囁く】動		1
75	さそう【誘う】動	2	
76	じぇらしい【ジェラシー：jealousy】名		3
77	した【下】名		2
78	しぬ【死ぬ】動		
79	しばれる【縛れる】動・可	1	
80	しんじゅ【真珠】名		3
81	すきだ【好きだ】形動	2	
82	すぐ【直ぐ】副		1
83	ずっと【ずっと】副	1	
84	すてきだ【素敵だ】形動	1	
85	すてる【捨てる・棄てる】動		3
86	すなおだ【素直だ】形動	1	
87	すべて【全て・凡て・総て】名	1	
88	すむ【住む・棲む】動		1
89	する【為る】動	1	
90	する【為る】動・補	2	
91	せつない【切ない】形		1
92	せなか【背中】名		1
93	せめて【せめて】副		2
94	そっと【そっと】副		1
95	その【其の】連体	1	
96	それ【其れ】名・代		1
97	そんなだ【そんなだ】形動	1	

を，セル B1 に「男歌」を，セル C1 に「女歌」を入力する．

(3)「男歌・度数順語彙表 10」のデータの最後にある「総合計」の行を削除する．

(4)「女歌・度数順語彙表 10」の A 列と B 列との間に列を一つ挿入する．

98	たかだい【高台】名		1	147	ふたり【二人】名	5	1
99	だす【出す】動		1	148	ふりつづく【降り続く】動	1	
100	たそがれ【黄昏】名		1	149	ふるぼける【古ぼける】動		1
101	ただ【徒・唯・只・但】副	1		150	べっど【ベッド:bed】名		2
102	たつ【立つ・起つ・発つ】動		1	151	へや【部屋】名		1
103	たば【束】名		1	152	ほうりだす【放り出す】動		1
104	たぶん【多分】副	1		153	ぼく【僕】名・代	2	
105	ため【為】名	2		154	ぼくら【僕等】名・代	4	
106	だれ【誰】名・代	1		155	ほしい【欲しい】形・補	1	1
107	だれか【誰か】名・代	2	1	156	ほほえむ【微笑む】動		1
108	ちから【力】名		1	157	まだ【未だ】副	1	
109	つたえる【伝える】動	1		158	まちかど【街角・町角】名		1
110	つつむ【包む】動	3		159	まま【儘】名	5	
111	つばさ【翼】名	2		160	まもりつづける【守り続ける】動	2	
112	つもり【積もり】名		2	161	まわす【回す】動	1	
113	てがみ【手紙】名		1	162	みしる【見知る】動	4	
114	でる【出る】動		3	163	みなれる【見慣れる】動		1
115	どうでも【どうでも】副		2	164	みみもと【耳元】名		1
116	とき【時】名	6	2	165	みる【見る】動・補		
117	どこ【何処】名・代		1	166	みる【見る・観る・視る・看る・診る】動		
118	とぶ【飛ぶ】動		1	167	むかし【昔】名		
119	とまる【止まる・留まる・停まる・駐まる】動		3	168	むね【胸】名		
120	とめる【止める・留める・停める・駐める】動	1		169	もう【もう】副	3	1
121	ない【無い】形	1		170	もっと【もっと】副		
122	なか【中】名			171	もの【物】名		1
123	ながれる【流れる】動	1	6	172	もらえる【貰える】動・補・可		2
124	なくす【無くす・亡くす・失くす】動		1	173	やく【役】名		
125	なげる【投げる】動		1	174	やむ【止む・已む】動	1	
126	なに【何】名・代	1		175	やめる【止める・已める】動		
127	なみだ【涙・泪・涕】名		6	176	やわらかい【柔らかい】形	2	
128	なる【成る・為る】動	7	2	177	ゆき【雪】名	2	
129	のせる【乗せる・載せる】動		1	178	ゆく【行く】動		2
130	ばか【馬鹿:baka】名		2	179	ゆく【行く】動・補	2	
131	ばかだ【馬鹿だ:baka】形動		10	180	ゆび【指】名		
132	ばしょ【場所】名	4		181	ゆめ【夢】名		
133	はしる【走る】動		1	182	ゆれる【揺れる】動	2	
134	ばす【バス:(omni)bus】名・車		3	183	よあけ【夜明け】名		3
135	はんぶん【半分】名		1	184	よい【良い・善い・好い・佳い】形	1	1
136	ひ【日・陽】名	5		185	よい【良い・善い・好い・佳い】形・補		3
137	ぴあす【ピアス:pierce(d earrings)】名		3	186	よせる【寄せる】動		
138	ひこうき【飛行機】名		1	187	よふけすぎ【夜更け過ぎ】名	2	
139	ひっこしする【引越しする】動		1	188	よみち【夜道】名		1
140	ひとつぶ【一粒】名		1	189	よむ【読む】動		
141	ひとり【一人・独り】名	2		190	よる【夜】名		
142	ひめる【秘める】動	1		191	わかる【分かる】動		
143	ひょうじょう【表情】名		1	192	わすれる【忘れる】動		
144	ひらりと【ひらりと】副		1	193	わたし【私】名・代		1
145	ふう【風】名	1		194	わたす【渡す】動		
146	ふかい【深い】形	1					

(5) 「女歌・度数順語彙表10」のセルA1からC114までを範囲指定してからコピー状態にし,「男歌・度数順語彙表10」のセルA95をクリックして,ENTERキーを押すと「女歌」のデータがコピーされる.

(6) 「男歌・度数順語彙表10」のA列からC列までを範囲指定してから，「データ」＞「並べ替え」＞「先頭行をデータの見出しとして使用する」のチェック欄をクリックする．

(7) 「最優先するキー」を「タグ」（A列）にして「OK」をクリックすると表11.1のようになる．

表11.4 4作品詳細版対照語彙表「詳細版対照語彙表10」

0	A	B	C	D	E	F	G
1	タグ	範囲	男	女	小計	累積度数	累積比率
2	きみ【君】名・代	男	18	0	18	18	4.20%
3	あの【彼の】連体	男女	15	2	17	35	8.10%
4	night【night】名	男	12	0	12	47	10.90%
5	さいご【最後】名	女	0	10	10	57	13.30%
6	ばかだ【馬鹿だ：baka】形動	女	0	10	10	67	15.60%
7	こころ【心】名	男女	5	4	9	76	17.70%
8	なる【成る・為る】動	男女	7	2	9	85	19.80%
9	とき【時】名	男女	6	2	8	93	21.60%
10	break【break】動	女	0	7	7	100	23.30%
11	heart【heart】名	男	7	0	7	107	24.90%
12	ながれる【流れる】動	男女	1	6	7	114	26.50%
13	holy【holy】形	男	6	0	6	120	27.90%
14	silent【silent】形	男	6	0	6	126	29.30%
15	なみだ【涙・泪・滴】名	女	0	6	6	132	30.70%
16	ふたり【二人】名	男女	5	1	6	138	32.10%
17	おもう【思う・想う】動	男	0	5	5	143	33.30%
18	ひ【日・陽】名	男	5	0	5	148	34.40%
19	まま【儘】名	男	5	0	5	153	35.60%
20	あいする【愛する】動	女	0	4	4	157	36.50%
21	あえる【会える・逢える】動・可	男	4	0	4	161	37.40%
22	あたし【私】名・代	女	0	4	4	165	38.40%
23	いつまでも【何時までも】副	男	4	0	4	169	39.30%
24	ことば【言葉】名	男女	4	0	4	173	40.20%
25	こんや【今夜】名	男	1	3	4	177	41.20%
26	ばしょ【場所】名	女	4	0	4	181	42.10%
27	ぼくら【僕等】名・代	男	4	0	4	185	43.00%
28	みしる【見知る】動	男	4	0	4	189	44.00%
29	もう【もう】副	男女	3	1	4	193	44.90%
30	ah【ah】感	女	0	3	3	196	45.60%
31	あめ【雨】名	男	3	0	3	199	46.30%
32	かぜ【風】名	男	3	0	3	202	47.00%
33	かわる【変わる】動	男女	0	3	3	205	47.70%
34	きっと【屹度・急度】副	男	0	3	3	208	48.40%
35	じぇらしい【ジェラシー：jealousy】女	0	3	3	211	49.10%
36	しんじゅ【真珠】名	女	0	3	3	214	49.80%
37	すてる【捨てる・棄てる】動	女	0	3	3	217	50.50%
38	だれか【誰か】名・代	男女	2	1	3	220	51.20%
39	つつむ【包む】動	女	0	3	3	223	51.90%
40	でる【出る】動	女	0	3	3	226	52.60%
41	とまる【止まる・留まる・停まる】動	女	0	3	3	229	53.30%
42	ばす【バス：(omni)bus】名・車	女	0	3	3	232	54.00%
43	ぴあす【ピアス：pierce(d earrings】女	0	3	3	235	54.70%
44	ゆく【行く】動・補	男女	2	1	3	238	55.30%
45	よあけ【夜明け】名	女	0	3	3	241	56.00%
46	よい【良い・善い・好い・佳い】形	女	0	3	3	244	56.70%
47	あう【会う・逢う】動	女	0	2	2	246	57.20%
48	あまい【甘い】形	女	0	2	2	248	57.70%
49	あんた【貴方】名・代	女	0	2	2	250	58.10%
50	いえる【言える・謂える・云える】動	男	2	0	2	252	58.60%
51	いま【今】名	男	2	0	2	254	59.10%
52	いる【居る】動	女	0	2	2	256	59.50%
53	いる【居る】動・補	女	0	2	2	258	60.00%
54	おもい【思い・想い】名	男	2	0	2	260	60.50%
55	かた【肩】名	男女	1	1	2	262	60.90%
56	かたいど【片方】名	女	0	2	2	264	61.40%
57	きれいだ【奇麗だ】形動	女	0	2	2	266	61.90%
58	くりすます・いぶ【クリスマス・イヴ】男	2	0	2	268	62.30%
59	くる【来る】動	男	2	0	2	270	62.80%
60	くる【来る】動・補	女	0	2	2	272	63.30%
61	けしょう【化粧】名	女	0	2	2	274	63.70%
62	さそう【誘う】動	男	2	0	2	276	64.20%
63	した【下】名	女	0	2	2	278	64.70%
64	すきだ【好きだ】形動	男	2	0	2	280	65.10%
65	すぐ【直ぐ】副	男女	1	1	2	282	65.60%
66	する【する】動・補	男	2	0	2	284	66.00%
67	せめて【せめて】副	男	2	0	2	286	66.50%
68	ため【為】名	男	2	0	2	288	67.00%
69	つばさ【翼】名	男	2	0	2	290	67.40%
70	つもり【積もり】名	女	0	2	2	292	67.90%
71	どうでも【どうでも】副	男	2	0	2	294	68.40%
72	ばか【馬鹿：baka】名	男	2	0	2	296	68.80%
73	ひとり【一人・独り】名	女	0	2	2	298	69.30%
74	べっど【ベッド：bed】名	女	0	2	2	300	69.80%
75	ぼく【僕】名・代	男	2	0	2	302	70.20%
76	ほしい【欲しい】形・補	男	2	0	2	304	70.70%
77	まもりつづける【守り続ける】動	男	2	0	2	306	71.20%
78	もらえる【貰える】動・補・可	女	0	2	2	308	71.60%
79	やわらかい【柔らかい】形	男	2	0	2	310	72.10%
80	ゆき【雪】名	男	2	0	2	312	72.60%
81	ゆく【行く】動	男	2	0	2	314	73.00%
82	ゆれる【揺れる】動	男	2	0	2	316	73.50%
83	よい【良い・善い・好い・佳い】形	男女	1	1	2	318	74.00%
84	よふけすぎ【夜更け過ぎ】名	男	2	0	2	320	74.40%
85	あいつ【彼奴】名・代	女	0	1	1	321	74.70%
86	あおい【青い】形	女	0	1	1	322	74.90%
87	あご【顎】名	女	0	1	1	323	75.10%
88	あした【明日】名	男	1	0	1	324	75.30%
89	あなた【貴方】名・代	男	1	0	1	325	75.60%
90	あのひと【彼の人】名・代	女	0	1	1	326	75.80%
91	あまり【余り】副	男	1	0	1	327	76.00%
92	ありふれる【有り触れる】動	男	1	0	1	328	76.30%
93	ある【在る・有る】動	女	0	1	1	329	76.50%
94	あんない【案内】名	女	0	1	1	330	76.70%
95	いう【言う・謂う・云う】動	女	0	1	1	331	77.00%
96	いつか【何時か】副	女	0	1	1	332	77.20%
97	うかぶ【浮かぶ】動	男	1	0	1	333	77.40%

11.1 対照語彙表の作成

(8) このファイルを「簡略版対照語彙表10」(ファイルの種類は「CSV(カンマ区切り)」)という名前で保存する.

(9) 「女歌・度数順語彙表10」は保存しないで終了させる.

b. 簡略版対照語彙表の作成

(1) 表11.1にはA45-46「かた【肩】名」,A52-53「かわる【変わる】動」のように男歌と女歌の両方で使われている見出し語がある.

98	うごく【動く】動	男	1	0	1	334	77.70%	146	てがみ【手紙】名	女	0	1	1	382	88.80%
99	うみ【海】名	女	0	1	1	335	77.90%	147	どこ【何処】名・代	女	0	1	1	383	89.10%
100	うらはらだ【裏腹だ】形動	女	0	1	1	336	78.10%	148	とぶ【飛ぶ】動	女	0	1	1	384	89.30%
101	おる【折る】動	女	0	1	1	337	78.40%	149	とめる【止める・留める・停める・留】	男	1	0	1	385	89.50%
102	かえす【返す】動	女	0	1	1	338	78.60%	150	ない【無い】形	男	1	0	1	386	89.80%
103	かえる【帰る・還る・復る】動	女	0	1	1	339	78.80%	151	なか【中】名	女	0	1	1	387	90.00%
104	かかえる【抱える】動	女	0	1	1	340	79.10%	152	なくす【無くす・亡くす・失くす】動	女	0	1	1	388	90.20%
105	かなえる【叶える】動	男	1	0	1	341	79.30%	153	なげる【投げる】動	女	0	1	1	389	90.50%
106	かならず【必ず】副	女	0	1	1	342	79.50%	154	なに【何】名・代	女	0	1	1	390	90.70%
107	かれ【彼】名・代	女	0	1	1	343	79.80%	155	のせる【乗せる・載せる】動	女	0	1	1	391	90.90%
108	かわいい【可愛い】形	女	0	1	1	344	80.00%	156	はしる【走る】動	女	0	1	1	392	91.20%
109	き【気】名	女	0	1	1	345	80.20%	157	はんぶん【半分】名	女	0	1	1	393	91.40%
110	きえのこる【消え残る】動	女	0	1	1	346	80.50%	158	ひこうき【飛行機】名	女	0	1	1	394	91.60%
111	きえる【消える】動	女	0	1	1	347	80.70%	159	ひっこしする【引越しする】動	女	0	1	1	395	91.90%
112	きづく【気付く】動	女	0	1	1	348	80.90%	160	ひとつぶ【一粒】名	女	0	1	1	396	92.10%
113	きらめき【煌めき】名	女	0	1	1	349	81.20%	161	ひめる【秘める】動	男	1	0	1	397	92.30%
114	ぎんいろ【銀色】名	女	0	1	1	350	81.40%	162	ひょうじょう【表情】名	女	0	1	1	398	92.60%
115	くりすます・つりい【クリスマス・ツリー】	男	1	0	1	351	81.60%	163	ひらりと【ひらりと】副	女	0	1	1	399	92.80%
116	こうこく【広告】名	女	0	1	1	352	81.90%	164	ふ【風】名	男	1	0	1	400	93.00%
117	こえる【越える・超える】動	女	0	1	1	353	82.10%	165	ふかい【深い】形	女	0	1	1	401	93.30%
118	こと【事】名	女	0	1	1	354	82.30%	166	ふりつづく【降り続く】動	女	0	1	1	402	93.50%
119	この【此の】連体	男	1	0	1	355	82.60%	167	ふるぼける【古ぼける】動	女	0	1	1	403	93.70%
120	こんなだ【こんなだ】形動	女	0	1	1	356	82.80%	168	へや【部屋】名	女	0	1	1	404	94.00%
121	ささやく【囁く】動	女	0	1	1	357	83.00%	169	ほうりだす【放り出す】動	女	0	1	1	405	94.20%
122	しぬ【死ぬ】動	女	0	1	1	358	83.30%	170	ほほえむ【微笑む】動	女	0	1	1	406	94.40%
123	しばれる【縛れる】動・可	女	0	1	1	359	83.50%	171	まだ【未だ】副	女	0	1	1	407	94.70%
124	ずっと【ずっと】副	女	0	1	1	360	83.70%	172	まちかど【街角・町角】名	男	1	0	1	408	94.90%
125	すてきだ【素敵だ】形動	男	1	0	1	361	84.00%	173	まわす【回す】動	女	0	1	1	409	95.10%
126	すなおだ【素直だ】形動	男	1	0	1	362	84.20%	174	みなれる【見慣れる】動	女	0	1	1	410	95.30%
127	すべて【全て・凡て・総て】名	男	1	0	1	363	84.40%	175	みみ【耳元】名	女	0	1	1	411	95.60%
128	すむ【住む・棲む】動	女	0	1	1	364	84.70%	176	みる【見る】動・補	女	0	1	1	412	95.80%
129	する【為る】動	男	1	0	1	365	84.90%	177	みる【見る・観る・視る・看る・診る】女	0	1	1	413	96.00%
130	せつない【切ない】形	女	0	1	1	366	85.10%	178	むかし【昔】名	女	0	1	1	414	96.30%
131	せなか【背中】名	女	0	1	1	367	85.30%	179	むね【胸】名	女	0	1	1	415	96.50%
132	そっと【そっと】副	女	0	1	1	368	85.60%	180	もっと【もっと】副	男	1	0	1	416	96.70%
133	その【其の】連体	女	0	1	1	369	85.80%	181	もの【物】名	女	0	1	1	417	97.00%
134	それ【其れ】名・代	女	0	1	1	370	86.00%	182	やく【役】名	女	0	1	1	418	97.20%
135	そんなだ【そんなだ】形動	女	0	1	1	371	86.30%	183	やむ【止む・已む】動	男	1	0	1	419	97.40%
136	たかだい【高台】名	女	0	1	1	372	86.50%	184	やめる【止める・已める】動	女	0	1	1	420	97.70%
137	だす【出す】動	女	0	1	1	373	86.70%	185	ゆび【指】名	女	0	1	1	421	97.90%
138	たそがれ【黄昏】名	女	0	1	1	374	87.00%	186	ゆめ【夢】名	女	0	1	1	422	98.10%
139	ただ【徒・唯・只・但】副	男	1	0	1	375	87.20%	187	よせる【寄せる】動	男	1	0	1	423	98.40%
140	たつ【立つ・起つ・発つ】動	女	0	1	1	376	87.40%	188	よみち【夜道】名	女	0	1	1	424	98.60%
141	たば【束】名	女	0	1	1	377	87.70%	189	よむ【読む】動	女	0	1	1	425	98.80%
142	たぶん【多分】副	男	1	0	1	378	87.90%	190	よる【夜】名	男	1	0	1	426	99.10%
143	だれ【誰】名・代	女	0	1	1	379	88.10%	191	わかる【分かる】動	女	0	1	1	427	99.30%
144	ちから【力】名	女	0	1	1	380	88.40%	192	わすれる【忘れる】動	女	0	1	1	428	99.50%
145	つたえる【伝える】動	男	1	0	1	381	88.60%	193	わたし【私】名・代	女	0	1	1	429	99.80%
								194	わたす【渡す】動	男	1	0	1	430	100.00%

(2) これらを1行にまとめたのが，表11.2の状態である（A44「かた【肩】名」，A50「かわる【変わる】動」）．この作業を最後まで行うことにより，簡略版対照語彙表（表11.3）が完成するので，「簡略版対照語彙表20」（「CSV（カンマ区切り）」）という名前で保存する．

11.1.2 詳細版対照語彙表の作成

(1) 簡略版対照語彙表が完成したら，今度は構造語彙表を作成するために必要なつぎの4列のデータを追加して詳細版の対照語彙表の作成作業に入る．

(2) なお，以下のうち「小計」の入力作業が終わったら，A列（タグ）からE列（小計）まで範囲指定し，「データ」＞「並べ替え」とクリックする．

(3) 「最優先されるキー」を「小計」（E列）にし，「順序」を「降順」にして「OK」をクリックするとデータ全体が度数順に並べられる．

①使用範囲： 男歌と女歌の両方（「男女」），あるいはどちらか一つだけで使用されたか（「男」「女」）という範囲が明示される．

②小計： 男歌と女歌の使用度数の合計値．

③累積度数： ある見出し語の度数に一つ下の見出し語の度数を足し上げた合計値のことである．この作業を二番目の見出し語から最後の見出し語まで繰り返していく．結局，最後の累積度数が延べ語数の総計と同値になる．

④累積比率： 累積度数の比率なので，結局，最後の累積比率は「100.0％」になる．

(4) 詳細版対照語彙表（表11.4）が完成したら，「詳細版対照語彙表10」（「ファイルの種類」は「Excelブック」）という名前で保存する．

以上で対照語彙表の作成作業が終わった．この後はこの対照語彙表に基づいて構造語彙表を作成していくことになる．

▶ 11.2 構造語彙表の作成

ここでは，男女のソングライターの歌詞4作品の構造語彙表とその他の表を作成していく．

前章で作成した「詳細版対照語彙表10」に基づいて，構造語彙表と構造度数分布表とを以下の作業手順で作成していく．以下の作業はすべてExcelで行う．

(a) 構造語彙表と構造度数分布表の共通の枠組みシートを作る．

11.2 構造語彙表の作成

(b) 構造語彙表を作成する．
(c) 構造度数分布表を作成する．

11.2.1 構造語彙表と構造度数分布表の共通枠組みシートの作成

ここでは枠組みシート（表11.5）を作成していく．

a. 構造語彙表の行区切りの基準

(1) 枠組みシートは構造語彙表と構造度数分布表を作成するときの共通枠となるシートである．
(2) 表11.5の度数と累積比率は「男女歌4作品・詳細版対照語彙表10」から読み取る．
(3) 表の各行を，何を目安として区切るかについては，度数の高い部分ではまず累積比率を目安にする．2行目までは，おおよそ累積比率の30％と50％のあたりでまず切る．ただし，比率を基準に切ると同じ度数の途中で切ることが多いので，大体その辺りの度数の切れ目で区切る．表11.5ではそれが「6」と「4」になっている．
(4) それ以下の場合は，度数の切れ目を基準にして区切る．表11.5ではそれが「3」と「2」になっている．

以上の行区切りの基準はあくまでも今回の調査におけるもので，対象とする歌詞数が大量になれば，それに合わせて臨機応変に変える必要がある．その場合の注意点は，度数の高い区画に入る見出し語が多くならないようにするということで，その理由は多くなると分析がしにくくなるからである．

b. セルの結合と罫線

Excelの新規のシートを開き，表11.5を以下の手順で作成していく．

(1) セルのなかには，二つのセルが結合されたものがいくつかある．例えば，「度数」はセルA1とセルA2とが結合されている．これらを結合する方法は以下のとおりである．
(2) セルA1からセルA2まで範囲指定する＞ツールバーの「ホーム」＞「セルを結合して中央揃え」，の順にクリックするとセルが結合される．

表11.5 枠組みシート

度数	累積比率	2範囲共通	1範囲のみ		合計
			男	女	異なり
18〜6	0.0%〜32.1%				
〜4	〜44.9%				
〜3	〜56.7%				
〜2	〜74.4%				
〜1	〜100.0%				
合計・異なり					

(3) タイトルなどの入力が終了したら，表全体を範囲指定して，罫線のアイコン［▦▼］の▼を押し，リストのなかから「⊞」を選んでクリックする．
(4) 表の枠組み（表11.5）ができたら，ファイル名「男女歌4作品・構造語彙表枠00」（Excelブック）で保存する．

11.2.2 構造語彙表の作成

(1) 構造語彙表は枠組みシートの各区画の条件に該当する見出し語を入力することにより作成される．その条件とは見出し語の「度数」と「範囲」である．
(2) 例えば，4作品詳細版対照語彙表（表11.4）の2行目の「きみ」は度数が「18」で，範囲が「男」となる．そこで，構造語彙表では，一番上の，度数が「18～6」の行の「男」の区画に「きみ」が入力されることになる．
(3) また，3行目の「あの」は度数が「17」で範囲が「男女」となる．そこで，構造語彙表では，やはり一番上の行の「2範囲共通」の区画に「あの」が入力されることになる．
(4) 基本的にはこのような作業を最後の見出し語まで行うと構造語彙表が完成することになる．しかし，このように一つ一つの見出し語を処理していくやり方では膨大な時間がかかるため実際的ではない．
(5) そこで，行ごとの見出し語グループを一つの作業単位にすることにより，早く作業を進められる方法を使う．
(6) 例えば，構造語彙表（表11.6）の第1行目の度数範囲は「18～6」なので，それに相当する対照語彙表（表11.4）の「きみ」（2行目）から「ふたり」（16行目）までが，その第1行目の見出し語グループとなる．「ふたり」（16行目）は累積比率で「32.1％」，「小計」で「6」の最後の見出し語となるので，ここが作業単位の切れ目ということになる．
(7) セルA2～B16までコピーして新規のシートに貼り付ける．
(8) 以下の順序でクリックすると範囲の列が「男女＞男＞女」の順に見出し語がグルーピングされる．
 　列Aと列Bとを範囲指定する＞「データ」＞「並べ替え」＞「最優先されるキー」を「列B」にする＞「順序」を「降順」にする＞「OK」
(9) 範囲が「男女」のグループ，つまりセルA1～A6までをコピーし，Windowsに標準添付されているテキストエディタ（簡易ワープロ）の「メ

11.2 構造語彙表の作成

表11.6 男女歌4作品・構造語彙表

度数	累積比率	2範囲共通	男	女	1範囲のみ 合計(異なり)
18～6	0.0%～32.1%	あの[彼の]連体、こころ[心]名、とき[時]名、ながれる[流れる]動、なる[成る]動、為られる]動、ふたり[二人]名	holy[holy]形、night[night]名、silent[silent]形、きみ[君]名、代	break[break]動、heart[heart]名、さいご[最後]名、なみだ[涙・泪・潮]名、ばかだ[馬鹿だ:baka]形動	15
～4	～44.9%	こんや[今夜]名、もう[もう]副	ひ[日・陽]名、まて[俟つ]動、あえる[会える・逢える]動、可.いつまでも[何時迄も][廣幅]副、ことば[言葉]名、ぼくら[我等]名・代、みしる[見知る]動	おもう[思う・想う]動、あいする[愛する]動、あたし[私]名、代	13
～3	～56.7%	かわる[変わる]動、だれか[誰か]名・代、ゆく[行く]動、補	あめ[雨]名、かぜ[風]名、きっと[屹度・急度]副、つつむ[包む]動	ah[ah]感、じぶらしい[ジェラシー:jealousy]名、しんじる[真じる]動、すてる[捨てる]動、のってる[出る]動、ぱす[パス(omni)bus]名、留まる[留まる]動、耳、ぴあす[ピアス:d earrings]名、よあけ[夜明け]名、補	17
～2	～74.4%	かた[肩]名、すぐ[直ぐ]副、よい[良い・善い・好い・佳い]形	あまい[甘い]形、いえる[言える・謂える]副、おもい[想い]名、くりすます[クリスマス・イブ:Christmas Eve]名、すきだ[好きだ]形動、つばさ[翼]名、名、どく[一人・独り]名・代、まどろむ[転む]動、つづける[守り続ける]動、ゆれる[揺れる]動、よふけすぎる[夜更け過ぎる][雪]名	あう[会う]動、補、おおい[彼の]名、おいほう[片方]副、いろ[居る]動、うれしい[嬉しい]形動、せわしい[忙しい]副、した[下]名、ほしい[欲しい]動、ほめる[彼る]補、べっど[ベッド:bed]名、補、可愛しい]形、ゆく[行く]動	38
～1	～100.0%		あした[明日]名、あまり[余り]副、ありふれる[有り触れる]動、いぶす[称ぶ]副、いきき[行き]名、かなえる[叶える]動、かならず[必ず]副、きえる[消える]動、きりすますつりい[クリスマスツリー:Christmas tree]名、くりすます[クリスマス]名、こえる[越える・超える]動、しばらく[暫く]連体、この[此の]連体、しぬ[死ぬ]動、すてる[捨てる]動、すべて[総て・凡て・全て]連体、その[其の]連体、そんなに[そんなに]副、たえる[耐える]動、たくさん[多い]副、だれ[誰]名・代、ちがう[違う]動、つたえる[伝える]動、とめる[止める・停める・留める]動、ないじょ[内緒]名、なく[無く]形動、なか[中]名、なに[何]名、なさる[為さる]動、ぬらす[濡らす]動、のって[残って]動、ぶる[降る]動、ひみつ[秘密]動、ほら[牽]名、ほんとうに[本当に]副、まだ[未だ]副、やむ[止む・已む]動、ゆうがた[夕方]名、ゆっくり[微っくり]副、ゆみみえる[見みえる]動、わかる[分かる・別かる]動	あい[愛]名、あおい[青い]形、代、あなた[貴方]名、ある[有る・在る]動、いう[言う・云う]動、いる[所]名、うみ[海]名、うらはら[裏腹]形動、える[得る]動、おる[織る]補、かえす[返す]動、可、かがむ[屈む]動、可、かのじょ[彼女]名、代、かわいい[可愛い]形、きずつく[傷つく]動、しる[知る]動、広告を[知らす]動、きずな[絆]名、きもち[気持]名、だく[抱く]動、けんか[喧嘩]名、こい[恋]名、ごめん[御免]名、こんや[今夜]名、さける[避ける]動、さよなら[左様なら]感、しる[知る]動、すぐ[直ぐ]副、すこし[少し]副、せつない[切ない]形、たかい[高い]形、ただ[唯・只]副、たてる[立てる]動、ため[為]名、ちがう[違う]動、つくす[尽くす]動、てがみ[手紙]名、どこ[何処]名、とだけ[思]名、とぶ[飛ぶ]動、なげる[投げる]動、なに[何]名、ねがう[願う]動、のせる[乗せる]動、はしる[走る]動、はじめる[始める]動、はる[春]名、ひく[退く・引く]動、ひとり[一人]副、ひびく[響く]動、ひらく[開く]動、ふたつ[二つ]名、ふる[振る]動、へや[部屋]名、ほほえむ[微笑む]動、まわり[周り]副、みため[見た目]形、みだら[淫ら]形動、みみ[耳]名、みる[見る]動、むね[胸]名、めぐる[巡る]動、もう[最う]副、もつ[持つ]動、やさしい[優しい]形、やむ[止む]動、ゆめ[夢]名、よぞら[夜空]名、よる[夜]名、よむ[読む]動、わたし[私]名、代	110
合計・異なり		14	79	100	193

モ帳」を開き，貼り付ける．
(10) その見出し語全体をコピーし，構造語彙表の「2 範囲共通」の 1 行目の区画に貼り付ける．
(11) 「男」と「女」のグループも同じ要領でしかるべき区画に貼り付ける．
(12) 構造語彙表 2 行目以降の見出し語の貼り付けも同じ要領で作業を進めていく．
(13) 構造語彙表ができたら，ファイル名「男女歌 4 作品・構造語彙表 10」（Excel ブック）で保存する．

11.2.3 構造度数分布表の作成

(1) 構造語彙表（表 11.6）の各区画に所属している見出し語の数を数えて，表の枠組みのファイル「男女歌 4 作品・構造語彙表枠 00」のしかるべき区画にその数値を書き入れ，つぎのような表（表 11.7）を完成させる．
(2) 各区画に所属している見出し語の数はつぎのようにして数える．
(3) ある区画をクリックし，コピー状態にして，Word を開いて貼り付ける．
(4) 「【→【」の置換を行うと，「文書の検索が終了しました．○個の項目が置換されました．」と表示されるので，その数をしかるべき区画に記入する．
(5) 各行と各列の「合計」の計算を行い，「男女歌 4 作品・構造語彙表枠 00」のしかるべき欄に記入する．
(6) 表 11.7 ができたら，ファイル名「男女歌 4 作品・構造度数分布表 10」（Excel ブック）に変更して保存する．

表 11.7 男女歌 4 作品・構造度数分布表

度数	累積比率	2範囲共通	1範囲のみ 男	1範囲のみ 女	合計 異なり
18～6	0.0%～32.1%	6	4	5	15
～4	～44.9%	2	8	3	13
～3	～56.7%	3	4	10	17
～2	～74.4%	3	18	17	38
～1	～100.0%		45	65	110
合計・異なり		14	79	100	193

第4部　男歌と女歌の語彙分析

第12章　男歌と女歌のことばを分析する

　本章では，前章で作成した構造語彙表の分析法と分析事例とを紹介していく．今回の分析の目的は前述のとおり，「失恋の歌詞における男歌と女歌の性差に関わる語彙的特徴を明らかにすること」にある．

　構造語彙表の分析法は第一次分析から第三次分析までの三つのレベルに分かれている．

　（a）　第一次分析：　基本語彙と特徴語彙の条件に基づいて構造語彙表の各区画の性格を分析していく．

　（b）　第二次分析：　見出し語の文体的特徴から全語彙を三つの語彙に分類し，各グループの特徴を分析する．

　（c）　第三次分析：　意味的特徴から「テーマ語彙」を意味分野別にいくつかのグループに分類し，各グループの特徴を分析する．

　この分析法は筆者が考案した構造語彙表（伊藤 2008）を分析するために開発した方法なので，「構造語彙表分析法」と呼ぶ．

▶ 12.1　構造語彙表の第一次分析

　基本語彙と特徴語彙の条件から構造語彙表の各区画と，そこに所属する見出し語の性格を分析していく．

12.1.1　構造語彙表の見出し語の多い区画とない区画の分析

　ここでは構造語彙表の【見出し語の多い区画】と【見出し語のない区画】の存在を確認し，その理由について考察していく．

　① 【見出し語の多い区画】　前章の構造語彙表（表 11.6）と構造度数分布表（表 11.7）とを観察すると，「一範囲のみ」の「男」と「女」の度数 1 の区画の見出し語がそれぞれで一番多いことがわかるが，これは偶然ではない．というのは，「高頻度の見出し語ほど数が少なく，低頻度の見出し語ほど数が多い」という「ジップの法則」に従っているからである．

　また，どんなテクストでも度数順の語彙表を作成すると以上のジップの法則に

従うことが知られている．例えば，第 10 章の「男歌の度数順語彙表」（表 10.6）を観察すると，全見出し語 93 語のうち，度数 1 の見出し語は 50 語（＝ 93 － 43）と 53.8％ を占めていることがわかる．

同じように第 10 章の「女歌の度数順語彙表」（表 10.7）を観察すると，全見出し語 114 語のうち，度数 1 の見出し語は 73 語（＝ 114 － 41）と実に 64.0％ を占めていることがわかる．

以上で，男女の度数順語彙表がどちらもジップの法則に従っていることが確認できる．

② 【見出し語のない区画】 前章の構造語彙表（表 11.6）と構造度数分布表（表 11.7）の見出し語のない区画を観察すると，「2 範囲共通」の度数 1 の区画がそれに相当するが，これも偶然ではない．というのは，「2 範囲共通」の列の見出し語になるためには度数 2 以上でなければならないので度数 1 の区画には必然的に見出し語は入らないのである．

12.1.2 基本語彙と特徴語彙の条件

① 【基本度からみた 2 範囲共通語彙】 2 範囲共通語彙は，語彙の基本度の観点からは「基本語彙」に相当する．基本語彙の条件は「広範囲語」で「高頻度語」ということであるが，「広範囲語」の方が本質的な条件である．というのは「広範囲語」であれば例外なく高頻度語だが，「高頻度語」であってもすべてが広範囲語というわけではない．例えば，歌詞のリフレインで使われる語や小説の登場人物名がそれに相当する．

② 【基本度からみた 1 範囲語彙】 1 範囲語彙は，語彙の基本度の観点からは「特徴語彙」に相当する．特徴語彙の条件は「狭範囲語」で「高頻度語」ということである．その典型は歌詞のリフレインで使われる語や小説の登場人物名がそれに相当する．それ以外の狭範囲語は低頻度であることが普通である．

12.1.3 構造語彙表の各区画の性格

ここでは，基本語彙と特徴語彙の条件から構造語彙表の各区画の性格を判定していく．表 12.1 は構造語彙表の各区画の名称を，表 12.2 は各区画の性格を示している．

① 2 範囲共通の列の語彙は，「基本語彙」に相当することはすでに述べた．そのため，基本語彙の条件により，見出し語の基本度は「使用範囲が広ければ広い

12.1 構造語彙表の第一次分析

表 12.1 構造語彙表の区画の名称

度数	累積比率	2範囲共通	1範囲のみ 男	1範囲のみ 女
18〜6	0.0%〜32.1%	共通区画1	男区画1	女区画1
〜4	〜44.9%	共通区画2	男区画2	女区画2
〜3	〜56.7%	共通区画3	男区画3	女区画3
〜2	〜74.4%	共通区画4	男区画4	女区画4
〜1	〜100.0%	共通区画5	男区画5	女区画5

表 12.2 構造語彙表の区画の性格

度数	累積比率	2範囲共通	1範囲のみ 男	1範囲のみ 女
18〜6	0.0%〜32.1%	基本語彙1	特徴語彙1	特徴語彙1
〜4	〜44.9%	基本語彙2	特徴語彙2	特徴語彙2
〜3	〜56.7%	基本語彙3	特徴語彙3	特徴語彙3
〜2	〜74.4%	基本語彙4	特徴語彙4	特徴語彙4
〜1	〜100.0%		特徴語彙5	特徴語彙5

ほど」,「使用度数が高ければ高いほど」高いと判定される.

② 今回の調査では,範囲の最大値は「男女」の2範囲だけなので,基本度の判定の中心は度数の高さということになる.つまり,「基本語彙1」がもっとも基本度が高く,「基本語彙4」がもっとも低いということになる.

③ 1範囲のみの列の語彙は,「特徴語彙」に相当することもすでに述べた.そのため,見出し語の特徴度は「使用範囲が狭ければ狭いほど」,「使用度数が高ければ高いほど」高いと判定される.つまり,「特徴語彙1」がもっとも特徴度が高く,「特徴語彙5」がもっとも低いということになる.

④ なお,「特徴語彙5」は度数1の見出し語であるため,偶然性が高く,調査対象を少しでも増やすと所属する区画を移動する見出し語が少なくない.

12.1.4 語彙分布の分析

前章の表 11.6 と表 11.7 から以下のような分布的特徴を読み取ることができる.

① 「2範囲共通」の列は度数が低くなるに従って語数が少なくなる.それとは逆に,「1範囲のみ」の列は男女ともに度数が低くなるに従って語数が多くなる.つまり「両者は分布傾向が反比例の関係にある」ことがわかる.

② 以上の結果は基本語彙と特徴語彙のそれぞれの条件の一つである「広範囲語」と「狭範囲語」の以下の性格が原因と考えられる.

③ つまり,「広い範囲で使われるということは必然的に高頻度になり,また反対に,狭い範囲で使われるということは必然的に低頻度になる」という理屈である.ただし,狭範囲語でもそのテキストの特徴語(歌詞のリフレインの語や小説の登場人物名)の場合は高頻度で使われるので例外となる.ちなみに表 11.6 と表 11.7 では1範囲の列でも高頻度の語がいくつかあるが,これらはすべてリフレイ

ンで使われている語である．

▶ 12.2 構造語彙表の第二次分析

12.2.1 Jポップソングにおける語彙の三分類

　第二次分析にあたっては，まず全語彙を三つの部分語彙「書き言葉基本語彙，話し言葉語彙，テーマ語彙」に分類し，それぞれで「文体別構造語彙表」を作成していく．ここでは，その三つの語彙について説明していく．

　① 【書き言葉基本語彙】

　Jポップの歌詞は文体からいうと「話し言葉」ということになる．しかし，「いる」とか「ゆく」のような書き言葉でもよく使われる基本語彙も使われている．このような二つの文体で使われる基本語彙を除くと，後には話し言葉でよく使われる語彙が残るということになる．ここでの作業はそれを目的としている．

　a　国立国語研究所（以下，国研）の雑誌70誌調査のデータに基づく基本度によって判定された基本語彙を抽出していく．この判定基準は，国研（2006）に基づいて伊藤が独自に設定したものである．

　b　つまり，国研（2006）に記載されている語彙表の自立語の見出し語 59222 語の度数順位と使用範囲を一組とした数値を基本度として読み替えた．例えば，表 12.3 のセル A 8「なる【成る】動（15-70）」は度数順位 15 で使用範囲 70 であることを表している．この語彙表の最低順位は 30357 位，最大範囲は 70 誌なので「なる」はとても基本度が高い見出し語であることがわかる．

　c　なお，ここでは範囲 70 の見出し語グループだけを「書き言葉基本語彙」と判定し，順位は考慮しなかった．その理由は前述したように基本語彙の判定条件では，順位よりも範囲の方が本質的だからである．また，範囲 69 以下でも常識的には基本語彙に入る見出し語がたくさんあるが，今回は確実性を重視して，範囲 70 の見出し語グループだけに限定した．

　② 【話し言葉語彙】

　a　話し言葉語彙は，書き言葉基本語彙を除いた後に残った語彙のなかから話し言葉性が高い見出し語を抽出することにより構成される．

　b　なお，話し言葉性が高い見出し語の判定基準は以下のとおりである（国研 1955；1974，柏野 2016）．

　（1）副詞，感動詞，接続詞，こそあど言葉，融合形

(2) 代名詞，敬語，俗語形（可能動詞など），卑罵語（バカ，アホウなど）
(3) 補助形容詞（て／よい，て／ほしい）
(4) 授受補助動詞（て／（さし）あげる，て／やる，て／いただく，て／くださる，て／くれる，て／もらう）」

③【テーマ語彙】

今回の調査対象にした四つの歌詞に共通しているのは，どれも「失恋」をテーマにしているという点である．そのため，すべての語彙から書き言葉基本語彙と話し言葉語彙を抜き出したあとに残った語彙が「テーマ語彙」であり，今回は「失恋語彙」ということになる．

以上の3語彙の関係を式で表すと以下のようになる．

　　全語彙−書き言葉基本語彙−話し言葉語彙＝テーマ語彙（失恋語彙）

12.2.2 書き言葉基本語彙の構造語彙表の作成と第二次分析

① 雑誌70誌の基本度を詳細版対照語彙表に付加する．
a 前章で作成したファイル「詳細版対照語彙表10」（表11.4）のA列とH列に基本度を添付する（表12.3）．
b 基本度は国研（2006）のデータを参照する．
c 作業が完了したら，ファイル名「70誌基本度対照語彙表10」（Excelブック）で保存する．

② 「書き言葉基本語彙・構造語彙表」を作成する．
ここでは，以下の「書き言葉基本語彙・構造語彙表」（表12.4）を作成する．
a ファイル「70誌基本度対照語彙表10」のうちで基本度が添付された見出し

表12.3 雑誌70誌基本度付き対照語彙表（「70誌基本度対照語彙表10」）

	A	B	C	D	E	F	G	H
1	タグ	範囲	男	女	小計	累積度数	累積比率	基本度
2	きみ【君】名・代	男	18	0	18	18	4.2	
3	あの【彼の】連体	男女	15	2	17	35	8.1	
4	night【night】名	男	12	0	12	47	10.9	
5	さいご【最後】名	女	0	10	10	57	13.3	
6	ばかだ【馬鹿だ:baka】形動	女	0	10	10	67	15.6	
7	こころ【心】名	男女	5	4	9	76	17.7	
8	なる【成る・為る】動(15-70)	男女	7	2	9	85	19.8	(15-70)
9	とき【時】名(61-70)	男女	6	2	8	93	21.6	(61-70)
10	break【break】動	女	0	7	7	100	23.3	
11	heart【heart】名	女	0	7	7	107	24.9	
12	ながれる【流れる】動	男女	1	6	7	114	26.5	
13	holy【holy】形	男	6	0	6	120	27.9	
14	silent【silent】形	男	6	0	6	126	29.3	
15	なみだ【涙・泪・涕】名	女	0	6	6	132	30.7	
16	ふたり【二人】名	男女	5	1	6	138	32.1	
17	おもう【思う・想う】動(55-70)	女	0	5	5	143	33.3	(55-70)
18	ひ【日・陽】名	男	5	0	5	148	34.4	

第12章 男歌と女歌のことばを分析する

表12.4 書き言葉基本語彙・構造語彙表（「書・構造語彙表10」）

レベル	度数	語彙	2範囲共通	1範囲のみ 男	1範囲のみ 女
1	18〜6	書	なる【成る・為る】動,とき【時】名		
2	〜4	書			おもう【思う・想う】動
3	3	書	ゆく【行く】動・補		でる【出る】動
4	2	書	よい【良い・善い・好い・佳い】形	いま【今】名,くる【来る】動,する【為る】動・補,ため【為】名	いる【居る】動,いる【居る】動・補,くる【来る】動・補,ゆく【行く】動
5	1	書		この【此の】連体,する【為る】動,その【其の】連体,ない【無い】形,なか【中】名,なに【何】名・代,わかる【分かる】動	ある【在る・有る】動,いう【言う・謂う・云う】動,こと【事】名,それ【其れ】名・代,みる【見る・観る・視る・看る・診る】動,みる【見る】動・補,もの【物】名

語を一語ずつ確認しながら，前章で作成した「男女歌4作品・構造語彙表10」からその見出し語をカットして，同じく前章で作成した枠組みシート「男女歌4作品・構造語彙表枠00」（表11.5）のしかるべき区画に貼り付けていく．

b 作業が完了したら，ファイル名「書・構造語彙表10」（Excelブック）で保存する．

c また，書き言葉基本語彙が抜き出された後の構造語彙表は「書き言葉抜き・構造語彙表10」（Excelブック）で保存する．

③ 「書き言葉基本語彙・構造語彙表」の第二次分析

【分布傾向】

a 「1範囲のみ」の列ではレベルの高い区画で空欄になっている．つまり，男歌ではレベル1〜3が，女歌ではレベル1が空欄となっている．

b これは，度数が高い基本語彙の見出し語は広範囲語であるため，必然的に二範囲共通の列に所属すると考えられる．つまり，「1範囲のみ」の列のレベルの高い区画はつねに空欄になるということである．

c 逆から考えると「1範囲のみ」の列のレベルの低い区画に所属している見出し語は基本語彙のなかでも基本度が低い見出し語と判定することができる．

【臨時特徴語】
a 「1範囲のみ」の列にある語はすべて書き言葉では基本語彙と認定される．今回は4歌詞と調査対象の数が少ないため，本来は特徴語が所属するはずの「1範囲のみ」の列に書き言葉の基本語彙が所属している．
b しかし，これはいわば「仮の姿」であって，調査する歌詞数を100，1000，10000と多くすればするほど，「1範囲のみ」の列から「2範囲共通」の列に移る見出し語は増えていき，ある一定の歌詞数を超えると「1範囲のみ」の列はすべて空欄となるはずである．つまり，この表の右2列の見出し語はみな「臨時特徴語」ということができる．

12.2.3 話し言葉語彙の構造語彙表の作成と第二次分析

① 「話し言葉語彙・構造語彙表」を作成する．
ここでは，以下の「話し言葉語彙・構造語彙表」（表12.5）を作成する．
a 前項で保存した「書き言葉抜き・構造語彙表10」（Excelブック）のなかから，話し言葉と判定される見出し語をカットして，前章で作成した枠組みシート「男女歌4作品・構造語彙表枠00」（表11.5）のしかるべき区画に貼り付けていく．
b 作業が完了したら，ファイル名「話・構造語彙表10」（Excelブック）で保存する．
c また，話し言葉語彙が抜き出された後の「書き言葉抜き・構造語彙表10」はファイル名を「失恋・構造語彙表10」（Excelブック）に変更して保存する．
② 「話し言葉語彙・構造語彙表」の第二次分析
【話し言葉の基本語彙】
a 「2範囲共通」の列にある以下の語が「話し言葉の基本語彙」ということになる．
あの，もう，誰か，すぐ
b これらの「2範囲共通」の列にはつねに男女の性差が反映していない見出し語だけが所属する．
【話し言葉の特徴語彙】
a 「1範囲のみ」の列に所属する見出し語は男歌と女歌の特徴語彙である．両者を比較することにより，その違いが明確となる．
b (**男性語**) 男歌では，男性が使用することが多い人称代名詞が使用されてい

表12.5 話し言葉語彙・構造語彙表(「話・構造語彙表10」)

レベル	度数	語彙	2範囲共通	1範囲のみ 男	1範囲のみ 女
1	18〜6	話	あの【彼の】連体	きみ【君】名・代	ばかだ【馬鹿だ：baka】形動
2	〜4	話	もう【もう】副	ぼくら【僕等】名・代,あえる【会える・逢える】動・可,いつまでも【何時までも】副	あたし【私】名・代
3	〜3	話	だれか【誰か】名・代	きっと【屹度・急度】副	ah【ah】感,よい【良い・善い・好い・佳い】形・補
4	〜2	話	すぐ【直ぐ】副	いえる【言える・謂える・云える】動・可,ぼく【僕】名・代	あんた【貴方】名・代,せめて【せめて】副,どうでも【どうでも】副,ばか【馬鹿：baka】名,ほしい【欲しい】形・補,もらえる【貰える】動・補・可
5	〜1	話		あまり【余り】副,かならず【必ず】副,しばれる【縛れる】動・可,そんなだ【そんなだ】形動,ただ【徒・唯・只・但】副,たぶん【多分】副,だれ【誰】名・代,まだ【未だ】副,もっと【もっと】副	あいつ【彼奴】名・代,あなた【貴方】名・代,あのひと【彼の人】名・代,いつか【何時か】副,かれ【彼】名・代,こんなだ【こんなだ】形動,ずっと【ずっと】副,そっと【そっと】副,どこ【何処】名・代,ひらりと【ひらりと】副,わたし【私】名・代

る．たとえば，一人称(ぼく，ぼくら)と二人称(きみ)．

c (**女性語**) 女歌では，女性が使用することが多い人称代名詞が使用されている．たとえば，一人称(わたし，あたし)，二人称(あなた)，三人称代名詞(かれ，あのひと)．

d (**人称代名詞の種類**) 女歌の方が男歌よりも人称代名詞の種類が多い．

e (**俗語**) 女歌では，同等以下に対して使われる待遇表現が多い．「あたし」はくだけた表現，「あんた」はぞんざいな表現，「あいつ」は軽蔑・親愛の表現，「ばか(だ)」は卑罵語というように実に多様な待遇度の低い表現を使っている．この理由としては「ふられた女の愚痴」が反映していると解釈される．

f (**副詞1**)「積極的な意志や意味を表す副詞」は男歌には多く，女歌には少ない．

男歌「いつまでも，きっと，かならず，もっと」，女歌「ずっと」

g (**副詞2**) 情態副詞は女歌だけにみられる．

「そっと，ひらりと」

h (**補助用言**) 相手に求める気持ちを表す補助形容詞「て／ほしい」と授受補助動詞「て／もらえる」は女歌だけにみられる．「ふられた女の立場の弱さ」

12.2.4　テーマ語彙の構造語彙表の作成と第二次分析

① 「テーマ語彙（失恋語彙）・構造語彙表」を作成する．

ここでは，以下の「失恋語彙・構造語彙表」（表12.6）を作成する．

a　実は前項で話し言葉語彙が抜き出された後の「失恋・構造語彙表10」（Excelブック）がほぼ表12.6に相当する．「レベル」と「語彙」の列を増補することにより作成は完了する．

b　作業が完了したら，ファイル名「失恋・構造語彙表20」（Excelブック）で保存する．

② 「失恋語彙・構造語彙表」の第二次分析

a　（失恋の基本語彙）「2範囲共通」の列にある以下の語が失恋語彙の基本語彙ということになる．

　　こころ，流れる，ふたり，今夜，変わる，肩

これまでの「書き言葉基本語彙」や「話し言葉基本語彙」では無性格の見出し語しかなかったが，「失恋の基本語彙」では「恋」を連想させる見出し語のグループである点に特徴がみられる．

b　（キーワードとしての英語）「1範囲のみ」の男女の列ではどちらもレベル1に英語が認められる．これはリフレインで英語が多用されたことを意味している．またリフレインで使用されたことはキーワードであることをも意味する．

c　失恋語彙の見出し語数はまだ多いので，さらに小さなグループに区分して分析しやすくする必要がある．そのためには，さらに「意味分野別構造語彙表」を作成して第三次分析をする必要がある．

▶ 12.3　構造語彙表の第三次分析

12.3.1　失恋語彙の意味分野別構造語彙表の作成

ここでは，前節で作成したファイル「失恋語彙・構造語彙表20」を改訂して，以下の「意味分野別構造語彙表」（表12.7）を作成する．

① 二つの語彙表の違いは縦系列の項目にある．「失恋語彙・構造語彙表20」では度数の違いであるが，「意味分野別構造語彙表」では意味分野の違いとなる．

第12章 男歌と女歌のことばを分析する

表12.6 失恋語彙・構造語彙表（「失恋」構造語彙表10）

レベル	度数	語彙	2範囲共通	男	1範囲のみ 女
1	18～6	失恋	こころ [心] 名,ながれる [流れる] 動,ふたり [二人] 名	holy [holy] 形, night [night] 名, silent [silent] 形	break [break] 動,heart [heart] 名,さいご [最後] 名,なみだ [涙・泪・涕] 名
2	～4	失恋	こんや [今夜] 名	ことば [言葉] 名,ばしょ [場所] 名,ひ [日・陽] 名,まま [儘] 名,みしる [見知る] 動	あいする [愛する] 動
3	～3	失恋	かわる [変わる] 動	あめ [雨] 名,かぜ [風] 名,つつむ [包む] 動	じぇらしー [ジェラシー:jealousy] 名,しんじゅ [真珠] 名,ぴあす [ピアス:(omnibus)earrings] 名,ぴあけ [夜明け] 名,すてる [捨てる・棄てる] 動,とまる [止まる・留まる・停まる・駐まる] 動
4	～2	失恋	かた [肩] 名	あまい [甘い] 形,おもい [思い・想い] 名,つばさ [翼] 名,さそう [誘う] 動,すきだ [好きだ] 形動,くりますいぶ [クリスマス・イブ:Christmas Eve] 名,ひとり [一人・独り] 名,まもりつづける [守り続ける] 動,やわらかい [柔らかい] 形,ゆき [雪] 名,ゆれる [揺れる] 動,よふけすぎ [夜更け過ぎ] 名	あう [会う・逢う] 動,かたほう [片方] 名,さきおいだ [奇麗だ] 形動,けしょう [化粧] 名,した [下] 名,つもる [積もる] 動,べっど [ベッド:bed] 名
5	～1	失恋		あした [明日] 名,ありふれる [有り触れる] 動,うかぶ [浮かぶ] 動,うごく [動く] 動,えき [駅] 名,かなえる [叶える] 動,きえさる [消え去る] 動,きえのこる [消え残る] 動,きらめき [煌めき] 名,ぎんいろ [銀色] 名,くりすますつりー [クリスマス・ツリー:Christmas tree] 名,くるしい [苦しい] 形,げんきだ [元気だ] 形動,こごえる [凍える] 動,こころをこめて [心を込めて] 形動,さだめ [定め] 名,すべて [全て] 名,すなおだ [素直だ] 形動,せつない [切ない] 形,つたえる [伝える] 動,とめる [止める・留める・停める・駐める] 動,はじめる [始める] 動,ふゆぞら [冬空] 名,ふる [降る] 動,へや [部屋] 名,ほそく [細く] 副,まちかど [街角・町角] 名,わたす [渡す] 動,ふう [封] 名,ひめる [秘める] 動,ふく [吹く] 動,よる [夜] 名,やむ [止む・已む] 動,わすれる [忘れる] 動	あおい [青い] 形,あご [顎] 名,うみ [海] 名,うらはらだ [裏腹だ] 形動,おる [折る] 動,かえす [返す] 動,かわいい [可愛い] 形,きづく [気付く] 動,こうこく [広告] 名,ささやく [囁く] 動,しぬ [死ぬ] 動,すむ [住む・棲む] 動,せなか [背中] 名,たかだい [高台] 名,ちがう [違う] 動,たつ [立つ] 動,たびだつ [旅立つ] 動,ちぎる [千切る] 動,ちから [力] 名,てがみ [手紙] 名,とぶ [飛ぶ] 動,のせる [乗せる・載せる] 動,なくす [失くす] 動,はしる [走る] 動,はんぶん [半分] 名,ひきこす [引越しする] 動,ひとつぶ [一粒] 名,ひやす [冷やす] 動,ふともも [太股・太腿] 名,ほうる [放る] 動,ほうりだす [放り出す] 動,みならう [見習う・見倣う] 動,みほれる [見惚れる] 動,みぶり [身振り] 名,むね [胸] 名,めやく [役] 名,やめる [止める・已める] 動,ゆびさす [指差す] 動,よみち [夜道] 名,よむ [読む] 動

表12.7 失恋語彙の意味分野別構造語彙表の例（「失恋意味分野別・構造語彙表10」）

意味分野	中分類	2 範囲共通	男数	1 範囲のみ	女数
1 精神・感情	マイナス		せつない [切ない] 形, わすれる [忘れる] 動		じぇらしい [ジェラシー: jealousy] 名
	プラス		あまい [甘い] 形, すきな [好きだ] 形動, すてきな [素敵だ] 形動, すなおな [素直な] 形動, やわらかい [柔らかい] 形, holy [holy] 形		あいする [愛する] 動, かわいい [可愛い] 形, きれいな [綺麗だ] 形動, ほほえむ [微笑む] 動, ゆめ [夢] 名
	中立的	こころ [心] 名	おもい [思い] 名, おもう [想う] 動, き [気] 名, みしる [見知る] 動		heart [heart] 名, きづく [気付く] 動, つもり [積もり] 名, ひょうじょう [表情] 名
2 時間		こんや [今夜] 名	night [night] 名, あした [明日] 名, あしたイブ [Christmas Eve] 名, ひ [日・陽] 名, ふりすぎ [降り過ぎ] 名, まよ [真夜] 名, よる [夜] 名		さいご [最後] 名, むかし [昔] 名, よあけ [夜明け] 名, みなおす [見慣れる] 動, ねる [寝る] 動, [古習づき] 動
3 自然・天地	気象・天地		あめ [雨] 名, かぜ [風] 名, ゆき [雪] 名, ふりつづく [降り続く] 動		うみ [海] 名, たかだい [高台] 名
4 空間・情景			ばしょ [場所] 名, まちかど [街角・町角] 名		した [下] 名, へや [部屋] 名, よみち [夜道] 名
5 言語			ことば [言葉] 名, つたえる [伝える] 動		ささやく [囁く] 動, よむ [読む] 動, あんない [案内] 名, てがみ [手紙] 名
6 身体		つばさ [翼] 名			あご [顎] 名, せなか [背中] 名, ゆび [指] 名, なみだ [涙] 名, みみもと [耳元] 名, ちから [力] 名
7 音・光・色			silent [silent] 形, きらめき [煌めき] 名, ぎんい [銀色の] 形		あおい [青い] 形
8 大道具・小道具			くりすます・つりい [クリスマス・ツリー: Christmas tree] 名		しんじゅ [真珠] 名, ぴあす [ピアス: pierced earrings] 名, べっど [ベッド: bed] 名, ばす [バス: omnibus] 名, じてんしゃ [自転車] 名, ひとつぶ [一粒] 名, とびこうき [飛行機] 名
9 量		ふたり [二人] 名	すべて [全て・凡て] 名, ぶかい [深い] 形		かたほう [片方] 名, たば [束] 名, はんぶん [半分] 名
10 存在			ありふれる [有り触れる] 動, うかぶ [浮かぶ] 動, かなえる [叶える] 動, きえる [消える] 動, きめる [決める] 動, とめる [留める] 動, ひめる [秘める] 動		しぬ [死ぬ] 動, すむ [住む] 動, すてる [捨てる] 動, たつ [建つ・建てる] 動, なくす [無くす] 動, ほうりだす [放り出す] 動
11 変化・停止		かわる [変わる] 動	とめる [止める] 動, のこる [残る] 動, ひめる [秘める] 動		とまる [止まる] 動, とどまる [留まる] 動, やめる [止める] 動
12 動揺・回転			うごく [動く] 動, ゆれる [揺れる] 動		まわす [回す] 動
13 移動		ながれる [流れる] 動	こえる [越える・超える] 動		ひっこしする [引越しする] 動, だす [出す] 動, かえる [帰る・還る・復る] 助, はしる [走る] 動
14 働きかけ			さそう [誘う] 動, まもりつづける [守り続ける] 動, つつむ [包む] 動, よせる [寄せる] 動, おたす [落とす] 動		のせる [乗せる] 動, なげる [投げる] 動, あう [会う] 動, ちがう [違う] 動, break [break] 動
15 その他			ふう [風] 名		うららはらだ [裏腹だ] 形動, けしょう [化粧] 名, や [屋] 名

12.3 構造語彙表の第三次分析

②　そのため改訂は，度数の違いはまったく無視して，縦系列の項目を意味分野の違いに変更する必要がある．
③　意味分野は調査対象とした歌詞の状況にあわせて，研究者自身が任意に決めていく．理想的には『分類語彙表』（国研1964）のようなシソーラスを客観的な意味分類基準として採用したほうがよいが，実際はあまりにも細分化されることになるので実用的ではない．
④　たとえば，今回の調査では「大道具・小道具」のような意味分野を設けたが，『分類語彙表』にはない．これは歌詞を一つのドラマとみたときにそのような意味分野を設けた方が見出し語の分類に有効だという筆者の判断によるものである．
⑤　また，表12.7では「中分類」という列を設けているがこれも任意である．
⑥　「意味分野別構造語彙表」が完成したらファイル名「失恋意味分野別・構造語彙表10」（Excelブック）で保存する．

12.3.2　失恋語彙の意味分野別分析

a.　「精神・感情」分野

男女ともにマイナスイメージの語よりも，以下のようなプラスイメージの語の方が多い．この点は「失恋語彙」であることを考えると意外な感じがするが，おそらく「美しい失恋」という演出のためのレトリックと解釈している．

　　男歌「甘い，好きだ，素敵だ，素直だ，柔らかい，holy」
　　女歌「愛する，可愛い，奇麗だ，ほほえむ，夢」

b.　「時間」分野

男歌の方が女歌よりも「時間」に関する見出し語が多く，また「夜」に関する見出し語が多い．

　　night，クリスマス・イブ，たそがれ，よふけすぎ，よる

c.　「自然」の「気象・天地」分野

a　男歌では「雨，風，雪，降り続く」のように気象現象に関する語が目立つ．
b　女歌では「海，高台」のように地理的情景に関する語だけである．

d.　「言語」分野

女歌では紙媒体の知らせが目立つ．

　　「案内，広告，手紙」

e. 「身体」分野
男歌では「つばさ」だけで，女歌には以下のように多くみられる．
　　「あご，背中，指，涙，耳元」

f. 「大道具・小道具」分野
男歌は「クリスマス・ツリー」だけで，女歌には以下のように多くみられる．
　　「真珠，ピアス，ベッド，バス，飛行機」

g. 「存在」分野
男女ともに「不存在」の意味を表す動詞が多い点で共通している．
　　男歌「消える，消え残る，秘める」
　　女歌「死ぬ，発つ，捨てる，無くす，放り出す」

h. 「移動」分野
男歌では「超える」だけだが，女歌には以下のように多くみられる．
　　「引越しする，出す，飛ぶ，走る，来る，行く，返す，帰る」

12.3.3　男歌と女歌の主要な意味分野

① 以上の分析から以下のような男歌と女歌の「失恋語彙」に関わる主要な意味分野の存在が明らかになってくる．

　a　男歌の主要な意味分野
　　「精神・感情」，「時間」，「自然」の「気象」，「存在」
　b　女歌の主要な意味分野
　　「精神・感情」，「自然」の「天地」，「言語」，「身体」，「大道具・小道具」，「存在」，「移動」

② ここから「失恋語彙」の主要な意味分野の種類では男歌よりも女歌のほうが多いということが明らかになった．

12.3.4　構造語彙表分析法のまとめ

　以上，構造語彙表分析法の実例を紹介してきたが，ここでは第一次分析から第三次分析までの個々の分析法の効力についてまとめておく．
　「分析（analysis）」とは「複雑な現象を構成する要素に還元し，その性質・構造を明らかにすること」である．「構造語彙表分析法」は第一次分析から第三次分析へと研究対象を小さな語彙に分割し，その小さくなった語彙を考察することにより，それぞれの性質や構造を明らかにするという方法であった．

今回の分析事例の目的は「失恋の歌詞における男歌と女歌の性差に関わる語彙的特徴を明らかにすること」にあった．その点に注目して第一次分析から第三分析までの個々の分析法の効力をまとめると以下のようになる．

① 第一次分析の結果と第二次分析のうち「書き言葉基本語彙」と「話し言葉基本語彙」の分析は性差に関わりをもたない性質をもっている．

② 第二次分析のうち，「話し言葉語彙の特徴語彙」では性差が認められた．

③ 第三次分析では，「失恋語彙」の意味分野ごとに性差が認められ，かつ「失恋語彙」の主要な意味分野の種類では男歌よりも女歌のほうが多いということが明らかになった．

第5部　創作型人工知能とは何か

第13章　機械はラブソングを作れるか

　本章では，筆者が開発した創作型人工知能（創作型 AI）の原理と研究史と疑似ユーミンソングの自動生成実験から得られた創作型 AI の可能性を考察する．

　前章までは J ポップの日本語や歌詞の研究を紹介してきたが，実はそれらは創作型 AI を開発していくなかで必要に迫られて研究してきたものであった（伊藤 1997-2001）．その結果，創作型 AI によって創作される歌詞はより自然な日本語テクストになっただけではなく，「悲しい恋の歌」とか「楽しい恋の歌」とかというように創作される歌詞のテーマをコントロールすることも可能になった．このことは歌詞創作型 AI の研究のためには言語と歌詞の研究が不可欠であることを意味している．

▶ 13.1　創作型人工知能のしくみ

13.1.1　創作型人工知能とは何か

　人工知能（AI）といえば，通常は自立型ロボットや囲碁・将棋の思考対戦型ロボット，自動運転自動車用の人工知能を思い起こす．それに対し，創作型 AI とは「何かを創作すること」に特化された人工知能のことで，その創作物としては「歌詞，小説，音楽，絵画」など主に文学や芸術の作品がこれまで対象となってきたが，自動化率や完成度などはまちまちである．

　筆者が開発している創作型 AI は「J ポップの歌詞」を自動生成する．歌詞生成の場合，対象とする歌詞は「時代一般の歌詞」と「個人の歌詞」とに分割される．「時代一般の歌詞」の自動生成では，ある時代の不特定多数の作詞家の歌詞を集めて，それに基づいて創作した歌詞で，その時代の雰囲気が歌詞に表れている点に特徴がある．一方「個人の歌詞」の場合は，特定個人の作詞家に限定して創作した歌詞で，その作詞家の文体が表れている点に特徴がある．筆者が開発したのは後者で，具体的にはユーミン風の歌詞の創作を行う．

13.1.2　機械が作ったラブソング

　　昔のように　銀色のセスナに乗り　飛んでゆくの

第 13 章 機械はラブソングを作れるか

　　時を旅しているみたい　ちょっと思い出したように　hum hum
　　ハートは　すべりはじめるの　甘い世界へ

　このユーミン風のラブソングは創作型 AI による全自動で作成した疑似ユーミンソング「銀色のセスナ」である（題名は筆者が付けた）．この歌詞がなんとなくユーミンの雰囲気を漂わせているのは，すべての文節がこれまでユーミンが一度は自作の歌詞のなかで使ったことがあるものばかりだからである．しかし，これらの文節はユーミンのいろいろな歌詞から部分的に引用して合成しているため，「銀色のセスナ」自体はこれまでのユーミンが作ったことのない創作型 AI のオリジナルな歌詞となっている．
　この歌詞は 16 文節から構成されているが，それぞれの文節の引用元を示すと以下のようになる．以下の 16 文節を番号順に読んでいくと，上記の歌詞になる．

- (a) 昔のように$_1$　気やすくされても　　　　　「幸せはあなたへの復讐」1988a08
- (b) 銀色の$_2$　セスナに$_3$　乗り$_4$　　　　　　「アフリカへ行きたい」1975a10
- (c) 風に乗り　飛んで$_5$　来た　　　　　　　　「ダンデライオン」1983b03
- (d) なぜあわててとんで　ゆくの$_6$　　　　　　「まぶしい草野球」1980b04
- (e) 時を$_7$　かける少女　　　　　　　　　　　「時をかける少女」1983b10
- (f) 同じ時を　旅して$_8$　いる　　　　　　　　「青い船で」1983b04
- (g) 遠い砂丘を旅して　いるみたい$_9$　　　　　「遠い旅路」1977a01
- (h) ちょっと$_{10}$　さめたふりをするくせは　　　「罪と罰」1978a06
- (i) ちょっと　思い出したように$_{11}$　hum hum$_{12}$
　　　　　　　　　　　　　　　　　　　　　「Holiday in Acapulco」1986a01
- (j) ハートは$_{13}$　もうつぶやかない　「ハートはもうつぶやかない」1983a09
- (k) すべりはじめるの$_{14}$　甘い$_{15}$　世界へ$_{16}$　　「甘い予感」1979a05

〈上記 (a)〜(k)，JASRAC 出 1702836-701〉

　このような引用元がわかるのは，歌詞の自動作成と同時に，以下のように引用元の情報も自動的に記録しているからである．○は歌詞の歌いだし，●は文の頭を意味している．なお，この二つの記号の機能については，巻末の「失恋ソング生成語彙表」の使い方を解説した第 14 章で詳説する．文節のあとの数値は各文節の ID コードである．例えば「昔のように 88a08-21547」の「88a08」は「1988年の 1 枚目のオリジナルアルバムの 8 番目に収録された歌詞」，「21547」はユーミンのファーストアルバムの 1 番目の歌詞「ひこうき雲」の 1 番目の文節「白い」から数えて 21547 番目の文節であることを意味している．

○ 88a08-21546 ／昔のように 88a08-21547 ／● 91a04-25315 ／銀色の 75a10-02733 ／セスナに 75a10-02760 ／乗り 75a10-02735 ／飛んで 83b03-15001 ／ゆくの 80b04-09788 ／● 83b10-25856 ／時を 83b10-25857 ／旅して 83b04-15129 ／いるみたい 77a01-03913 ／● 95a10-32055 ／ちょっと 78a06-04750 ／思い出したように 86a01-18451 ／ hum 86a01-18452 ／ hum 86a01-18453 ／ハートは 83a09-14686 ／すべりはじめるの 79a05-06631 ／甘い 79a05-06632 ／世界へ 79a05-06633 ／● 79a05-06697

なぜこのようなことが可能なのか．まずはその原理から説明するが，その前に手作業による自動創作を経験しておくことをおすすめする．その方法は第14章に説明している．それを参照しながら，実際に疑似ユーミンソングを一つ創作しておくと，以下の説明は容易に理解できるはずである．

13.1.3 テクスト自動生成の原理

テクスト自動生成の原理は，情報理論を提唱した米国の応用数学者・シャノン（C. E. Shannon, 1916-2001）の文生成モデルのルール体系に基づくが，間接的にはロシアの統計学者マルコフ（A. A. Markov, 1856-1922）によって20世紀初頭に発表されたマルコフモデル（N-gramモデルとも）に起源が求められる（Mapков 1906）．

シャノンはマルコフモデルを参考にして，文字や単語を並べて文を作るためのルール体系を構築した（Shannon 1948, 1949）．そのルール体系は文字や単語をまったく自由に並べるルールから始まり（第0次近似），その自由さの度合いを少しずつ低くしていったルールの集合から構成されている（第一次近似，第二次近似，第三次近似，……，第n次近似）．シャノンはまず文字の実験から始め，つぎに単語単位の実験に移っている．

a. ルール0：第0次近似（Zero-order approximation）

まずアルファベット26文字と空白1字分を加えた27文字が，まったく独立に，しかもまったく等しい確率（1/27）で出現することを前提にしたルール0に基づいて文字を並べたところ，まったく無意味な次の文字列が作られた．なお，このルール0での単語単位の実験は行っていない．

XFOML RXKHRJFFJUJ ZLPWCFWKCYJ FFJEYVKCQSGHYD QPAAMKBZ AACIBZLHJQD.

b. ルール1：第一次近似（First-order approximation）

つぎに，27文字がまったく独立である点は第0次近似と同じだが，実際に英語の文章のなかにその27文字が出てくる確率に従って文字を選ぶルール1に従ったところ，やはりまったく無意味な次の文字列が作られた．

OCRO HLI RGWR NMIELWIS EU LL NBNESEBYA TH EEI ALHENHTTP A OOBTTVANAH BRL

単語単位の実験では，標準的な英語で書かれている本を何冊も用意し，無作為に1冊を取り出し，あるページから無作為に1単語を抜き出してノートに書き記す．この操作を何回もくり返すと，つぎのような「文」が得られた．一見英語のようだが，文全体としては意味をなしていない．

REPRESENTING AND SPEEDILY IS AN GOOD APT OR COME CAN DIFFERENT NATURAL HERE HE THE A IN CAME THE TO OF TO EXPERT GRAY COME TO FORNISHES THE LINE MESSAGE HAD BE THESE

c. ルール2：第二次近似 (Second-order approximation)

つぎに，ある1文字の次にはどの文字が出やすく，どの文字が出にくいかという出現確率に従って文字を選ぶルール2に従ったところ，次の文字列が作られた．やはりまったく無意味だが，英語の雰囲気は感じられる．

ON IE ANTSOUTINYS ARE T INCTORE ST BE S DEAMY ACHIN D ILONASIVE TUCOOWE AT TEASONARE FUSO TIZIN ANDY TOBE SEACE CTISBE.

単語単位の実験では，ある1単語の次にはどの単語が出やすく，どの単語が出にくいかという出現確率に従って単語を選んでいったところ，つぎのような「文」が得られた．

THE HEAD AND IN FRONTAL ATTACK ON AN ENGLISH WRITTER THAT THE CHARACTER OF THIS POINT IS THEREFORE ANOTHER METHOD FOR THE LETTERS THAT THE TIME OF WHO EVER TOLD THE PROBLEM FOR AN UNEXPECTED

この文になると，英文としての構成がよく整い，かなり英語らしくなってきている．意味をとろうとすれば，三つか四つの単語列くらいまではなんとかなるが，それ以上になると，意味的にも文法的にも破綻をきたしてしまう．ちなみに英語の母国語話者からみると，この文は非常に興奮した人が，まったく支離滅裂なことをしゃべったときの文によく似ているそうである（Abramson 1963）．

d. ルール3以降：第三次近似（Third-order approximation）以上の高次近似系列

シャノンの実験は以上で終わったが，その2年後にミラーとセルフリッジによってルール3の単語の実験が行われている（Miller and Selfredge 1950）.

ルール3では，ある連続する2単語の次にはどの単語が出やすく，どの単語が出にくいかという出現確率に従って単語を選んでいくが，つぎのような「文」が得られた．

FAMILY WAS LARGE DARK ANIMAL CAME ROARING DOWN THE MIDDLE OF MY FRIENDS LOVE BOOKS PASSIONATELY EVERY KISS IS FINE.

文として部分的には意味が通るのだが，首尾一貫しておらず，文法的にもおかしなところが散見する．

このルールは連続する単語の数を増やすことにより，ルール4（第四次近似），ルール5（第五次近似）と設定されているが，実際はもっとも実験がしやすいルール2（第二次近似）で行われることがほとんどである．

以上のように英語の場合はこのルール3においてもまともな文が作成されないが，日本語の韻文の場合はルール2の段階でまともな歌詞が作成されることが多い．つまり，同じルールに従っても実験結果の評価には言語差があることがわかる．なお，日本語の実験については後述する．

▶ 13.2 テクスト自動生成の研究史

13.2.1 欧米におけるテクスト自動生成の研究史

テクスト自動生成の原理を考案したマルコフ自身は数学の原理である「確率過程」の解明のために文字連鎖の実験を行ったもので，テクスト生成はもとより念頭にはなかった．テクスト生成を明確に意識したのはシャノンである．また，N-gramモデルによるテクスト自動作成は米国の数学者・ウィーナー（N. Wiener, 1894-1964）が考案した情報科学・サイバネティックスの実験としても採用され（Wiener 1948），1950年代には米国だけではなく，日本，ソ連，ドイツ，フランス，スペインなど多くの国々の研究者が手作業による実験を行った．1960年代にはドイツではコンピュータによる以下のような叙情詩が作成されている（Klause and Shaudt 1967，翻訳はシュミット 1984）.

Das Herz träuft	「心のしずく」
Das Laub ist aufgeflimmert	木の葉はチラチラと光り
Die tote Seele wimmert	死んだ魂がシクシクと泣く
Zum Greise nah und gar	老境に近づき，すっかり
Der Schein perlt frei und stecket	輝きは自由にまた動けずに
	キラキラ光り，
Und an den Bluüten recket	そして花のところに
Die weite Woge unsichtbar	大きな波が目に見えず
（etc.）	打ち寄せる

前衛詩とみればそうみえなくもないが，普通はまったく意味が通らない文字列の集合にしかみえない．なお，脚韻を踏んでいる点に韻文らしさをみせている．ところが，その後チョムスキー（A. N. Chomsky, 1928～）をはじめとする生成文法学派により，マルコフモデルが言語モデルとして限界があることが指摘されるに及んで，欧米での研究は急速に下火となった．

13.2.2　日本におけるテクスト自動生成の研究史

　欧米でテクスト自動生成の研究が下火になった後も，日本では流行歌の自動生成という独自の形で実験が続けられた．

　日本におけるテクスト自動生成の最初の実験は渡辺修による和歌の生成で，その方法は『国歌大観』各句の索引を使ったものであった（渡辺 1953）．これはシャノンの研究発表から5年しか経っておらず，しかも戦後の混乱期のなかでの研究であることを考えると，その進取の気性と研究に対する熱意には驚くべきものがある．その後，水谷静夫（1959）で昭和初期の流行歌の文節カード利用による自動生成実験が行われて以来，樺島忠夫（1970）の生成語彙表の利用による昭和中期の流行歌，中野洋（1971）の中型計算機利用による昭和後期の流行歌というように，日本における歌詞自動生成の流れが定着した．以上の流行歌の生成実験の特徴は，ある時代の異なった作詞家による，多くの歌詞に基づいているため，いわばその時代の「流行歌一般」の文体，つまりは「時代文体」の自動生成実験であった点にある．なお，以下の実験の，自動生成の原理はシャノンの第二次近似だけに基づいている．水谷，樺島，中野の主な実験結果は以下のとおりである．

【実験結果】

(a) 昭和初期・水谷
　　並木の道を　何とせう
　　君が瞳に　愛の雨降る
　　宵の銀座の　柳の下で
　　待てば似る　儚ない影よ我心

(b) 昭和中期・樺島
　　あなたの仕草に　初めて逢うた．
　　涙が彼方に　輝く星空．
　　かくれて　泣いて　歩くんだ．

(c) 昭和後期・演歌・中野
　　涙の雨に　ぬれていた
　　裏窓に　むせび泣くよな
　　気がつきゃ　ここまで落ちていた
　　あの日の歌が　また今日は

(d) 昭和後期・フォークソング・中野
　　だめなんだ　だめなんだ
　　やさしい日　さあ　行ってもう
　　君にできるのは　ただあけてゆく
　　星のつらさが　わかる気がして

　以上のように，テクストとしての破綻は認められず，それぞれ各時代一般の疑似流行歌の生成に成功している．先に紹介したドイツのコンピュータ叙事詩とは比べものにならないほどに，まともな韻文になっていることは注目される．しかし以上の実験の成功を確認した後はどの研究者も実験をやめている．その主な理由は，研究のこれ以上の発展性は見込めないと判断したからではないかと筆者はみている．というのはその後，水谷は中型計算機利用による「俳句」の自動生成実験に移っているからである（水谷 1979）．ただ，実験を伴う研究の発展性の有無は，その実験を何十回，何百回と繰り返すなかでみえてくるものである．それではそのような試行錯誤をさきの研究者たちはなぜ行わなかったか．その原因を一言でいうと，「まだパソコンが身近な存在になっていなかった」ということにつきる．つまり，手作業の実験の場合，一つの歌詞の生成に時間がかかりすぎるわりには，破綻のないまともな歌詞がなかなか生成できないということである．また中型計算機の場合でも，当時の計算機は操作に手間がかかっただけではなく，漢字が扱えなかったことによるデータ整理の煩雑さもあった．

　2010 年代に入ると，工学者による自動作詞システムも発表されるようになる．「経路探索アルゴリズム」というこれまでとは異なった生成方法による発表もあったが（堀 2013），生成結果は歌詞の 1 フレーズしか提示されておらず，まとまった意味をもつ歌詞テクストが生成されたのかどうかについての言及はなかった．また，他の工学者による作詞補助システムもあるが（阿部・伊藤 2011），本書ではどちらも考察の対象外とする．

▶ 13.3 疑似ユーミンソングを生成する創作型人工知能システム

これらに対し，伊藤（1998a）では松任谷由実という一人のシンガーソングライターの歌詞だけを対象にしてパソコンによる研究・実験を始めた．これにより作詞家の個人文体の実験的研究をすることが可能となった．

13.3.1 対象とした歌曲

ユーミンが2011年までの40年間に発表してきた作品数は，ファーストアルバム『ひこうき雲』（1973）から『Road Show』（2011）までの36のオリジナルアルバムに収録されている358作品と，3枚のベストアルバムだけに収録されている8作品，そして，シングル盤だけで発表された6作品の，計372作品である．以下の自動生成実験では最大限この372作品に基づいて行っている．

13.3.2 三つの歌詞自動生成システム

伊藤が開発した歌詞自動生成システムは以下の三つに大別される．

(a) ルール1・2併用の半自動式システム（伊藤 1998a）
(b) ルール1・2併用の全自動式システム（伊藤 2001a）
(c) ルール1・3併用の全自動式システム（伊藤 2007a）

半自動式は，見出し語を基準にして歌詞生成を行い，作成された歌詞のテクストで不自然な部分がある場合は，ある範囲内での後編集（ポストエディット）を容認する方式である．例えば，自立語や語幹部分には変更を加えないが，助詞・助動詞や活用語の語尾などに対しては，歌詞の文法的な不自然さを解消するための訂正は容認される．この方式はまだパソコンがなく，手作業で実験を行っていた時代に70作品程度の少量のテクストでも有効な結果を得られるように考え出された方式である（水谷 1959）．ただし，実際に変更される部分は歌詞全体の10%以下であるため，ほぼ全自動といってよい．

全自動式は，シャノンらと同じ方式で，単語の出現形（文節形）を基準にして生成を行い，生成結果にはまったく手を入れないものである．この方式は300作品以上のテクスト量で有効性が高くなる．

「ルール1・2併用」とあるのは，単語の連結原理は第二次近似に従い，センテンスの連結原理（実際はセンテンスの最後の単語とつぎのセンテンスの最初の単

語の連結原理）は第一次近似に従っていることを意味している．また「ルール１・３併用」とあるのは，単語の連結原理は第三次近似に従い，センテンスの連結原理は第一次近似に従っていることを意味している．

　これまでのテキスト自動生成の実験では第二次近似による単語原理しか行われてこなかったが，伊藤（1998a）により第一次近似と第二次近似によるこの方法が発表された．この方法に関しては14.6節を参考にして実際に疑似ユーミンソングを作成すると理解が早い．

▶ 13.4　創作型人工知能が生成する「テクストらしさ」

　本来，パソコンによって「でたらめ」に並べられたはずの単語列でも，人間はそこからなんらかのメッセージを読み取ろうとする習癖がある．そして，その単語列に，例えば「時刻・時間・時」などという類義語がいくつかの離れたセンテンスに出てくると，それはただの単語列ではなく，ある結束性（まとまりのよさ）をもった「テクスト」のようにみえてくる．ここでは，Halliday and Hasan (1976) の理論に基づいて，疑似ユーミンソングで確認できる結束性（cohesion）と首尾一貫性（coherence）というテクスト性とテーマ性，そしてテクスト構造の生成状態を観察していく．

13.4.1　結束性とテクスト構造とテーマ性の生成

　以下の疑似ユーミンソングは70年代から90年代にかけてユーミンが作成した歌詞に基づいて自動生成されたものである．なお，5年ごとに作品をグループ化して，各グループ約70作品に基づいて行っているので，各グループの時代性を反映した疑似ユーミンソングということになる．なお，すべてルール１・２併用の半自動システムによっている．

a. 70年代前期の疑似ユーミンソング

「ビュッフェの中で微笑んで」（伊藤 1998a）

　　【Ａメロ】　朝陽に縁どられ始発にのれば　中央フリーウェイが右に見える
　　【Ｂメロ】　CAMPARIの氷のかすかな音が　耳の底でくりかえす
　　【サビ】　　私だけが綺麗になれるなんて　何かしら待っているのね

（1）　この歌詞では「楽しい恋」（現在進行型）というテーマ性が発生している．
　　そのため，暗いイメージの表現が見当たらず，明るいイメージの表現で占め

られている．これも広い意味での語彙的結束性といえる．
(2) なお，この歌詞は三つのパートから構成されるテクスト構造をもっているが，これを「Aメロ，Bメロ，サビ」という曲構造と解釈した場合はユーミンの既成曲「朝陽のなかで微笑んで」(1976) と「ダイアモンドの街角」(1987) のメロディーにのせることができる．また，ボーカロイド「初音ミク」に歌わせることもできる．詳しくは後述する．

b. 80年代前期の疑似ユーミンソング

「フィズの泡の中へ」(伊藤 1999a)

【Aメロ】　丘の上　ころがしたままの日よけと椅子
　　　　　ひどく冷たいフィズの泡の中へエスケイプ
【Bメロ】　ふりむけば　しばらくは地球も止まり
　　　　　二人でサクラ　見ていたわ
【サビ】　 Kobe girl　そばにいたいから
　　　　　Kobe girl　いちばん愛するため
【Cメロ】　グラスを空けましょう

(1) この歌詞では「楽しい恋」（現在進行型）というテーマ性が発生している．
(2) また，リフレインのような同義語による語彙的結束性が認められる．
(3) 連想語による語彙的結束性が認められる．「日よけ」—「ひどく冷たいフィズ」—「グラス」
(4) なお，この歌詞は「Aメロ，Bメロ，サビ」という曲構造と同じテクスト構造をもっているため，ユーミンの既成曲「タワーサイドメモリー」(1981) のメロディーにのせることができる．

13.4.2　首尾一貫性の生成

c. 80年代後期の疑似ユーミンソング

「砕け散った銀のミラー」(伊藤 1999d)

◎起　(a)　アラームレイディオ　デジタルの時刻
　　　(b)　ああ　時間を消さないで
　　　(c)　見送りたいの
◎承　(d)　時はあなたへの復讐
　　　(e)　見つめないで
　　　(f)　騙されない

◎転　(g)　砕け散った銀のミラー
　　　　　　　拾い集めても　もう誰も来ない
　◎結　(i)　駆け引きした夏のかけら
　　　　(j)　きらめく思い出は汚されない

(1)　「悲しい恋」（過去未練型）というテーマ性が発生している．
(2)　類義語による語彙的結束性のうちの「再叙（reiteration）」が認められる．「(a) 時刻，(b) 時間，(d) 時」
(3)　「恋の破局」を暗示する語彙的結束性が認められる．「(d) 復讐，(e) 見つめないで，(f) 騙されない，(g) 砕け散った」
(4)　連想語による語彙的結束性が認められる．「(g) 砕け散った銀のミラー，(i) かけら，(j) きらめく」
(5)　比喩（隠喩）による修辞的結束性が認められる．「(b) 時間を消さないで」と「(g) 砕け散った銀のミラー」と「(j) きらめく思い出は汚されない」は破局を迎えた恋であることを暗示する．
(6)　「起承転結」という首尾一貫性（coherence）とテクスト構造が認められる．

d.　90年代前期の疑似ユーミンソング

「Good-bye China Town」（伊藤　2000b）
　◎起　(a)　チャイナタウン　灯りが漏れる
　　　　(b)　ドアを開けたのね
　　　　(c)　仕度さえすませたのを
　　　　　　　きみはとっくに知って
　◎転　(d)　ByeBye　love
　　　　(e)　ファイバーの迷宮
　　　　(f)　ループから出られない
　　　　(g)　ジグソーのかけら最後のは
　　　　　　　わがままだから
　　　　　　　きかなかったのね
　◎承　(h)　ハンドルにもたれると
　　　　　　　サファイアの空に
　　　　　　　稲妻が落ちるように見えた
　　　　(i)　またひとつ　涙でゆがむミラー

(j) どうかしていたわ
◎結 (k) ByeBye　love
(l) ターコイスの
　　果てない空を翔けながら
　　にじみ出す街をあとにするけど
　　ひきとめないでね

(1) 「悲しい恋」(過去未練型)というテーマ性が発生している.
(2) リフレインのような同義語による語彙的結束性が認められる.
(3) 「起承転結」とストーリーという首尾一貫性とテクスト構造が発生している. ただし,「承」と「転」とは逆になっている.

13.4.2 テーマ生成語彙論

疑似ユーミンソングは,歌詞テクストとしての質はさまざまだが,「楽しい恋」の歌か(「ビュッフェの中で微笑んで」,「フィズの泡の中へ」),「悲しい恋」の歌か(「砕け散った銀のミラー」,「Good-bye China Town」)など,歌詞のテーマが明瞭に生成されているものが少なくない. ここからつぎのようなテーマ生成に関する仮説を立てることができる.

【テーマ生成語彙仮説】　テーマごとに歌詞を分類して,それぞれのテーマの歌詞に基づいて電子辞書(語彙)を作成すると,どの電子辞書を使うかによって,ある特定のテーマの歌詞だけを生成することができる.

各テーマの電子辞書は,各テーマの語彙モデルと見なすことができるが,その語彙間での比較対照を行うことにより,ユーミンの「基本語彙」と,各テーマの「特徴語彙」とを抽出することができる. そして,その「特徴語彙」が,「あるテーマのテクストを生成するための語彙」,つまり「テーマ生成語彙」であり,その特徴を研究する分野として「テーマ生成語彙論」を提唱した(伊藤 2001b). また,この仮説から考案されたのが前章で紹介した「構造語彙表」(伊藤 2008)である.

以下の疑似ユーミンソングはテーマ別に生成したもので,すべて全自動システムによっている.

(1) 「悲しい恋」のテーマの生成結果
　a 「アカシアのかおり」
　　アカシアのかおりが　今も恋しいのは　優しかった日の

まぼろしを見ていたから　今でもあなたにくぎづけ
　　　雨降りの線路を隔てて　みずいろのセーターがうるんでる
　b 「流れる午後」
　　　なごりおしい顔を合わせ　交す微笑みに　胸を痛め
　　　ああ　ひっそりと　心のまま　流れる午後
　　　ついてはゆけない　霧深い街の通りを
　　　かすめ飛ぶつばめが好きよ
（2）「楽しい恋」のテーマの生成結果
　c 「不思議なミラクル」
　　　あなたに引かれ　もう一度
　　　あんな気持で　夢を見て
　　　ほんの少し前　あなたに会えた
　　　不思議なミラクル
　d 「Uptown で おめでとう」
　　　ふり返れば　Uptown の灯りが溶け合う
　　　どこかで祝ってるわ　おめでとう
　　　それはお互いさま
　　　どちらか先に　結婚してゆくなんて
　　　まるで電光石火　結婚ルーレット

以上のようにテーマには「悲しい」とか「楽しい」といったような「感情」が必ず伴う．テーマ生成語彙仮説によれば，生成される歌詞のテーマをコントロールできるが，それは生成される歌詞に表現されている感情をコントロールすることをも意味する．この点が創作型 AI における感情に関する研究の特色で，その他の AI における感情に関する研究とまったく異なっているが，詳しくは終章で説明する．

▶ 13.5　創作型人工知能システムの改良

13.5.1　トリグラムによる全自動式システム

　これまでの日本での実験はルール２の第二次近似テクストモデルの生成実験までしか行われておらず，ルール３の第三次近似（トリグラム）以上の高次近似実験はまったく行われてこなかった．その原因は，高次近似の実験では元歌の復元

率が高くなりすぎるため，有効な実験は不可能と考えられてきた点にある．しかし，2007年にその解決策として「自立語・付属語単位」による方法が提案された（伊藤 2007a）．これまでの第二次近似の実験では文節単位によっていたが，その文節を自立語と付属語に分割して，それぞれを1単位として扱った点に特色がある．この方法により，少量の作品でも元歌の復元率の低い歌詞が容易に生成できるようになった．以下はその一例である．

「素敵なKobe girl」（伊藤 2007a）
　　今　素敵なKobe girl　きみだけを見ながら
　　ネオンも　青い青い河を流れ　あの娘は急にはしゃぎ出すの
　　おしゃれしたの
　　● 84a04-30872 ／ ● 84a04-30873 ／ 今 82a09-26167 ／ 素敵 83b03-28748 ／ な 83b03-28749 ／ Kobe girl 81b01-23060 ／ きみ 81b01-23061 ／ だけ 81b01-23062 ／ を 81b01-23063 ／ 見 81b01-23064 ／ ながら 81b03-23489 ／ ● 81b03-23490 ／ ● 83a07-27818 ／ ネオン 82a01-24867 ／ も 82a01-24868 ／ 青い 83a03-27043 ／ 青い 83a03-27044 ／ 河 83a03-27045 ／ を 83a03-27046 ／ 流れ 83a03-27047 ／ あの 81b01-23040 ／ 娘 81b01-23041 ／ は 80a01-18492 ／ 急 81b01-23099 ／ に 81b01-23100 ／ はしゃぎ出す 81b01-23101 ／ の 81b01-23102 ／ おしゃれし 81b01-23103 ／ た 81b01-23104 ／ の 81b01-23105 ／ ● 80a06-19031 ／ ● 83b05-29016 ／

13.5.2 「初音ミク」が歌い，「キャラみん」が踊るシステム

　いうまでもなく，疑似ユーミンソングはJポップの歌詞である．Jポップの歌詞は曲に合わせて歌うことが前提となっており，そこが自由詩と本質的に違う点である．歌詞自動生成の研究も歌詞作成までで終わると，それは未完成のままで終わることを意味する．つまり，自動作成された歌詞が曲に合わせて歌えることを証明する必要がある．

　疑似ユーミンソングのうちで最初に自動作成された処女作「ビュッフェのなかで微笑んで」がユーミンの既成曲「朝陽のなかで微笑んで」のメロディーにのることは，すでに伊藤（1998a）で報告している．その後，その他の疑似ユーミンソングのいくつかもユーミンの既成曲にのることが判明した．そのため，それらをボーカロイドの初音ミク[注1]に歌わせることが可能となった．

　さらに，その曲に合わせて「キャラみんStudio」[注2]の3Dキャラクターに踊ら

せることも行った．この点に関して，あえて学問的な価値をいえば，「ノンバーバル・コミュニケーション」の研究につながる可能性があることと，「シンガーソングライター・アンドロイド」（伊藤 1999e）のバーチャル版の実現という工学的意味もある．

現在は疑似ユーミンソングのなかでユーミンの既成曲に偶然にのる歌詞ができているという段階だが，この段階を一歩進めて特定の既成曲に合う疑似ユーミンソングを自動生成するシステムの開発が次の目標となる．これはいわば「曲先システム」である．

流行歌の作詞法は「詞先」と「曲先」に分かれる．詞先とはまず歌詞を作成して，それに曲を付ける方法である．「曲先」はそれとは逆でまず曲を作って，次にそれに合った歌詞を作成する方法である．中島みゆきが「詞先」で，ユーミンが「曲先」であることはよく知られている．

詞先システムはすでにできているといってよい．というのは，歌詞があればそれに合わせて自動的に曲を作成するというシステムはすでに複数開発されている．ただし，これまで開発された自動作曲システムはすべて各音楽スタイルの曲一般を生成しており，ある作曲家個人のスタイルの曲を生成しているわけではない．

疑似ユーミンソングに合った曲といえば，やはりユーミン風の曲ということになる（章末コラム参照）．実は疑似ユーミン曲もマルコフモデルで作曲が可能である．人工知能の研究テーマとしてはこれも興味深いが，研究順序としては歌詞の「曲先システム」の開発が優先される．そこで以下では「曲先システム」に関する研究成果を紹介していく．

▶ 13.6　Jポップソングのテクスト構造と曲構造

疑似ユーミンソングがユーミンの既成曲にのるということは，そのテクスト構造がその既成曲の曲構造に一致していることを意味している．以下では曲構造と

（注1）「ボーカロイド（VOCALOID）」は，パソコンで歌声を合成するヤマハが開発したソフトウエアである．2007年にヤマハから音声生成技術のライセンスを受けたクリプトン・フューチャー・メディア（札幌市）が発売した「初音ミク」（音声データは声優の藤田咲）が爆発的なヒットとなって一般に普及，広く知られるようになった．

（注2）「キャラみん Studio」は，音楽ファイルをパソコンに読み込ませると，その曲に合わせて3Dキャラクターが自動で踊り出すという AH-Software が2013年に開発・販売したミュージックビデオ作成ソフトである．

テクスト構造の対応関係について説明していく．

なお，ここでは三つの課題について説明していくが，それぞれの内容は緊密な関係をもっているため，まぎらわしいところがある．そこで，混乱を避けるために課題の説明順序を示しておく．

(a) Jポップ一般の曲構造
(b) ユーミンソングの既成曲の構造とテクスト構造
(c) 疑似ユーミンソングの曲構造とテクスト構造

13.6.1　Jポップ一般の曲構造

Jポップ一般の曲構造は「Aメロ，Bメロ，サビ」が基本単位となってそれらが組み合わされることによって構成されている．一般的な曲構造は，表13.1のようになっている．( )内は必須事項ではない．

13.6.2　ユーミンソングの既成曲の構造とテクスト構造

ユーミンの既成曲「冷たい雨」の曲構造は以下のとおりであるが，この構造はそのまま歌詞のテクスト構造ともなっている．

1番　【Aメロ】　冷たい雨にうたれて　街をさまよったの　もうゆるしてくれたって　いい頃だと思った
　　　【Bメロ】　部屋にもどって　ドアをあけたら　あなたの靴とだれかの赤い靴
　　　【サビ】　あなたは別の人と　ここでくらすと云うの　こんな気持のままじゃどこへも行けやしない

表 13.1　Jポップ一般の曲構造

イントロ	1番				2番			間奏	3番		アウトロ
	Aメロ	Bメロ	サビ	(間奏)	Aメロ	Bメロ	サビ		(Cメロ)	サビ	

a　Aメロは歌い出しの部分で，少しおとなしいメロディーの部分である．
b　Bメロは少し曲調が変わり徐々に盛り上がっていき，サビにつなぐメロディー部分である．
c　サビは一番聞かせたい部分で，曲がもっとも盛り上がって耳につきやすいメロディー部分でCMでよく流れるのはこの部分である．
d　Cメロは，これまでのメロディーとはまったく異なるメロディー部分である．
e　新しいメロディが出てくれば，DメロとかEメロとか，先頭から順番を数えてアルファベットが振られる．
f　英語ではAメロをverse，Bメロをbridge，サビをchorusという．なお，サビをBrdgeと呼ぶのはA-A-B-A形式のような1960年代の古いタイプの曲の場合である．

2番　【Aメロ】　冷たい雨が降るたび　あなたを思うでしょう　幸せにくらしてなどと
　　　　　　　　願えるはずもない
　　　【Bメロ】　夢の中に出てくるあなたは　やさしい面影だけでたくさん
　　　【サビ】　だけど信じられない　突然の出来事が　こんな気持のままじゃ　どこ
　　　　　　　　へも行けやしない
3番　【Cメロ】　彼女の名前教えないでね　うらむ相手はあなただけでいい
　　　【サビ】　涙こぼれるように　時もこぼれてゆくわ　指と指のすきまを　そして
　　　　　　　　いつか忘れたい
　　　【サビ】　涙こぼれるように　時もこぼれてゆくわ　指と指のすきまを　そして
　　　　　　　　いつか忘れたい

13.6.3　疑似ユーミンソングの曲構造とテクスト構造

　さきに紹介した疑似ユーミンソング「ビュッフェの中で微笑んで」はユーミンの既成曲「朝陽のなかで微笑んで」（1976）と「ダイアモンドの街角」（1987）にのり，「フィズの泡の中へ」が「タワーサイドメモリー」（1981）にのることはすでに指摘したが，これは曲構造とテクスト構造が一致しているためである．

　このようなテクスト構造ははじめから意図して構成したわけではない．情報理論の第一次近似と第二次近似の規則に従って機械的に語を並べることを繰り返すことで，自然に出現した秩序である．このように自律的に秩序をもつ構造を作り出す現象のことを「自己組織化（self-organization）」という．自己組織化は複雑系科学の中心原理の一つだが，詳細は後述する．

── ▶▶コラム　清水ミチコがユーミン風の曲を作って疑似ユーミンソングを歌う

　日本テレビ開局55周年記念番組『タモリ教授のハテナの殿堂』の「失恋した時，なぜユーミンの曲はグッとくるのか？」というコーナーで筆者の創作型人工知能が紹介された（2008年11月29日放送）．この番組のためにプログラムを変更し，キーワードをいれるとそのキーワードからはじまる2行のフレーズが作成されるようにした．出演していたタレントの新垣結衣，ベッキー，虻川美穂子がそれぞれ一語ずつキーワードを選んで実行したところ，以下のような疑似ユーミンソングが作成された．

　「さよなら媚薬」
　　ふり返れば　あなたが　見つめてるの　やさしい　プロポーズ
　　卒業写真の　面影が　波のように　光ってる

さようなら　あのときの　女神の気紛れで　恋は　このさい
都会に　置き去り　最後だけ　本当の　恋だから

泣きながら　ちぎった　シャツを　100回　刻んで　刻んで　刻んで
媚薬を　かける

　この疑似ユーミンソングにお笑いタレント・清水ミチコがユーミン風の曲をつけてピアノを弾きながら歌った．将来的にはこれと同じ自動作曲をパソコンで行うことを考えている．

第5部 創作型人工知能とは何か

第14章 機械的にラブソングを作る——失恋ソング生成語彙表の使い方

　巻末付録の「失恋ソング生成語彙表」をどのように使って，ユーミン風の失恋ソングを機械的に作成していくかを説明していく．

▶ 14.1　失恋ソング生成語彙表とは何か

　「失恋ソング生成語彙表」は手作業で失恋ソングの生成を機械的にできるようにした半自動生成のための語彙表である．生成原理は歌詞の自動創作システムと同じシャノンのルール1と2（第一次と第二次近似）に基づいており，パソコンで行われている作業を手作業で体験できるようになっている．

14.1.1　生成語彙表の元となった歌詞
　元となった歌詞はユーミンの全盛時代である1975～1987年の間に発表した次の6作品である．
　　「雨のステイション」(1975)，「冷たい雨」(1979)，「消息」(1982)，「Night Walker」(1983)，「パジャマにレインコート」(1986)，「霧雨で見えない」(1987)
　この6作品に共通しているのは「失恋の歌詞」という点である．さらにいえば，「振られた女」の「過去未練型」の歌詞で，「雨が降っている」という場面設定の歌詞だけを選んだ．そのため，生成される疑似ユーミンソングは「失恋の歌詞」だけということになる．つまり，前章で説明した「テーマ生成語彙仮説」の有効性を追体験できるわけである．

14.1.2　生成語彙表の構成
　生成語彙表は基本的には，五十音順に並べられた見出し語と，その見出し語の次に使われた文節リストから構成されている．例えば，以下の「あなた」の場合は，品詞「名・代」の後ろにある (14) はユーミンの歌詞6作品の中で「あなた」という形容詞は14回使われており，それぞれの「あなた」の後ろで使われた14の文節のリストがその後に続いている．その中の「1, 2　グレイの」は「1　グレイの　2グレイの」の簡略表記である．

あなた【貴方】名・代（14） 1, 2 グレイの, 3 飛んで, 4 友達に, 5, 6 運んで, 7 ハネを, 8〜13 むかえに, 14 私の

14.1.3　日本語の見出し語の代表形

見出し語の具体的なイメージは，国語辞書の見出し語に準じている．国語辞書の見出し語はつぎのような形をしている（ただし，形容動詞は普通は語幹だが，ここでは形容動詞語幹と名詞とは区別しているため終止形にしている）．

　　a　名詞　　　　　　　　　　→　助詞・助動詞がついていない形
　　b　動詞・形容詞・形容動詞　　→　終止形
　　c　副詞・接続詞・感動詞・連体詞　→　助詞がついていない形

このような形が日本語の見出し語の代表形ということになる．

14.1.4　日本語の語形の「ゆれ」と融合形の統一

日本語の語形の「ゆれ」とは，同じ語であるにもかかわらず発音の小さな違いにより語形が異なったままで定着した現象をいう．たとえば「ゆく」と「いく」，「よい」と「いい」などである．

この語形の「ゆれ」を放置しておくと，同じ語を違う語としてパソコンは認識してしまうので，以下のような統一を行っている．

　　「ゆく」と「いく」　→　「ゆく」，「よい」と「いい」　→　「よい」
　　「ている」　→　「て／いる」，「てる」　→　「て／イる」
　　「てゆく」　→　「て／ゆく」，「てく」　→　「て／ユく」，

たとえば，以下の【為る】の例では，後続文節で選ばれた番号が 5 であった場合は，後続文節の 5「いいでしょう」が選ばれることになる．しかし，「いい」は「よい」で統一されているので，つぎの見出し語を検索する場合は「よい」を検索することになる．

　　する【為る】動・補（5） 1 ●, 2, 3 誓った, 4 なったね, 5 いいでしょう

14.1.5　その他の記号の意味

生成語彙表の最初にある「○」は各歌詞の歌いだしを意味している．その後の (6) は「○」の度数で，その後の文節リストは 6 作品の歌いだしの 6 文節である．また，その次の「●」は文頭を意味しており，その後の文節リストには 6 作品には 79 の文が使われていることを意味している．その後には各文の文頭の文節が

79並んでいる．シャノンのルール1（第一次近似）はここで採用されている．
　以下の【見える】の例には，選ばれる文節リストのなかに「4 ＊」という記号があるが，このアスタリスクは歌詞の最後を意味しているため，これが選ばれた場合は生成作業は終了ということになる．また，「1～3 ●」が選ばれた場合は，「●」から作業がまた再開されることになる．
　　みえる【見える】動（4）　1～3 ●，4 ＊

▶ 14.2　失恋ソング生成語彙表による歌詞の自動生成法

　以下はパソコンの歌詞生成型 AI システムで作成された疑似ユーミンソングだが，これも失恋ソング生成語彙表で作成することができるので，この歌詞をモデルにして歌詞生成の練習をしていく．実験ではエクセルで乱数（でたらめな数）を発生させながら作業をしていくので，事前にパソコンに Excel を起動し，新規作成のシートを開いておく．実験過程は歌詞生成用ワークシートに記録しながら作業を進めていく．実験結果は表 14.1 のようになるので，これを参考にして歌詞生成用ワークシートを Excel で自作する．1 行目のタイトルと 1 列目の行番号を入力するとワークシートの枠組みが作成できる．

・失恋ソング生成語彙表による作例
　　「雨のプラットホーム」
　　　向い側　　ホームの端にあの頃のあなた
　　　わたしを置いてゆくのなら　せめてみんな持ち去って
　　　あなたが私のことを傷つけて　つらいとひとに云わないで
　　　きらったのじゃないと云った　探しはしないと誓った
　　　こんな激しい雨　音も無く　かすかに海の匂いがした

　① まず，語彙表の最初の見出しである「○」か「●」のどちらかを選ぶ．ここでは「○」から始めることにする．「○（6）」とあるところから，「○」の後ろに並んでいる文節は 6 あることがわかるので，作業シートの任意のセルに「=rand()*6」という関数を入力して ENTER キーを押すと 1 から 6 までの範囲の乱数が自動的に発生する．いまその乱数が「4.889644」だったとする．この場合は小数点第一位を四捨五入して，「5」を乱数と決定する．文節リストのなかの 5 は「向い側」なのでそれが選択される．シャノンのルール 1 （第一次近似）はここで採用されている．

② なお,「=rand()*6」という関数を他のセルにコピーして Enter を押すたびに「6」を最大値とする異なった数値が毎回表示される.

③ 歌詞生成用ワークシートの1行目の「見出し語」の下に「○」,「番号」の下に「5」,「直後の文節」の下に「向い側」を入力する.

④ つぎに「向い側」という文節の見出し語は「むかいがわ」になるので,語彙表の見出し語「むかいがわ」を検索すると,「むかいがわ【向い側】名(1) 1 ホームの」とあり,直後の文節は「ホームの」だけしかないので,それが自動的に選択される.

⑤ ワークシートの2行目に「むかいがわ」,「1」,「ホームの」を入力する.

⑥ 文節「ホームの」の見出し語「ほおむ」を語彙表から探すと,「ほおむ【(プラット)ホーム：(plat) form】名(2) 1 すべり込んで,2 端に」となっている.なお,見出し語は外来語の場合でもひらがなが使われる.また,長音符ではなく,直前のかなの母音を使う(例：ワーク→わあく,シート→しいと).

⑦ 最大値が2なので,関数を「=rand()*2」に変更して Enter を押すと「2.12143」となったので「2」が採用され「端に」が選ばれる.

⑧ ワークシートの三行目の空欄に「ほおむ」,「2」,「端に」と入力する.

⑨ 「端に」の見出し語「はし」を探すと,「はし【端】名(1) 1 あの」となっているので,「あの」が自動的に選択される.

⑩ 以上のような作業を繰り返していくと表14.1の結果となる.

⑪ ワークシートの「直後の文節」の列の文節を横に並べて,●を取り去り,

表14.1 歌詞生成用ワークシートの記載例

行	見出し語	番号	直後の文節
1	○	5	向かい側
2	むかいがわ	1	ホームの
3	ほおむ	2	端に
4	はし	1	あの
5	あの	1	頃の
6	ころ	1	あなたへ
7	あなた	14	私の
8	わたし	3	置いて
9	おく	2	ゆくのなら
10	ゆく	7	せめて
11	せめて	2	みんな
12	みんな	2	持ち去って
13	もちさる	1	あなたが
14	あなた	14	私の
15	わたし	7	ことを
16	こと	7	傷つけて
17	きずつける	1	つらいと
18	つらい	1	ひとに
19	ひと	2	云わないで

行	見出し語	番号	直後の文節
20	いう	1	●
21	●	26	きらったのじゃ
22	きらう	1	ないと
23	ない	2	云った
24	いう	1	●
25	●	40	探しは
26	さがす	1	しないと
27	する	2	誓った
28	ちかう	1	●
29	●	39	こんな
30	こんな	3	激しい
31	はげしい	2	雨
32	あめ	5	音も
33	おと	2	なく
34	ない	3	かすかに
35	かすかだ	1	海の
36	うみ	1	匂いが
37	におい	1	した
38	する	1	●

意味のとおりがるいところの助詞・助動詞や活用語の活用語尾だけを手直しする.
⑫　ただし，自立語の入れ替えや語幹部分の手直しは行なわない．この過程をワークシートの下に書き込む．

　　　向かい側ホームの端にあの頃のあなたへ
　　　　　　　　　　　　　↓
　　　　　　　　　　　　　トル

　　私の置いてゆくのならせめてみんな持ち去って
　　　↓
　　　を

　　あなたが私のことを傷つけてつらいとひとに云わないで●
　　　　　　　　　　　　　　　　　　↓
　　　　　　　　　　　　　　　　　　トル

　　きらったのじゃないと云った●探しはしないと誓った●
　　　　　　↓　　　　　　　　　　　↓
　　　　　　トル　　　　　　　　　　トル

　　こんな激しい雨音もなくかすかに海の匂いがした●

⑬　歌詞らしくなるように，字配りや改行などのレイアウトを行ってできあがりとなる．できれば，タイトルも付ける．

　　「雨のプラットホーム」
　　向い側　ホームの端にあの頃のあなた
　　わたしを置いてゆくのなら　せめてみんな持ち去って
　　あなたが私のことを傷つけて　つらいとひとに云わないで
　　きらったのじゃないと云った　探しはしないと誓った
　　こんな激しい雨　音も無く　かすかに海の匂いがした

⑭　今回の作例では，訂正が必要だったのは「あなたへ→あなた」と「私の→私を」だけだったので，ほぼ全自動といってよい．

第5部　創作型人工知能とは何か

終章　歌詞創作型 AI 研究の意義

本章では，次の諸分野からみた歌詞創作型 AI 研究の意義について考察した．
　科学的研究方法，人文科学，文学研究，感性工学，複雑系，言語学

▶ 15.1　科学的研究方法からみた歌詞創作型 AI

15.1.1　これまでの科学的研究方法──要素還元主義

　これまでの科学的研究手法は，「複雑な全体を分解して部分を調べることで全体を理解しようとする」ものであった．歌詞分析でいえば，ある歌詞のグループ（複雑な全体）を文節ごとに分解して構造語彙表を作成し，その語彙表の多くの区画に配分された見出し語のグループ（単純な部分）を調べることで，その歌詞の特徴を明らかにすることに例えられる．このような科学的研究手法を「要素還元主義（element reductionism）」という．

　要素還元主義のもとになる考え方は，デカルト（R. Descartes, 1596-1650）の『方法序説』第 5 部（1637）で提示された．デカルトは，世界は時計仕掛けに似ており，部品を個別に研究したうえで，最後にその部品を組み上げ全体を大きな構図でみれば時計が理解できるように，世界もわかるはずだと考え，以下の四つの規則を提起した．第一規則（明証性）：ものごとは速断や偏見を排し，疑いをもって対処せよ．　第二規則（分析）：複雑な現象は，それを構成する要素に還元し，その性質・構造を明らかにせよ．　第三規則（要素再構成論）：それらの要素から推理して複雑な現象全体を理解せよ．　第四規則（枚挙）：これらのことを見落としなく広く行え．

　以上の四つの規則は，近代科学の方法と思想に多大な影響を与え，科学の進歩に大きく貢献した．しかし，後世の研究者によって第二規則（分析）ばかりが強調され，第三法則（要素再構成論）はほぼ無視された．しかも一部の要素だけに言及してそれだけで事足れりとする研究者も現れることにより要素還元主義が生まれた．

15.1.2 これからの科学的研究方法—ホーリズム（全体論）

これまでの科学の問題点を克服するために，今後の科学に求められている方法論的視点はホーリズム（holism，全体論）である．ホーリズムとは，ある体系（システム）全体は，それの部分の算術的総和以上のものである，という考えである．あるいは，全体を部分や要素に還元することはできない，とする立場である．すなわち，部分を個々に理解してもシステム全体を理解することにはつながらないという考え方である．部分や要素の理解だけでシステム全体が理解できたと思い込んでしまう要素還元主義と対立する．ホーリズムの概念の起源はドイツ・ロマン主義の自然哲学者・シェリング（F. W. J. Schelling, 1775-1854）の「有機的組織化」（Organisation）の概念にさかのぼることができ，後のシステム論やゲシュタルト心理学との親和性が高い（野家 1998）．この考えは後述する「複雑系」科学のなかの「自己組織化」として発展していくことになる．歌詞創作型 AI はこのホーリズムによる研究として位置づけられる．

▶ 15.2 人文科学からみた歌詞創作型 AI

伝統的な人文科学の研究方法は文献学的方法であるが，その一方で統計を分析方法とした計量言語学や計量心理学などの新しい分野がある．人文科学の目的は「人間とは何か」の解明にあるが，新旧の分野ではそれを解明する内容と方法には当然のことながら違いが出てくる．伝統的な人文科学では，文献の記述に対する解釈の論理的整合性だけでその目的を達成しようとする．一方，新分野では統計的な実験と観察を通して，人間の脳内で行われている言語や心理に関わる機能を類推しようとする．歌詞創作型 AI の研究は後者に位置づけられる．

15.2.1 人間と機械のテキスト生成過程の関係

機械によるテキスト自動生成の仕組みは，言語モデルの第二次近似などの単純な規則から成り立っていることは前述した．つまり最初に選んだ単語の次に使われた単語のグループのなかから一つの単語を無作為に選ぶということだけである．その作業をテキストの最初の単語から一語ずつずらしながら繰り返していくとテキストが創作される．人間がテキストを作るときに，これとまったく同じ思考活動をしているとは思わないが，本質的にはこのテキスト自動生成の仕組みと類似する活動をしているのではないかと類推している．

テクストは多くのセンテンスによって構成されるため，その作成者はまず自分の考えをセンテンスという形に変えなければならない．センテンスは一次元の文字や音の列で表現されるが，作成者の頭のなかにある考えは必ずしもそうではなく，二次元や三次元，あるいはもっと曖昧模糊としたイメージとして浮かんでいる．そのような考えを一次元のセンテンスに変換していく作業は，テクスト，とりわけ「書き言葉」のテクストを書きなれていない作成者ほど思考活動の量が多くなり，苦痛を伴うものとなる．

その典型例として大学生の卒業論文の作成が挙げられる．その思考活動は作成者の考えを整理し，他人にもわかるようなより明確な考えにしたうえで客体化・視覚化していくことになる．そのため，センテンスにする以前には思いもつかなかったようなアイデアが浮かぶこともある．そのアイデアをセンテンスとして文字化することにより，作成者の脳は刺激され，さらに新しいアイデアが生まれてくる，ということを繰り返す．ここに「思考の連鎖」が生まれ，思考は次第に深くなっていく．そのため，執筆前には考えもしなかった結論に達することはごく普通に起こる．つまり，テクストを書くことは思考活動そのものであり，文芸評論家の小林秀雄が「私は書きながら考えている」といったのは，まさにこのことを指している．

以上はセンテンスをテクストの構成単位として説明してきたが，実際はそれだけではなく，単語や句，あるいは段落なども新しいアイデアを生む刺激剤となる．さきに説明した作成原理は，単語を刺激剤としたテクスト作成モデルとして位置づけることができる．

15.2.2　歌詞の創作過程とテーマの発生

歌詞の創作においても本質的には同じことが起こっている．作詞家がもっているあるイメージはことばで表すことによってはじめて具体的なものとなる．そして，そのことばが刺激剤となり，さらに新たなイメージやことばへとつながっていく．この思考活動を繰り返すことで一つの歌詞ができる．その歌詞は形のうえでは単語を並べたものだが，内容面では単なる単語の意味の総和ではなく，歌詞全体で一つのテーマを表すようになる．ここにホーリズムの現象が表れている．

例えば，さきに紹介した「雨のプラットホーム」の歌詞は，まさに機械的に単語を並べたものだが，全体としては「過去の恋への未練」とでもいうべきテーマを表しており，そのテーマによって全体が一つの歌詞としてまとまっている．こ

の「まとまりのよさ」のことを「結束性（コヒージョン）」というが，テクスト言語学や談話分析では「文章を文章たらしめている特質」，つまり「テクスト性（テクスチャー）」の一つと考えられている（Halliday and Hasan 1976）．

▶ 15.3 文学研究からみた歌詞創作型 AI

歌詞創作型 AI よりも以前に「機械的に文学作品を作る」という文学運動がパリで起こっている．

15.3.1 パリの実験文学グループ「ウリポ」の実践活動のために

1960 年，パリで結成された「ウリポ（Oulipo）」（正式名称：ポテンシャル文学工房 Ouvroir de littérature potentielle）は，テクスト作成に際して，ことばの使用法に一定の形式的制限や操作を加えることにより，「ことばのもつ潜在的可能性」あるいは「ことばの自己増殖作用」を掘り起こし，「新たな文学生産の方程式」を見出そうとした．

ウリポの中心人物であった詩人クノー（R. Queneau, 1903-1976）の『百兆の詩篇（Cent Mille Milliards de Poèmes）』（1961）のテクスト合成法は，創作型 AI の合成原理と共通するところが多い．つまり，10 篇のソネット（14 行詩）の各行を切り離し，各ソネットのなかから好きな 1 行を選び，それらを組み合わせて自分だけのソネットを 1 篇編むことができる．この作業をすべての行を使って完全になしとげると，計算上は百兆篇のソネットが作成されることになる．

このような創作活動のなかでは，作家主体は消滅の方向へ向かうことになる．歌詞創作型 AI では，実在する作詞家の松任谷由実は消滅し，パソコンとプログラムとファイルから構成されるバーチャルな作詞家として，作詞アンドロイド・ユーミン＝歌詞創作型 AI が新たに想定されることになる．

創作型 AI は以上の実験的文学活動の「新たな文学生産の方程式」を発見するための道具として位置づけることができる．

15.3.2 現代文学理論の研究のために

『百兆の詩篇』の刊行後，その実践に対応する理論がフランス思想界に移入された．ただし，直接的な関係はないと考えられている．そのキーワードは「間テクスト性（inter-textualitee）」（相互テクスト性とも）で，1965 年 12 月にブルガ

アからパリにやってきたクリステヴァ（J. Kristeva, 1941〜）によって提唱された．つまり，「どのようなテクストもさまざまな引用のモザイクとして形成され，テクストはすべて，もうひとつの別なテクストの吸収と変形にほかならない」(Kristeva 1969，邦訳・第 1 巻，p.61) とか，「テクストは，さまざまなテクストの相互変換関係，すなわち相互テクスト性である．つまり，あるテクストのもつ空間のなかでは，別のさまざまなテクストからとられた複数の言表が絡まりあい，中和しあっているのだ．」(Kristeva 1969, 邦訳・第 2 巻, p.120) というものである．ただし，この理論はロシア・フォルマリズムの文学理論家バフチン（M. M. Bakhtin, 1895-1975）の「多声性（ポリフォニー）」の理論を発展させたものである．

　クリステヴァはパリの高等研究実習院では，ポスト構造主義の思想家で評論家のバルト（R. Barthes, 1915-1980）のセミネールに参加しており，いわば師弟関係にある．その後，間テクスト性のアイデアは師匠であるバルトに大いなる感化を与え，「作者の死」という画期的な論文に繋がった．「われわれは今や知っているが，テクストとは，一列に並んだ語から成り立ち，唯一のいわば神学的な意味（つまり，「作者＝神」の《メッセージ》ということになろう）を出現させるものではない．テクストとは多次元の空間であって，そこではさまざまなエクリチュールが，結びつき，異論をとなえあい，そのどれもが起源となることはない．テクストとは，無数にある文化の中心からやってきた引用の織物である」（Barthes 1968）と主張している．

　発表年はクリステヴァの方が 1 年遅れているが，バルトが弟子のアイデアに感化されたと推定されている（土田 2000）．これらの主張は，「作家主体の不在」（バルトの「作者の死」）という点で，ウリポの活動原理と共通している．

　創作型 AI は現代文学理論の研究を深めるための有力な道具ともなる．

▶ 15.4 感性工学からみた歌詞創作型 AI

15.4.1 人工知能における感情

　人工知能における「心・感情・感性」に関する研究については，学会誌『感性工学』2015 年 12 月号の特集「感性ロボット」や，学会誌『人工知能』2016 年 9 月号の特集「人工知能と Emotion」で最新の状況を読み取ることができる（2016 年 10 月現在）．前者では，ロボットに感情を埋め込む方法の可能性について議論

され，後者では，今後何が研究課題となりうるかをテーマに，感性会話型ロボットをはじめとする知的対話システムなどの最先端の研究が紹介されている．以上のように現在の人工知能における感性に関する研究は「ロボットにいかにして感性をもたせるか」が中心テーマであることがわかる．ただし，対話システムにおける感情は工学的な取組みが難しいためあまり研究は進んでいない．

感情という概念は，あまりにも多様かつ曖昧なため，語を明確に定義することは困難である．心理学における感情の理論は，「基本感情説（カテゴリカルな感情を前提とする）」と「次元説（連続的な感情を前提とする）」の二つに区別される．

「基本感情説」における感情カテゴリーの例としては，プラチックの8つの基本感情「喜び，信頼，心配，驚き，悲しみ，嫌悪，怒り，予測」を中心とする「感情の輪」(Plutchik 2001) や，エクマンらの6種類の基本感情「怒り，嫌悪，驚き，幸福，恐れ，悲しみ」などがある (Ekman 1972)．

「次元説」における感情のカテゴリーは感情空間の位置を示すだけであり，重要なのはその空間を定義する次元にある．ラッセルの感情円環モデルは，すべての感情は「pleasure（快）— displeasure（不快）」と「arousing（覚醒）— sleepy（眠気）」の二次元平面に存在し，極座標ベクトルの方向および大きさをそれぞれ感情の種類と強さとして表現する (Russell 1980)．

対話システムは以上のような感情のカテゴリーに従って動作するものが多い．一般に大人の対話では喜び以外の感情を表面化させることは稀なため，怒りや驚きといったその他の典型的な感情は対話テキストには現れにくい．そこで対話テキスト処理における感情は，極性（ポジティブ・ネガティブ）で展開されてきた．

対話テキスト処理における感情は，(1) 書き手の感情，(2) 読者がテキストを読むことで受ける感情，(3) テキスト自体に含まれる感情，の3種類があり，それぞれの観点から感情認識の技術が開発されてきた．

15.4.2 歌詞創作型 AI における感情

歌詞創作型 AI における感情に関わる研究は「歌詞のテーマ生成のコントロール」がテーマの中心となる．その基本理論は第13章で紹介した以下の「テーマ生成語彙仮説」で，その研究分野は「テーマ生成語彙論」となる．

「テーマごとに歌詞を分類して，それぞれのテーマの歌詞に基づいて電子辞書（語彙）を作成すると，どの電子辞書を使うかによって，ある特定のテーマの歌詞だけを生成することができる．」

この仮説に従って，テーマが共通する既成の歌詞を集めて，それに基づきテーマ違いの電子辞書を作成すれば，どのテーマの辞書を使ってプログラムで処理をするかによりそのテーマの歌詞だけを創作しつづけることになる．歌詞に反映されるテーマには必ず感情が伴う．つまり，歌詞創作型 AI では生成する感情表現だけを行うので，必然的に前項の「(3) テキスト自体に含まれる感情」をもっぱら扱うことになる．

前述したとおり，対話テキストには感情は現れにくいが，歌詞テキストでは感情が現れるのがむしろ普通である．そのため，歌詞創作型 AI では感情を極性だけに限定する必要はなく，典型的な感情はもちろん，以下のような周辺的な感情も候補に入れて研究を進めることができる．「ドキドキ，ワクワク，期待，悩ましさ，切なさ，思い切る，とまどい，絶望，懐かしさ」など．以上のようなテーマと感情の対応関係については，第 6 章の表 6.8 に示してある．

また，テーマが共通する歌詞を集めるためには，テーマ分析が必要になる．第 6 章では，その分析方法を解説し，第 7 章から第 9 章まではその応用事例を紹介した．

▶ 15.5　複雑系からみた歌詞創作型 AI

15.5.1　複雑系とは何か

「複雑系（complex system）」とは，簡単にいうと「単純な個体の相互作用から生まれた複雑な体系（システム）」のことである．ただし，以下の二つの条件をクリアーすることが前提となる．各個体は他の個体との相互作用のための簡単なルールに従うことが求められる．さらに，複雑な体系はただの個体の単純な集合ではなく，体系全体をみたときに表れるプラス α の新しい性質をもっていることが求められる．以上の条件をクリアーした体系が複雑系ということになる．

複雑系の対象は，自然現象から人間の営みに至るまで広範囲にわたり，その理論は複雑な現象の科学的解明に有力な手掛かりを提供している．また，分野としては，言語学，芸術学，経済学，社会学にも応用されている．

複雑系は 1980 年代後半に注目を集めるようになったが，本質的には 1950 年代に米国の数学者・ウィーナー（N. Wiener, 1894-1964）が考案した情報科学・サイバネティックスと重なっている部分が少なくない（Wiener 1948）．

複雑系の典型的な例として，鳥の群れが空を飛んでいる状態がよく挙げられる．

つまり，個々の鳥は独立して飛んでいるが，それが大群になるとその大群がまるで意志をもった一つの生命体のように統率が取れた動きをする．例えば，左右どちらに曲がるときでも全体がまとまって曲がり，乱れが生じない．

このような複雑な動きは，個々の飛んでいる鳥の単純な集合の動きにプラス a をした新しい性質であることは明らかである．この点は複雑系の条件の二つ目をクリアーしていることがわかる．それでは一つ目の条件である「各個体は他の個体との組み合わせのための簡単なルールに従う」はクリアーできるか．生物としての個々の鳥にこの点を確認することは不可能である．

15.5.2 人工生命からみた歌詞創作型 AI

この問題は人工生命の研究によりクリアーされた．人工生命とは，人間によって作製された生命のことである．その種類には「コンピュータ・ソフトウェア，ロボット，生化学」の三つがあるが，複雑系に関係するのはソフトウェアだけである．そのソフトは生物の振る舞いや進化の仕組みなどのシミュレーションプログラムである（上田 1995，白石 1995）．

1987 年に米国のアニメーション・プログラマーであるレイノルズ（C. Reynolds, 1953〜）は「ボイド（boids）」という人工生命シミュレーションプログラムを開発した（C. Reynolds 1987）．このプログラムは CG で鳥の群れの動きをコンピュータ上で再現することができる．その統率された動きは，個々の CG の鳥をつぎの三つのルールに従わせるようにしただけで再現できたのである．

① 分離（separation）
鳥と鳥がぶつからないように一定の距離をとる．
② 整列（alignment）
鳥と鳥が同じ方へ飛ぶように速度と方向を合わせる．
③ 結合（cohesion）
群れからはぐれてしまわないように，鳥が鳥の群れの中心へ近づくようにする．

以上のわずか三つのルールに従っているだけなのに，鳥の群れはいきいきと本物そっくりに仮想空間のなかを飛びまわったのである．例えば，大群の正面に障害物があると，それを避けるために二つに分かれるが，障害物の両脇を通り過ぎるとまた合流して一つの大群に戻る，といった複雑な動きまで再現された．このような CG の鳥をボイド（boids）というが，この語は「bird（鳥）」の「b」と，「android（アンドロイド）」の接尾辞「-oid（のようなもの）」との合成語で「鳥

もどき」という意味である．この技法は「マルチエージェントシミュレーション」とも，「ボイドモデル」とも呼ばれており，その動きの生々しさは世界に衝撃を与えた．以後，改良されたアルゴリズムが映画のCGアニメーションなどに応用されている．例えば，ディズニー映画『ライオン・キング』(1994)のヌーの大群が暴走するシーンなどで活用されている．

以上の人工生命のシステムと歌詞創作型AIのシステムとは，どちらも「創発システム」であるという点で本質的にはよく似ていることがわかる．

15.5.3 創発システムとしての歌詞創作型AI

以上の複雑系を生み出しているのは「創発 (emergence)」という現象である．創発とは「単純な個体が多数集まって局所的な相互作用を繰り返すことにより，個体の振る舞いからは予測できないような体系を生成する現象」のことである．この定義は前述した「複雑系」の定義とほとんど重なっている．両者の違いは「複雑系」とは構築される体系そのものを意味しているのに対し，「創発」とはその体系を生み出す現象を意味している点にある．そのため，「創発する」という動詞形も使われる．

この創発という用語を使うと，前述の複雑系の定義は以下のように厳密化することができる．複雑系とは「単純なルールに従う個体の相互作用から創発された複雑な体系」のことである．

前項ではボイドという人工生命シミュレーションプログラムを紹介したが，これと本質的に同じ現象は，歌詞創作型AIによる歌詞テクストの創作過程に認めることができる．その原理は，(前述したとおり)情報理論を提唱したシャノンの第一次近似と第二次近似単語列の作成原理に基づく．つまり，基本的にはでたらめに単語を並べていくのだが，完全なでたらめではなく，つぎのようなルールに従う．実際のテクストで，ある単語aのつぎにくることができる単語は限られており，それらはあるグループを形成している．そのグループ内の単語はみな同じ頻度で単語aのつぎに出現するわけではなく，よく出現する単語もあれば，あまり出現しない単語もある．そのような出現確率の違いが反映できるように，でたらめに選んで並べていくのである．これを繰り返すと，歌詞テクストを自動創作させることができる．

以上のように，歌詞テクストの構成ルールは，個々の単語に関するものしかなく，そのルールに従って隣り合う単語同士の相互作用が繰り返される．そのこと

で一つの歌詞が創作されるわけだが，創作される歌詞テクストには結束性や首尾一貫性，さらにはテーマ性やテクスト構造といった単なる単語の集合には表れない，プラスαの新しい性質が生まれている．ここには明らかに，「ホーリズム」と「創発」と「自己組織化」の現象が認められる．

以上の創作過程は，人工生命研究でおおむね合意されている以下の原理のすべてと符合している．(1) 問題をボトムアップ的に開始する．(2) 個々の要素は局所的な環境で反応する定義を持っている．(3) 自分以外のすべての要素に指示を出す要素や，全体の構造や行動を制御するルールはない．(4) 全体の振る舞いは明示的ではなく創発する．

一般に人工知能はトップダウンの手法を用いるが，人工生命システムではボトムアップの手法を用いる点にも両者の共通点が認められる．

以上のように，歌詞創作型 AI はまぎれもなく創発システムなのである．

15.5.4　自己組織化システムとしての歌詞創作型 AI

自己組織化（self-organization）とは，自律的に秩序をもつ構造を作り出す現象のことである．自然界の現象では，雪の結晶の生成，シマウマのゼブラ模様，心臓の鼓動，思考や学習に伴って脳内などで起こる神経回路の構築などが自己組織化の例として挙げられる．

米国の経済学者・クルーグマンが自己組織化モデルとして展開したアプローチは，「不安定から生じる秩序」と「ランダムな成長から生じる秩序」の二つの原理から，不況の原因や景気循環のメカニズム，また企業の立地の変遷の仕組みや，都市がどのように形成され発展するかなどを読み解いていくものである（Krugman 1996）．進化経済学（evolutionary economics）の一部には，経済の進化や技術や市場経済そのものが自己組織化の結果だと指摘されている（Foster 1997, Beinhocker 2006, Geisendorf 2010）．

米国の理論生物学者・カウフマンは，生物の複雑多様な進化や秩序ある生物世界の多くは自然淘汰や突然変異ではなく，自己組織化により自然発生的に生まれたと説く．分子から細胞が組織され，細胞は生物を形作り，そして生物が集まり組織化されることで生態系が生まれることや，さらに，この理論によりカンブリア紀の進化のビックバン，生命の必然性，経済システムから，民主主義の生まれた理由にいたるまでを説明する（Kauffman 1995）．

先に紹介した疑似ユーミンソング「ビュッフェの中で微笑んで」の曲構造は以

下のとおりであった．この疑似ユーミンソングがユーミンの既成曲「朝陽のなかで微笑んで」の曲構造に対応しており，初音ミクに歌わせている．

　【Aメロ】　朝陽に縁どられ始発にのれば　中央フリーウェイが右に見える
　【Bメロ】　CAMPARIの氷のかすかな音が　耳の底でくりかえす
　【サビ】　私だけが綺麗になれるなんて　何かしら待っているのね

　以上のような曲構造は一つのテクスト構造を構成している．このような構造ははじめから意図して構成したわけではなく，情報理論の第一次近似と第二次近似の規則に従って機械的に語を並べることを繰り返すことで，自然に出現した秩序である．このように自律的に秩序をもつ構造を作り出す現象は自己組織化そのものである．

　カウフマンは，生物界では分子から細胞が組織され，細胞は生物を形作り，そして生物が集まり組織化されることで生態系が生まれると指摘した．それと同じような現象がこの歌詞の生成過程でも確認できる．つまり，まず【Aメロ】のセンテンスが生成されるが，センテンスは一つの文構造をもっているので，この段階で第一次の自己組織化が行われているわけである．続いて，【Bメロ】，【サビ】と第二次，第三次の自己組織化が行われて，歌詞の作成作業が終わる．さて，作成作業が終わった後で，歌詞全体を観察すると，【Aメロ】【Bメロ】【サビ】という曲構造，つまりはテクスト構造が構成されている．ここに一段階高い自己組織化が確認できる．

　以上のように歌詞創作型AIは自己組織化のための実験システムとしても重要な意義が認められるのである．

15.5.5　カオス理論からみた歌詞創作型AI

　ここでは，歌詞創作型AIが採用する情報理論のルールにより，異なった性質のテクストが自動生成されるが，それらはカオス理論（chaos theory）の基準で区分される三つの領域に分けることができることを示していく．

　「カオス」とは一見無秩序的にみえる動きをしているが，実際はあるルールに従っている系（システム）をいう．そのルールが変わることにより，自己組織化が行われれば，秩序のある系が生まれることになる．完璧な秩序になる前のゆるやかな秩序の系を「カオスの縁」（edge of chaos）という．歌詞創作型AIが創発をおこして，まとまりがよい歌詞を創作するのはこの領域においてである．

　研究分野によって，カオスの縁には違いがある．力学では，秩序とカオスの中

間である複雑系をさし，また，物質科学では，固体と流体の変わり目となる相転移をさし，さらに，情報処理では，停止と暴走の中間である決定不能性をさしてカオスの縁という．歌詞創作型 AI におけるカオスの縁は力学に近い．

歌詞創作型 AI が生成するテクストの領域は「カオス域」，「カオスの縁の域」，「秩序域」の三つに区分される．

(1) 「カオス域」：　混沌の領域．「カオス・テクスト」が生成される．

情報理論の言語モデルのルールのうち第 0 次か第一次近似かのどちらかによって生成されるテクストで，つねにまともなテクストからはほど遠い，混沌として無意味な単語列のあつまり，つまり「カオステクスト」が合成される．

(2) 「カオスの縁の域」：　豊穣の領域．「創発」の場．「創発テクスト」が創作される．

情報理論の言語モデルのルールのうちの第一次から第三次近似列までの併用によるテクストで，引用元のテクストにはない表現によるオリジナルな歌詞テクストが生み出される．歌詞テクストには結束性や首尾一貫性やテーマ性だけではなく，テクスト構造も自己組織化される．

(3) 「秩序域」：　不活性領域．複雑系の科学では「死の世界」と呼ばれる．「秩序テクスト」だけが生成される．

情報理論の言語モデルのルールのうちの第四次近似以上の高次近似列によるテクストで，つねに引用元のテクストと同じものだけとなり，テクストは固定化され実験の意味がなくなる．

▶ 15.6　言語学からみた歌詞創作型 AI

15.6.1　伝統的言語学と複雑系言語学

伝統的言語学の研究方法は「分析（analysis）」だけで，言語の複雑な現象を細かい要素に分けて，言語の特質・構造・法則などを明らかにしてきた．

複雑系言語学の研究方法は「合成（synthesis）」を主とし，「分析」を従とする新しい言語学である．テクスト作成という複雑な現象をパソコン上で再現することにより，言語という「複雑系」の仕組み，さらには脳内における言語機能の理解を目的とする．

15.6.2 複雑系言語学の方法論

複雑系言語学では，伝統的言語学の分析結果を合成に利用するので，分析は合成の前提となる．合成結果を観察することにより，最初の分析の間違いや不十分な点，合成方法の問題点などを明らかにして修正する．その結果をさらに合成に利用する，ということを繰り返す．このような作業サイクルを通じて，言語のメカニズムを解明していくのである．

「複雑系科学」では，このような理解の仕方を「構成的手法（constructive method）」，あるいは「構成的アプローチ（constructive approach）」という．この手法はもともと工学で用いられてきたものだが，科学的な理解の方法として用いられるようになったのは，1990年代に入ってからである（金子・津田 1996）．「構成的手法」は，実際にはパソコン上にモデルを構成して現象を発生させ，それを観察して，その結果からモデルを修正し，再度動かして観察するということを繰り返す（井庭・福原 1998）．構成的手法によるアプローチにはつぎのような特徴が指摘されている（吉永 1996）．

a いわば「遊び」に似ている．
b 原理的にいって，このアプローチでは目的志向型の研究は困難である．
c モデルはコンピュータの中で勝手に（創発的に）ダイナミクスを生成する．

また創作型 AI の「ツール／モデル，研究対象，理解対象」は以下のとおりである．

a ツール／モデル：第一次近似から第三次近似列までの併用によるテクスト自動合成システム／歌詞創作モデル
b 研究対象（複雑系の現象）：歌詞の創作メカニズム
c 理解対象（複雑系そのもの）：言語という複雑系

創作型 AI は複雑系言語学研究のための中心的な道具となる．

15.6.3 科学史のなかにおける複雑系言語学の位置

科学史と現代科学の状況から，図 15.1 のような「知と方法の 4 タイプ」が提案されている（井関 1998）．その 4 タイプとは I【関係の知・複雑系の知】，II【分析の知】，III【臨床の知・デザインの知】，IV【統計の知】である．この 4 タイプは，「organizedness（組織性）と randomness（ランダム性）」，「simplicity（単純性）と complexity（複雑性）」という四つの特性を縦横の直交座標軸にとることによって四分割された座標の部分，つまり反時計回りに第 I 象限から第 IV 象限

15.6 言語学からみた歌詞創作型 AI

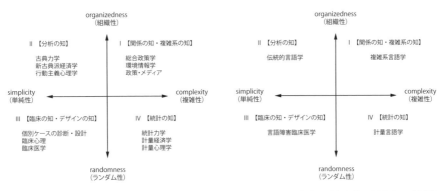

図 15.1 知の方法の諸類型（井関 1998）　**図 15.2** 「知の方法の諸類型」に対応する言語関連分野（伊藤 2004）

に配置されることになる．

なお，「臨床の知」とは，対象との相互作用との中で，主観的・共感的に対象を理解しようとする知のあり方である（中村 1992）．米国の精神分析医であるサリヴァン以降の「関与しながらの観察」（participant observation）に代表される面接技法や事例研究法は，「臨床の知」としてのアプローチである（Sullivan 1940）．「臨床の知」は言語研究とは関わりをもつことはほとんどないが，歌詞創作型 AI 研究にとっては重要な示唆を受けることがある．この点については章末のコラムで詳説する．

図 15.1 は「知と方法の 4 タイプ」の「科学一般」を対象にした分野の例で，図 15.2 は「言語」を対象にした分野の例である．

15.6.4　諸科学における知のパラダイム転換の進度

「知と方法の 4 タイプ」のうち，「臨床の知・デザインの知」を除く 3 タイプは科学史のうえで諸科学のパラダイム転換を成し遂げてきた．すなわち【分析の知】

表 15.1　諸科学における知のパラダイム転換（井関 1998 を増補）

レベル	諸科学の知	【分析の知】	【統計の知】	【複雑系の知】
1	力学 経済学 生物学	古典力学 新古典派経済学 近代生物学	統計力学 計量経済学 計量生物学	複雑系力学 複雑系経済学 複雑系生物学
2	言語学 心理学	伝統的言語学 行動主義心理学	計量言語学 計量心理学	複雑系言語学 複雑系の心理学

の「近代科学」にはじまり，【統計の知】の「統計科学」，そして【複雑系の知】の「複雑系科学」という順序をたどる傾向が認められる（井関 1998）．

　表15.1は「諸科学における知のパラダイム転換の進度」を表している．知のパラダイム転換はまず「分析」が最初で，次が「統計」，そして三つ目が「複雑系」である．この三つの知のパラダイム転換の進度には諸科学により当然のことながら違いがある．「レベル1」の「力学，経済学，生物」のグループは【複雑系の知】のパラダイム転換がかなり進み，「複雑系」を冠する研究分野が定着している．「レベル2」の分野グループは複雑系の研究は一部で進んでいるが，まだ分野として確立しているわけではない．言語学では「流行歌の自動生成」というかたちで実質的には半世紀以上も前から「複雑系言語学」の研究は始まっていたが，自覚されたのは伊藤（2002b）からである．心理学ではまだ「複雑系心理学」を提唱している研究者はいない．つまり，レベル1の分野はパラダイム転換が複雑系の知まで進んでいるが，レベル2はそれほど進んでいないということである．

　しかし，言語学・日本語学では歌詞創作型AIのプログラムシステムがすでに開発されているので，今後の複雑系言語学の普及はそれほど困難なことではないと希望的観測をもっている．

▶ 15.7 「クローン人工知能」としての歌詞創作型AI

　歌詞創作型AIは人間の脳の仮想モデルとして位置づけられる．もちろんその機能は脳の歌詞生成分野だけに特化されているが，部分的でも脳の機能を再現している点で脳の仮想モデルと呼ぶことができる．例えば，伊藤（1998ab）では松任谷由実という一人のシンガーソングライターの歌詞だけを対象にして研究・実験を始めたため，「ユーミン個人の脳」を再現することになった．これはいわば「ユーミンの脳の仮想クローン」を作ったことになる．これが筆者の考える「クローン人工知能」である．

　そのため，ユーミンが将来他界しても，ユーミンの「クローン人工知能」は疑似ユーミンソングを勝手に量産し続けていくわけである．この点では「ユーミンのクローン人工知能」は永遠の生命をもつことになる．

　さらにいえば，たとえば万葉歌人の大伴家持が詠んだ500首近い和歌にもとづいて，これまで家持が作ったことのない，しかし，家持らしい文体のオリジナルな和歌の自動生成も可能である．つまり，家持の「クローン人工知能」を作成す

ることにより，約1200年前の延暦4年8月28日（旧暦785年10月5日）に亡くなった家持を仮想的に死から甦らせることを意味している．

神経科学者のヘイワース（K. Haworth, the Brain Preservation Foundation 代表）は，ある個人の脳の神経回路マップ（コネクトーム（connectome））をまるごとコンピュータにコピーできれば，その個人の心を死後でも再現できると考えている．技術的にはすでに実現しているが，ネズミはともかく，人間の脳の場合はその費用が数百億ドルもかかるので，技術の進歩で数千ドルまで下がるであろう100年後に期待せざるをえないという（NHKテレビ2016, 'the Brain Preservation Foundation' webサイト）．しかし，歌詞創作型AIを使えば，局所的な脳機能のレベルではあるが，すでに同様のことが「クローン人工知能」というかたちで極めて廉価に実現しているのである．

▶▶コラム　高次脳機能障害と歌詞創作型AI

高次脳機能障害には多くの症状があるが，言語に関係するものとしては，「失語症」などがある．この高次脳機能障害患者の言語障害症状が歌詞創作型AIで実現されていたことが思わぬ機会に判明した．

2006年11月16日に君津中央病院の言語聴覚士の村西幸代氏と古川大輔氏が，当時，国立国語研究所の研究員であった筆者のもとに，別件の相談で来られた．その相談が終わったときに筆者の現在の研究の紹介をした．つまり，歌詞創作型AIで作成された疑似ユーミンソングをご覧いただいたのだが，失敗作もご披露したところ，古川氏が村西氏に「これは右脳障害の患者さんの文章にそっくりですね」とポツリと言われ，村西氏も同意された．この瞬間，目の前のパソコンに「脳の生々しさ」を感じ，頭のなかに電流が走ったような衝撃を覚えた．同席していた研究所の同僚である山崎誠氏も大層驚いていた．

失敗作というのは，簡単にいうと内容が支離滅裂な歌詞のことである．つまり，フレーズごとでは意味は通るが，次々とフレーズのトピックが変わるため，歌詞全体のまとまった意味やテーマがないのである．例えば，つぎのような歌詞である．

　　●　新しい　恋人と　●　電車を　乗り越して　休みに　してる　プリズナー　●　そっと　腕を　くみ　●　これが　本当なら　次の　いい　波は　きらめく　日々が　無口に　なった　●

一般に，左右の脳が優れている機能は以下のように言われている．

・右脳：　直感力，音楽力，図形力，全体を見渡す力，空間認知力（音楽，絵，想像，幾何学，総合力）

・左脳： 言語力，論理的に考える力，計算力，物事の分析力．（言語力，分析，推理，数字）

つまり，右脳障害の患者は左脳には障害がないので，言語力や分析力はあり，部分的に意味が通るフレーズは作成できる．しかし，右脳に障害があるとそれらを全体的に見渡す力がないため，テクスト全体の統率がとれないわけである．そこには結束性も首尾一貫性も認められない．

ここから，歌詞創作型 AI で失敗作となる歌詞をなるべく作成させないためには「総合性」や「統率性」の機能を高めるように歌詞創作型 AI システムを改良すればよいという研究の方向性が明確となった．それを反映させたのが，巻末の「失恋ソング生成語彙表」である．従来，伝統的にほぼ 70 曲で行ってきた実験が，6 曲という 1/12 の歌詞数でも結束性や首尾一貫性が認められる疑似ユーミンソングを作成することが可能になった．これは驚異的な進歩である．つまり「臨床の知」は歌詞創作型 AI 研究のためには極めて重要な「知」なのである．

付録　失恋ソング生成語彙表
（松任谷由実作品より）

○（6）　1 新しい, 2 あなたの, 3 線路の, 4 なつかしさに, 5 向い側, 6 夢の
●（79）　1 愛は, 2～5 愛して, 6～8 会える, 9 朝は, 10 あの, 11～13 雨の, 14 雨降りの, 15 歩きだせば, 16～18 いくつ, 19 今は, 20 今も, 21～24 うそは, 25 駅は, 26～27 きらったのじゃ, 28 霧深い, 29 声にさえも, 30～32 心は, 33 心, 34 心を, 35 孤独の, 36 このまま, 37～39 こんな, 40～41 探しは, 42 知る, 43～44 すぐ, 45 ただ, 46～51 たぶん, 52～53 たまには, 54 次々, 55 時、, 56 長い, 57 なつかしい, 58 光る, 59～61 フラれて, 62～63 ペイヴメントは, 64, 65 まつげに, 66～67 胸に, 68～70 呼べずに, 71～72 六月は, 73～74 忘れた, 75～76 私の, 77～78 私を, 79 んー

あい【愛】名（1）　1 たよりなく
あいする【愛する】動（8）　1～4 いる, 5～8 愛して
あう【会う】動（1）　1 私は
あえる【会える】動・可（4）　1～3 気が, 4 笑って
あおい【青い】形（4）　1 蒼い, 2 河を, 3～4 煙って
あかり【明かり】名（1）　1 ●
あげる【上げる】動（1）　1 走って
あさ【朝】名（1）　1 灰白く
あすふぁると【アスファルト：asphalt】名（1）　1 浮かぶ
あたらしい【新しい】形（1）　1 誰かの
あなた【貴方】名・代（14）　1～2 グレイの, 3 飛んで, 4 友達に, 5～6 運んで, 7 ハネを, 8～13 むかえに, 14 私の
あの【彼の】連体（3）　1 頃の, 2 ひとが, 3 ひと言を
あふれる【溢れる】動（3）　1～2 見えない, 3 許して
あめ【雨】名（9）　1～4 ●, 5 音も, 6～8 スティション, 9 ひくく
あめふり【雨降り】名（1）　1 線路を
あるきだす【歩き出す】動（1）　1 追い越す
いう【言う】動（4）　1～2 を, 3～4 すぐに
いくつ【幾つ】名（3）　1～3 人影
いじわるだ【意地悪だ】形動（1）　1 ●
いそぎあし【急ぎ足】名（1）　1 ●
いつ【何時】名・代（1）　1 会えると
いま【今】名（3）　1 苦しい, 2 すぐにも, 3 もう
いる【居る】動・補（11）　1～7 ●, 8～10 うちに, 11 ことを

うえ【上】名（1）　1 霧雨の
うかぶ【浮かぶ】動（1）　1 面影を
うそ【嘘】名（4）　1 心が, 2 責めぬ, 3 黙る, 4 涙が
うち【内】名（3）　1 あなたは, 2～3 私は
うで【腕】名（1）　1 中
うまれる【生まれる】動（1）　1 消えて
うみ【海】名（1）　1 匂いが
うるむ【潤む】動（1）　1 呼べずに
えき【駅】名（1）　1 もう
おいこす【追い越す】動（1）　1 ヘッドライト
おおつぶ【大粒】名（1）　1 雨
おく【置く】動（2）　1～2 ゆくのなら
おす【押す】動（1）　1 ●
おと【音】名（2）　1 ●, 2 無く
おとずれる【訪れる】動（1）　1 そっと
おどる【踊る】動（1）　1 みせるだけ
おもいだす【思い出す】動（1）●
おもう【思う】動（1）　1 ●
おもかげ【面影】名（1）　1 探すよ
おりる【降りる】動（1）　1 橋の
かあぶ【カーブ：curve】名（3）　1～3 煙った
かお【顔】名（1）　1 すれば
かげ【影】名（1）　1 生まれては
かける【駆ける】動（1）　1 ゆきたい
かすかだ【微かだ】形動（1）　1 海の
かすめとぶ【掠め飛ぶ】動（1）　1 つばめが
かぜ【風】名（1）　1 来て
かなた【彼方】名（1）　1 ●
がらす【ガラス：glas】名（1）　1 もたれた
かりたてる【駆り立てる】動（1）　1 シャッターの
かわ【川】名（1）　1 流れて
き【気】名（4）　1 した, 2～4 して
きえる【消える】動（3）　1～2 ゆく, 3 ゆくのを
きく【聞く】動（1）　1 こと
きずつける【傷付ける】動（2）　1～2 つらいと
きせつ【季節】名（1）　1 運んで
きみ【君】名・代（1）　1 なぜか
きもち【気持】名（1）　1 さとられぬように
きらう【嫌う】動（2）　1～2 ないと
きりさめ【霧雨】名（1）　1 水銀燈
きりぶかい【霧深い】形（1）　1 町の
くやむ【悔やむ】動（1）　1 いるのに
くる【来る】動（7）　1～6 ●, 7 私の
くるしい【苦しい】形（1）　1 気持
くるしみ【苦しみ】名（1）　1 消えて
ぐれい【グレイ：grey】名・色（3）　1～3 汚染（しみ）に

くれる【呉れる】動・補 (2) 1~2 全てを
けす【消す】動 (1) 1 ●
けむる【煙る】動 (5) 1~3 点に, 4~5 なにもかも
こえ【声】名 (1) 1 ならなかった
こころ【心】名 (6) 1 かりたてる, 2 叫んでも, 3 縛る, 4~6 もう
こと【事】名 (8) 1~4 ●, 5 ガラスに, 6~7 傷つけて, 8 なく
こどくだ【孤独だ】形動 (1) 1 ドアを
この【此の】連体 (1) 1 世界を
このまま【此の侭】連 (1) 1 離れて
ころ【頃】名 (1) 1 あなたへ
こんな【此んな】連体 (3) 1~3 激しい
さがす【探す】動 (3) 1~2 しないと, 3 パジャマに
さけぶ【叫ぶ】動 (1) 1 何も
さとる【悟る】動 (1) 1 ネオンに
さびしさ【寂しさ】名 (1) 1 呼びさます
しばる【縛る】動 (1) 1 ものを
しまう【仕舞う】動・補 (6) 1 *, 2~5 ●, 6 こと
しみ【染み】名 (3) 1~3 なる
しゃったあ【シャッター：shutter】名 (1) 1 音
しる【知る】動 (1) 1 ひとは
しんじる【信じる】動 (2) 1~2 ●
しんぱいする【心配する】動 (1) 1 ●
すいぎんとう【水銀燈】名 (1) 1 ●
すきだ【好きだ】形動 (1) 1 ●
すぐ【直ぐ】副 (8) 1~2 ●, 3~4 すぐに, 5~6 戻ると, 7~8 忘れて
すこし【少し】副 (1) 1 心配させたかった
すてえしょん【ステーション：station】名 (3) 1~3 ●
すてる【捨てる】動 (1) 1 かけて
すなもよう【砂模様】名 (1) 1 吹き消して
すべて【全て】名 (2) 1, 2 ●
すべりこむ【滑り込む】動 (1) 1 いる
する【為る】動 (5) 1~5 ●
する【為る】動・補 (5) 1 ●, 2~3 誓った, 4 なったね, 5 いいでしょう
せえたあ【セーター：sweater】名 (1) 1 うるんで
せかい【世界】名 (1) 1 どこかへ
せなか【背中】名 (1) 1 発車の
せめて【せめて】副 (2) 1~2 みんな
せめる【責める】動 (1) 1 こと
せんろ【線路】名 (2) 1 隔て, 2 むこう
そっと【そっと】副 (1) 1 砂模様

その【其の】連体 (1) 1 とき
それ【其れ】名・代 (1) 1 ●
それでも【其れでも】接 (1) 1 ●
ただ【唯】副 (1) 1 それだれ
たたきあい【叩き合い】名 (1) 1 しない
たつ【立つ】動 (1) 1 いた
たぶん【多分】副 (6) 1~6 あなたは
たまに【偶に】副 (2) 1 少し, 2 ひとり
だまる【黙る】動 (1) 1 こと
ため【為】名 (1) 1 わたしなど
たよりない【頼り無い】形 (1) 1 積もって
だれか【誰か】名・代 (1) 1 ために
ちかう【誓う】動 (2) 1~2 ●
つぎつぎ【次々】副 (1) 1 消えて
つばめ【燕】名 (1) 1 好きよ
つもる【積もる】動 (1) 1 時は
つらい【辛い】形 (2) 1~2 ひとに
てらす【照らす】動 (1) 1 踊って
てん【点】名 (3) 1~3 なる
でんしゃ【電車】名 (3) 1~3 カーヴで
でんわ【電話】名 (1) 1 もう
どあ【ドア：door】名 (1) 1 叩き合いは
とおい【遠い】形 (1) 1 ●
とおり【通り】名 (1) 1 かすめ飛ぶ
とおりあめ【通り雨】名 (2) 1 人も, 2 みんな
とき【時】名 (6) 1 苦しみが, 2 どこからか, 3 速く, 4~6 去り
どこ【何処】名・代 (1) 1 訪れ
どこか【何処か】名・代 (2) 1 消して, 2 行きたかった
とっくに【疾っくに】副 (1) 1 くやんで
とぶ【飛ぶ】動 (1) 1 いるのに
とまる【止まる】動 (2) 1~2 光が
ともだち【友達】名 (1) 1 街で
とる【取る】動 (1) 1 こと
どんな【何んな】連体 (2) 1 顔, 2 遠くても
ない【無い】形 (5) 1~2 ●, 3 かすかに, 4 それでも, 5 行きつけの
ない【無い】形・補 (2) 1~2 云った
なか【中】名 (2) 1 今, 2 きみは
ながい【長い】形 (2) 1 電話も, 2 影
ながれる【流れる】動 (3) 1 ゆく, 2 雨よ, 3 淋しさを
なく【泣く】動 (1) 1 いた
なぜ【何故】副 (1) 1 泣いて
なつかしい【懐かしい】形 (1) 1 腕の
なつかしさ【懐かしさ】名 (1) 1 ぼんやり

付　録

なにも【何も】副 (1)　1 きかない
なにもかも【何も彼も】連 (2)　1～2 にじませて
なみだ【涙】名 (1)　1 あふれても
なる【為る】動 (8)　1 *, 2～6 ●, 7 あの, 8 いつだって
におい【匂い】名 (1)　1 した
にじむ【滲む】動 (2)　1～2 いる
ねおん【ネオン：neon】名 (2)　1 蒼い, 2 照らされ
はげしい【激しい】形 (3)　1～3 雨
はこぶ【運ぶ】動 (3)　1 イく, 2～3 くれた
はし【端】名 (1)　1 あの
はし【橋】名 (1)　1 上
ぱじゃま【パジャマ：pajama (s)】名 (1)　1 レインコートで
はしる【走る】動 (1)　1 ゆきたい
ばす【バス：(omni) bus】名・車 (1)　1 降りた
はっしゃ【発車】名 (1)　1 笛が
はなれる【離れる】動 (1)　1 ゆく
はね【跳ね】名 (1)　1 あげながら
はやい【速い】形 (1)　1 流れて
ひ【日】名 (2)　1～2 なかった
ひかり【光】名 (4)　1～2 あふれて, 3～4 ふるえて
ひかる【光る】動 (1)　1 アスファルト
ひくい【低い】形 (1)　1 流れて
ひと【人】名 (5)　1～2 云わないで, 3 立って, 4 ネオンも, 5 燃えつきたと
ひとかげ【人影】名 (3)　1～3 見送っただろう
ひとこと【一言】名 (1)　1 季節は
ひとみ【瞳】名 (1)　1 読みとって
ひとり【一人】副 (1)　1 どこかへ押した
ふえ【笛】名 (1)
ふきけす【吹き消す】動 (1)　1 ゆく
ふりつづく【降り続く】動 (2)　1～2 光が
ふる【振る】動 (3)　1～3 しまった
ふるえる【震える】動 (2)　1～2 見えない
ぺいぶめんと【ペイブメント：pavement】名 (2)　1～2 夜更けの
へだてる【隔てる】動 (1)　1 みずいろの
へっどらいと【ヘッドライト：headlight】名 (1)　1 長い
ほおむ【(プラット) ホーム：(plat) form】名 (2)　1 すべり込んで, 2 端に
ほのじろい【仄白い】形 (1)　1 雨は
ぼんやり【ぼんやり】副 (1)　1 バスを

まち【町】名 (3)　1 会えば, 2 通りを, 3 見えはじめたら
まつげ【睫】名 (2)　1～2 停まった
みえはじめる【見え始める】動 (1)　1 大つぶの
みえる【見える】動 (4)　1～3 ●, 4 *
みおくる【見送る】動 (3)　1～2 ●, 3 *
みずいろ【水色】名 (1)　1 セーターが
みせ【店】名 (2)　1 灯り, 2 なく…
みせる【見せる】動・補 (1)　1 ●
みな【皆】副 (3)　1 急ぎ足, 2～3 持ち去って
みる【見る】動 (1)　1 ●
むかいがわ【向かい側】名 (1)　1 ホームの
むかえ【迎え】名 (6)　1～6 来ない
むこう【向こう】名 (1)　1 町が
むね【胸】名 (2)　1～2 降り続く
もう【もう】副 (6)　1 あなたへ, 2 すぐなのに, 3 しなく, 4 とっくに, 5 ホームに, 6 連絡も
もえつきる【燃え尽きる】動 (1)　1 思うでしょう
もたれる【凭れる】動 (1)　1 瞳を
もちさる【持ち去る】動 (2)　1～2 あなたが
もどる【戻る】動 (2)　1～2 信じた
もの【物】名 (1)　1 すてて
ゆきつけ【行き付け】名 (1)　1 店も
ゆく【行く】動 (4)　1 ●, 2～4 電車は
ゆく【行く】動・補 (11)　1 *, 2～4 ●, 5 彼方, 6 気が, 7～8 せめて, 9 どんなに, 10 店の, 11 見た
ゆめ【夢】名 (1)　1 中の
ゆるす【許す】動 (1)　1 しまう
よい【良い】形 (1)　1 ●
よびさます【呼び覚ます】動 (1)　1 この
よふけ【夜更け】名 (2)　1～2 通り雨
よべる【呼べる】動・可 (8)　1 風が, 2～4 時は, 5～8 呼べずに
よみとる【読み取る】動 (1)　1 その
れいんこおと【レインコート：raincoat】名 (1)　1 *
れんらく【連絡】名 (1)　1 とる
ろくがつ【六月】名 (2)　1～2 蒼く
わすれる【忘れる】動 (4)　1～2 しまうのに, 3～4 日は
わたし【私】名・代 (10)　1～2 あなたの, 3～4 置いて, 5 思い出さないで, 6 グレイの, 7～8 ことを, 9 背中を, 10 どんな
わらう【笑う】動 (1)　1 ●
んん【んん】感 (1)　1 いじわる

参考文献・楽曲

阿部ちひろ・伊藤彰則 (2011)「統計的言語モデルを用いた作詞補助システム」『情報処理学会研究報告』2011-MUS-91 (9).

池田侑加 (2009)「現代流行歌の歌詞における語彙の計量的分析」東京女子大学卒業論文.

井関利明 (1998)「ディジタル・メディア時代における『知の原理』を探る」井上輝夫・梅垣理郎ほか編『メディアが変わる　知が変わる：ネットワーク環境と知のコラボレーション』有斐閣.

伊藤雅光 (1992)「電子化テキストと画像データ」『国語学』**170**, pp. 111-122.

伊藤雅光 (1997-2001)「ユーミンの言語学 1〜46」『日本語学』**16**(7)-**20**(8).

伊藤雅光 (1997)「ユーミンの言語学 3 ―恋の類型論―」『日本語学』**16**(7), pp. 82-89.

伊藤雅光 (1998a)「テクスト合成システム「ふじむら」」『計量国語学』**21**(6), pp. 275-287.

伊藤雅光 (1998b)「ユーミンの言語学 17 ―パソコンによる文体模倣の方法 (1) ―」『日本語学』**17**(9), pp. 92-97.

伊藤雅光 (1999a)「ユーミンの言語学 22 ―パソコンがつくるユーミンソング (3) ―」『日本語学』**18**(1), pp. 69-78.

伊藤雅光 (1999b)「ユーミンの言語学 29 ―パソコンがつくるユーミンソング (10) ―」『日本語学』**18**(12), pp. 92-98.

伊藤雅光 (1999c)「作詞アンドロイド・ユーミン」人工知能学会第2種研究会　ことば工学研究会資料, SIG-LSE-9903-S2.

伊藤雅光 (2000a)『パソコン・ポップス言語学 2000 ―計量語種論のためのウィンドウズ・パソコン入門』私家版, pp. 1-161.

伊藤雅光 (2000b)「ユーミンの言語学 33 ―パソコンがつくるユーミンソング (14) ―」『日本語学』**19**(7), pp. 102-108.

伊藤雅光 (2000c)「ユーミンの言語学 39 ―パソコンがつくるユーミンソング (20) ―」『日本語学』**19**(13), pp. 91-96.

伊藤雅光 (2001a)「全自動型・テクスト合成システム「ふじむら」(ver 3.0)」『計量国語学』**22**(8), pp. 335-354.

伊藤雅光 (2001b)「ユーミンの言語学 42 ―「テーマ生成語彙論」の可能性」『日本語学』**20**(3), pp. 78-85.

伊藤雅光 (2001c)「ポップス系流行歌語彙の語彙調査における外来語と外国語の判定基準」『計量国語学』**23**(2), pp. 110-130.

伊藤雅光 (2002a)『計量言語学入門』大修館書店.

伊藤雅光 (2002b)「創発的シンセシスとしての自動作詞システム」計量国語学会第46回大会要旨集, pp. 1-8

伊藤雅光 (2004)「分析日本語学から合成日本語学へ―テキスト自動合成システムによるパラダイム転換の可能性」日本語学会 2004 年度春季大会予稿集, pp. 177-184.

伊藤雅光 (2005)「計量語彙論のための日英共通品詞分類」『計量国語学』**25**(2), pp. 65-88.

伊藤雅光 (2007a)「第二次近似と第三次近似特性分析に基づくテクスト合成法の改良」『計量国語学』**25**(8), pp. 352-370.

伊藤雅光 (2007b)「J-POP の中の外来語・外国語」国立国語研究所　第 31 回「ことば」フォーラム.

伊藤雅光（2008）「語彙の量的構造史モデル」『日本語の研究』3(5)，pp. 112-129.

伊藤雅光（2012）「最近の歌謡曲のタイトルにみる命名」『日本語学』31(1)，pp. 30-42.

伊藤雅光（2014）「J-POPの歌詞に見られる日本語回帰現象について―J-POP日本語回帰説―」『日本語学』33(15)，pp. 48-61.

井庭 崇・福原義久（1998）『複雑系入門―知のフロンティアへの冒険』NTT出版.

上田完次・下原勝憲・伊庭斉志（1995）『人工生命の方法―そのパラダイムと研究最前線』工業調査会.

上野小百合（2009）「ゆずの歌詞における語彙の計量的分析―「恋の唄」の基本語彙と特徴語彙の抽出」東京女子大学卒業論文.

烏賀陽弘道（2005）『Jポップとは何か―巨大化する音楽産業』岩波書店.

江口未希子（2012）「コブクロの歌詞における語彙の計量的分析」大正大学卒業論文.

大川俊昭・高 護（1986）『定本はっぴいえんど』SFC音楽出版.

大瀧詠一・相倉久人（1983）「大瀧詠一のポップス講座」『FMファン』11，12月号，共同通信社.

大瀧詠一（1991）「ポップス・イン・ジャパン」『03』7月増刊号，新潮社.

大山泰宏（2015）『改訂新版 人格心理学』放送大学教育振興会.

小倉千加子（1989）『松田聖子論』飛鳥新社.［増補版が朝日新聞出版より2012年に刊行された.］

オリコン（1997）『ORICON CHART BOOK 1968-1997』.

オリコン（2000, 2001）『オリコン年鑑』.

オリジナルコンフィデンス（1991）『オリコン年鑑』.

音楽出版社（1999）『ロック・クロニクル・ジャパン Vol.1 1968～1980』，『CDJournal』ムック.

音楽ナタリー（2014）「カバーアルバム発売記念 中村正人（DREAMS COME TRUE）×水野良樹（いきものがかり）対談」［http://natalie.mu/music/pp/dreamscometrue］

柏野和佳子（2016）「学術的文章作成時に留意すべき「書き言葉的」「話し言葉的」な語の分類」計量国語学会第60回記念大会.

金子邦彦・津田一郎（1996）『複雑系双書1 複雑系のカオス的シナリオ』朝倉書店.

樺島忠夫（1970）「流行歌をつくる―国語学・国語表現法資料―」『計量国語学』52，pp. 8-40.

樺島忠夫・寿岳章子（1965）『文体の科学』綜芸舎.

河合隼雄（1982）『中空構造日本の深層』中央公論新社.［文庫版が同社より1999年に刊行された.］

国立国語研究所編（1955）『談話語の実態』秀英出版.

国立国語研究所編（1964）『分類語彙表』秀英出版.

国立国語研究所編（1974）『国立国語研究所のあゆみ10 話しことばの調査』国立国語研究所.

国立国語研究所（2006）『現代雑誌200万字言語調査語彙表』［https://www.ninjal.ac.jp/archives/goityosa/］

古茂田信男ほか（1995）『新版 日本流行歌史 下(1960-1994)』社会思想社.

齊藤 楓（2009）「竹内まりやの歌詞における語彙の計量的分析」東京女子大学卒業論文.

坂部 恵（1989）『ペルソナの詩学―かたり ふるまい こころ』岩波書店.

柴 那典（2016）『ヒットの崩壊』講談社.

白石明彦（1995）『丸善ライブラリー164 人

工生命とは何か―進化するコンピューター』丸善出版.

新興音楽出版社 (1960-1961)『ミュージック・ライフ』1960年1月号-1961年12月号.

宗野里穂 (2014)「シンガーソングライター "miwa"と"YUI"の歌詞における語彙の計量的分析」東京女子大学卒業論文.

高橋睦郎 (2016)「日本・神道・大和心をめぐって」『在りし、在らまほしかりし三島由紀夫』平凡社.

土田知則 (2000)『間テクスト性の戦略』夏目書房.

富永 愛 (2015)「いきものがかり・水野良樹と山下穂尊の歌詞に関する文体的特徴分析―計量言語学的手法による」『日本文學』111, pp. 235-252.

中西夢野 (2010)「aikoの歌詞における語彙の計量的分析」東京女子大学卒業論文.

中野 洋 (1971)「機械の綴る愛の歌」『言語生活』242, pp. 41-47.

中村雄二郎 (1992)『臨床の知とは何か』岩波書店.

日本レコード協会 (2014)「日本のレコード産業 2014」.

野家啓一 (1998)「ホーリズム」廣松 渉ほか編『岩波哲学・思想事典』岩波書店.

馬場絵梨 (2004)「小椋佳の歌詞に見るテーマ別語彙的特徴」早稲田大学卒業論文.

原 有貴子 (2007)「DREAMS COME TRUE 吉田美和の歌詞における語彙の計量的分析」東京女子大学卒業論文.

ピーター，バラカン (2011)「第96回 ピーター・バラカン氏 (9. 音楽業界は色んな意味で危機的状況)」MUSICMAN-NET, Musicman's RELAY. [http://www.musicman-net.com/relay/96-9.html/]

堀 玄・齋藤大輔・嵯峨山茂樹 (2013)「形態素リスト上の経路探索による自動作詞」計量国語学会第57回大会予稿集, pp. 31-36.

馬飼野元宏 (2006)『Hotwax presents 歌謡曲 名曲名盤ガイド 1980's』シンコーミュージック・エンタテイメント, pp. 63-68.

マーティ，フリードマン (2008)『い〜じゃん！J-POP―だから僕は日本にやって来た』日経BP社.

丸山陽子 (2013)「松田聖子と中森明菜の歌詞からみたアイドルイメージ分析」東京女子大学卒業論文.

水谷静夫 (1959)「『泣く・花・恋』から『……ている・泣く・雨』へ」『言語生活』91, pp. 26-37.

水谷静夫 (1979)「俳句を作る計算機」『日本文學』52, pp. 85-97.

宮台真司・石原英樹・大塚明子 (1993)『サブカルチャー神話解体―少女・音楽・マンガ・性の30年とコミュニケーションの現在』PARCO出版局. [増補版『増補 サブカルチャー神話解体―少女・音楽・マンガ・性の変容と現在』が筑摩書房より2009年に刊行された.]

湯沢美香 (2009)「Mr.childrenの歌詞における語彙の計量的分析」東京女子大学卒業論文.

吉永良正 (1996)『『複雑系』とは何か』講談社.

渡辺 修 (1953)「表現効果の数量化 [発表要旨]」『国語学』15, p. 100.

Abramson, N. (1963) *Information Theory and Coding*, McGraw-Hill, New York. [N. アブラムソン著, 宮川 洋訳 (1969)『情報理論入門』好学社.]

Barthes, R. (1968) "La mort de l'auteur", *"Introduction à l'analyse structurale des récits"*, Seuil, Paris. [「作者の死」R. バル

ト著，花輪　光訳（1979）『物語の構造分析』みすず書房．]

Beinhocker, E. D. (2007) "*The Origin of Wealth: Evolution, Complexity, And the Radical Remaking of Economics*", Harvard Business School Press, Boston.

Benveniste, É. (1966) "*Problèmes de linguistique générale*", Gallimard, Paris. ［É. バンヴェニスト著，岸本通夫監訳（1983）『一般言語学の諸問題』みすず書房．]

the Brain Preservation Foundation Website. [http://www.brainpreservation.org/team/kenneth-hayworth/]

Ekman, P. et al. (1972) "Universals and cultural differences in facial expression of emotion", Cole, J. (1972) "*Nebraska Symposium on Motivation, 1971: Cultural Psychology*", University of Nebraska Press, Lincoln.

Foster, J. (1997) "The Analytical Foundations of Evolutionary Economics: Form biological Analogy to Economic Self-Organization", *Struct. Change Econ. Dyn.*, **8**, pp. 427-451.

Geisendorf, S. (2010) "The economic concept of evolution: self organization or Universal Darwinism?", *J. Econ. Methodol.*, **16**, pp. 377-391.

GQJAPAN (2012)「マーティ・フリードマンが語る J-POP の魅力」[http://gqjapan.jp/culture/bma/20120403/j-pop/]

Halliday, M. A. K. and Hasan, R. (1976) "*Cohesion in English*", Longman, London. ［M. A. K. ハリディ・R. ハサン著，安藤貞雄ほか訳（1997）『テクストはどのように構成されるか―言語の結束性』ひつじ書房．]

Hartman, A. (1991) "Words Create Worlds", *Social Work*, **36**(4), pp. 275-276.

IFPI (2016) "IFPI Global Music Report 2016", IFPI.

Kauffman, S. A. (1995) "*At home in the universe: the search for laws of self-organization and complexity*", Oxford University Press, Oxford. ［S. カウフマン著，米沢富美子訳（1999）『自己組織化と進化の論理―宇宙を貫く複雑系の法則』日本経済新聞社．文庫版が筑摩書房より 2008 年に刊行された．]

Krause, M. and Schaudt, G. F. (1967) "*Computer-Lyrik*", Droste-Verlag, Düsseldorf.

Kristeva, J. (1969) "*Séméiôtiké: recherches pour une sémanalyse*", Seuil., Paris. ［J. クリステヴァ著，原田邦夫訳（1983）『セメイオチケ 1 記号の解体学』／中沢新一訳（1984）『セメイオチケ 2 記号の生成論』いずれもせりか書房．]

Krugman, P. R. (1996) "*The Self-Organizing Economy*", Blackwell Publishers, Cambridge. ［P. クルーグマン著，北村行伸・妹尾美起訳（1997）『自己組織化の経済学―経済秩序はいかに創発するか』東洋経済新報社．文庫版が筑摩書房より 2009 年に刊行された．]

Марков, А. А. (1906) "Распространение закона больших чисел на величины, зависящие друг от друга". "Известия Физико-математического общества при Казанском университете", 2-я серия, том 15, ст. 135-156. [Markov A. A. (1906) "Extension of the law of large numbers to dependent quantities", *Izvestiya of the Physico-Mathematical*

Society, Kazan Univ., 2nd series, **15**, pp. 135-156.; in Russian]

Miller, G.A. and Selfredge, J. A. (1950) "Verbal Context and the Recall of Meaningful Material", *Amer. J. Psychol.*, **63**(2), pp. 176-185.

NHK テレビ (2015)「モーガン・フリーマン 時空を超えて─死からよみがえることはできるのか？」(2015 年 7 月 2 日放送)

NHK テレビ (2015)「日本人は何をめざしてきたのか ～知の巨人たち～ 第 7 回 昭和の虚無を駆けぬける 三島由紀夫」(2015 年 1 月 24 日放送)

Plutchik, R. (2001) "The Nature of Emotions", *Am. Sci.*, **89**(4), pp. 344-350.

Queneau, R. (1961) "*Cent Mille Milliards de Poèmes*" Gallimard, Paris.

Reynolds, C. W. (1987) "Flocks, Herds, and Schools: A Distributed Behavioral Model" (SIGGRAPH '87 Conference Proceedings), *Computer Graphics*, **21**(4), pp. 25-34.

Russel, J. A. (1980) "A circumplex model of affect", *J. Pers. Soc. Psychol.*, **39**(6), pp. 1161-1178.

Schmidt, S. J. (1974) "*Elemente einer Textpoetik: Theorie und Anwendung*", Bayerischer Schulbuch-Verlag, München.［S. J. シュミット著，菊地武弘・今泉文子訳 (1984)『テクスト詩学の原理』勁草書房．］

Shannon, C. E. (1948) "A Mathematical Theory of Communication", *Bell System Tech. J.*, **27**(3), pp. 379-423.

Shannon, C. E. and Weaver, W. (1949) "*A Mathematical Theory of Communication*", University of Illinois Press, Champaign.［C. E. シャノン著，長谷川 淳・井上光洋訳 (1969)『コミュニケーションの数学的理論─情報理論の基礎』明治図書出版］

Sullivan, H. S. (1947) "*Conceptions of Modern Psychiatry (William Alanson White memorial lectures)*", The William Alanson White Psychiatric Foundation.［H. S. サリヴァン著，中井久夫・山口 隆訳 (1976)『現代精神医学の概念』みすず書房．］

Wiener, N. (1948) "*Cybernetics: Or Control and Communication in the Animal and the Machine*", MIT Press, Cambridge.［N. ウィーナー著，池原止戈夫ほか訳 (1957)『サイバネティックス─動物と機械における制御と通信』岩波書店．］

〈引用楽曲〉

JASRAC 出　1702836-701

恋人がサンタ・クロース　　　(p. 36)
作詞　松任谷由実　　作曲　松任谷由実

時をかける少女　　(p. 36-37)
作詞　松任谷由実　　作曲　松任谷由実

海を見ていた午後　　(p. 37)
作詞　荒井由実　　作曲　荒井由実

東京ナイトクラブ　　(p. 43-44)
作詞　佐伯孝夫　　作曲　吉田　正

木綿のハンカチーフ　　(p. 44)
作詞　松本　隆　　作曲　筒美京平

DELPHINE　　(p. 49)
作詞　荒井由実　　作曲　荒井由実

5cm の向う岸　　(p. 49)
作詞　松任谷由実　作曲　松任谷由実

美貌の都　　(p. 49-50)
作詞　中島みゆき　作曲　筒美京平

クリスマス・イブ　　(p. 109)
作詞　山下達郎　作曲　山下達郎

ラブ・ストーリーは突然に　　(p. 110)
作詞　小田和正　作曲　小田和正

真珠のピアス　　(p. 111-112)
作詞　松任谷由実　作曲　松任谷由実

ももいろパンチ　　(p. 120)
作詞　TZK　作曲　斎藤悠弥

MONSTAR　　(p. 120)
作詞　水野良樹　作曲　水野良樹

かまっておんど　　(p. 120)
作詞　つかこうへい　作曲　中村弘明

三味線旅がらす　　(p. 120)
作詞　松井由利夫　作曲　水森英夫

幸せはあなたへの復讐　　(p. 150)
作詞　松任谷由実　作曲　松任谷由実

アフリカへ行きたい　　(p. 150)
作詞　荒井由実　作曲　荒井由実

ダンデライオン　　(p. 150)
作詞　松任谷由実　作曲　松任谷由実

まぶしい草野球　　(p. 150)
作詞　松任谷由実　作曲　松任谷由実

青い船で　　(p. 150)
作詞　松任谷由実　作曲　松任谷由実

遠い旅路　　(p. 150)
作詞　松任谷由実　作曲　松任谷由実

罪と罰　　(p. 150)
作詞　松任谷由実　作曲　松任谷由実

HOLIDAY IN ACAPULCO　　(p. 150)
作詞　松任谷由実　作曲　松任谷由実

ハートはもうつぶやかない　　(p. 150)
作詞　松任谷由実　作曲　松任谷由実

甘い予感　　(p. 150)
作詞　松任谷由実　作曲　松任谷由実

冷たい雨　　(p. 164-165)
作詞　荒井由実　作曲　荒井由実

㈱ヤマハミュージックエンタテインメントホールディングス　出版許諾番号　17151 P
(許諾の対象は、弊社が許諾することのできる楽曲に限ります。)

あばよ　　(p. 45)
作詞　中島みゆき　作曲　中島みゆき
© 1976 by Yamaha Music Entertainment Holdings, Inc.
All Rights Reserved. International Copyright Secured.

トラックに乗せて　　(p. 45)
作詞　中島みゆき　　作曲　中島みゆき
© 1976 by Yamaha Music Entertainment Holdings, Inc.
All Rights Reserved. International Copyright Secured.

わかれうた　　(p. 46)
作詞　中島みゆき　　作曲　中島みゆき
© 1977 by Yamaha Music Entertainment Holdings, Inc.
All Rights Reserved. International Copyright Secured.

旅人のうた　　(p. 49)
作詞　中島みゆき　　作曲　中島みゆき
© 1995 by Yamaha Music Entertainment Holdings, Inc.
All Rights Reserved. International Copyright Secured.

僕は青い鳥　　(p. 49)
作詞　中島みゆき　　作曲　中島みゆき
© 1984 by Yamaha Music Entertainment Holdings, Inc.
All Rights Reserved. International Copyright Secured.

化粧　　(p. 110-111)
作詞　中島みゆき　　作曲　中島みゆき
© 1978 by Yamaha Music Entertainment Holdings, Inc.
All Rights Reserved. International Copyright Secured.

索 引

欧 文

A メロ　157, 158, 164, 182
B メロ　157, 158, 164, 182
C メロ　158, 164
K 特性値　35
MOR　30
MVR　123
N-gram モデル　153
TTR　35, 39, 41

ア 行

アイドルイメージ　93, 95, 100
アイドル歌手　86, 93, 101
ありさま描写的　124
アルバム　21, 25, 32
アルファベット　7
位相　47
位相性　50
一人称　46
意味的特徴　135
意味分野　146
意味分野別　135
意味分野別構造語彙表　143
意味分野別分析　146
イメージタイプ　98
岩谷時子　13, 87
引用の織物　176
引用のモザイク　176
引用元　150
ウィーナー　153, 178
動き描写的　124
右脳障害　187
ウリポ (Oulipo)　175, 176
英語　1, 11, 15, 28, 56, 121, 143, 152
永六輔　14
演歌　10, 17, 30
大瀧詠一　30
大伴家持　186
オリジナルアルバム　40, 58, 63, 74, 89, 94, 150, 156
オルタナティブストーリー　57, 61

カ 行

外国語　8, 10, 40
外国語基準　7
外国語タイトル　7
解釈枠　57
外来語　8, 40, 170
外来語基準　7
外来語タイトル　7
カウフマン　181
カオス域　183
カオス・テクスト　183
カオスの縁 (edge of chaos)　182
カオス理論 (chaos theory)　182
科学一般　185
科学史　184
科学的研究方法　172
書き言葉　141
書き言葉基本語　140
書き言葉基本語彙　138, 143, 148
各区画の性格　136
かけ合い体　43, 46
歌詞自動生成　154, 162
歌詞自動生成システム　156
歌詞生成型 AI システム　169
歌詞生成用ワークシート　169
歌詞創作型 AI　149
歌詞創作型 AI 研究　172
歌詞創作モデル　184
歌詞タイトル　6
歌詞テクスト　1, 5
仮想現実　56
画像付き漫画オノマトペ・データベース　121
語られる主体　55
語り　43, 46, 49, 54
語る主体　55
学校文法　121
かな　7
樺島忠夫　154
カバーポップス　11, 13, 26
歌謡曲　12, 17
ガラパゴス化　31
河合隼雄　29
感言　122
頑健性　39
漢語　41
漢語タイトル　6
感情　176
感情円環モデル　177
感性　176
感性工学　172, 176
間テクスト性　175
感動詞　138
簡略版対照語彙表　125, 129
擬音語　117, 120
擬音詞　117, 121
記号単位　6
疑似な語り　56
疑似ユーミン曲　163
疑似ユーミンソング　149, 151, 157, 160, 181, 186, 187
起承転結　159
疑似流行歌　155
来生えいち　96, 97
擬態語　117, 120
擬態詞　117, 121
基本感情説　177
基本語　60
基本語彙　135, 143, 160
基本度　136, 138
キャラクター　47, 56, 59
キャラみん　162
共ニ　1
共通枠組みシート　131
狭範囲語　136, 137
曲構造　158, 163, 165, 181
曲先システム　163
キーワード　64, 143, 165
近代科学　186
偶然性　122, 137
区画の名称　137
句単位　6
口三味線　120
クノー　175
クリステヴァ　176
クールジャパン　27
グループ・サウンズ　14
クローン人工知能　186
敬語　139
形態素解析プログラム　106, 108
計量言語学　173
計量語彙論　117
計量心理学　173
計量文体論　117
経路探索アルゴリズム　155
ゲシュタルト心理学　173
結束性　157, 175, 181, 183, 188
決定不能性　183
研究史　149, 153
原語　13
言語学　172, 183, 186
言語研究　62
言語主体　55
言語障害症状　187
言語単位　6
言語内容　55
言語のメカニズム　184
言語モデル　154, 173, 183
現代文学理論　175
原データファイル　125
原理　149, 151, 156, 165, 167, 174, 176, 180
語彙　34, 39, 135, 139, 143, 160
語彙調査　122
語彙的結束性　158
語彙的特徴　106, 135
語彙の豊かさ　34, 39, 41
語彙表　38, 117, 138, 167, 172
語彙分布　137
語彙モデル　160
高次近似　161
高次近似系列　153
高次近似列　183
高次脳機能障害　187
合成 (synthesis)　183
構成的アプローチ (constructive approach)　184

構成的手法(constructive method) 184
合成方法 184
構造 147, 182
構造語彙表 106, 125, 130, 160, 172
構造語彙表分析法 135, 147
構造度数分布表 130, 134, 136
広範囲語 136, 140
高頻度 137
高頻度語 136
後編集 156
効力 147
国立国語研究所 122, 138
語形の「ゆれ」 168
語種 5, 8, 40
語種構成比率 1, 4, 6, 8, 40
個人文体 156
こそあど言葉 138
語単位 6
コーパス 62
小林秀雄 174
混種語 41
混種語タイトル 7
コンプレックス 11, 28, 30

サ 行

サイクル 10
再叙 159
サイバネティックス 153, 178
作詞アンドロイド・ユーミン 175
作詞家 156
作詞法 163
「作者の死」 176
作家主体の不在 176
雑誌70誌調査 138
サビ 157, 164, 182
さよなら媚薬 165
三人称 46, 51
シェリング 173
次元説 177
思考の連鎖 174
自己組織化 165, 173, 181
詞先システム 163
システム論 173
字単位 6
失敗作 187
ジップの法則 135
失恋語彙 139, 143

失恋ソング 167
失恋ソング生成語彙表 150, 167, 188
自動作曲 166
自動作曲システム 163
自動生成 149, 154
自動生成法 169
自動創作 151, 180
自動創作システム 167
指標 34
社会構成主義 54
若年男性語形 47
若年男性語複数形 50
ジャズ 11
シャノン 151, 153, 167, 169, 180
ジャンル 10, 14, 17
修辞的結束性 159
主語 55
授受補助動詞 139, 142
主体の生成 55
主体の多重性 56
主体の二重性 55
出現確率 152, 180
首尾一貫性 157, 181, 183, 188
使用語彙 34
詳細版対照語彙表 125, 139
情態副詞 142
使用度数 122, 130
使用範囲 138
情報処理 183
情報理論 151, 165, 180
女性語 142
自立語・付属語単位 162
進化経済学 181
シンガーソングライター 10, 15, 16, 74, 86, 90, 92, 94, 156, 186
シンガーソングライター・アンドロイド 163
シングル 21, 23, 25
人工生命 179
人工生命研究 181
人工生命シミュレーションプログラム 179, 180
人工知能(AI) 149, 163, 176, 181
人文科学 172, 62
心理療法 54
ストーリー 160
ストーリーモデル 58

西欧化 10
性差 72, 106, 148
性差比率 72
正書法 107
生成過程 182
生成語彙表 154, 168
西洋風 8
西洋ポップス 17, 19, 27
接続詞 138
セリフ 43, 45
全自動式システム 156, 161
全数調査 1, 32
全体論 173
全対話体 43, 46
相言 122
総合性 188
相互テクスト性 175, 176
創作 57
創作型AI 149, 156, 161, 165, 176, 184
創作過程 174, 180
創作性 47, 56
創作の秘密 54, 57, 61
創作メカニズム 184
創作力 32
創作力発揮モデル 32, 34, 58
荘重語 60
相転移 183
創発(emergence) 180
創発システム 180
創発テクスト 183
俗語 50, 60, 142
俗語形 47, 50, 139
粗野形 50
ソングライター 62, 66, 71, 78, 89, 91, 93, 97, 101, 103, 130

タ 行

第0次近似 151, 183
ダイアローグ 43
第一次近似 151, 157, 165, 169, 180, 183
第一次分析 106, 135, 147, 148
第一段階 10, 12, 17
待遇度 142
待遇表現 142
体言 122
第五次近似 153
第五段階 11, 17, 31

第三次近似 153, 157, 161, 183
第三次近似列 184
第三次分析 106, 135, 143, 147
第三段階 10, 14, 17
対自他独白体 45
対自独白体 45
対照語彙表 106, 130, 132
対他独白体 45
タイトル 8
タイトル語種 6
ダイナミクス 184
タイニーコーパス 106, 108, 109
第二次近似 152, 161, 165, 167, 173, 180
第二次分析 106, 135, 138, 140, 148
第二段階 10, 15
代表形 107, 168
代名詞 139
第四次近似 153
第四次近似以上 183
第四段階 10, 15, 17
対話 43
対話体 43, 46, 49
高橋睦郎 29
タグ 107
竹本忠雄 28
多重人格性 47
多声性(ポリフォニー) 176
短期集中型 33
単語単位 151
男女差 101
男性語 141
談話分析 175
秩序域 183
秩序テクスト 183
知と方法の4タイプ 184
知のパラダイム転換 185
茶筌 108
中型計算機 154
中空構造 29, 31
中心傾向 1, 7, 122
長音符 170
長期安定型 33
調査・分析モデル 106
チョムスキー 154
通時 1

索　引

丁寧形　47, 50
低頻度　136
デカルト　172
テクスト　175
テクスト言語学　175
テクスト構造　158, 163, 165, 181
テクスト作成モデル　174
テクスト自動合成システム　184
テクスト自動生成　151, 153, 157, 173
テクスト生成過程　173
テクノポップ　17
デジタル配信　26
データベース　121
テーマ傾向　72
テーマ語彙　135, 138, 143
テーマ構造　89
テーマ性　159, 160, 181, 183
テーマ生成　160
テーマ生成語彙　160
テーマ生成語彙仮説　160, 161, 167, 177
テーマ生成語彙論　160, 177
テーマの変遷　71
テーマ分析　178
テーマ類型　68
伝統的言語学　183

同義語　158, 160
統計　173, 186
統計科学　186
統計学　48
統計の知　184
登場人物　136
統率性　188
特徴　62
特徴語　108, 137, 141
特徴語彙　135, 141, 160
特徴分析　62
独白　44
独白体　43, 49, 59
（タイプ・）トークン比　35
度数　137, 146
度数順位　138
度数順位語彙表　106, 125, 127, 136
度数分布　46, 48, 50, 53
度数分布表　117
トップダウン　181

ドラマ　43, 45, 56
トリグラム　161

ナ 行

長い単位　108
中野洋　154
中村正人　28
ナラティブ　43, 54
ナラティブセラピー　54, 57
ナラティブモデル　54
日英共通品詞分類　121
日英共通品詞論　117, 121
日英混交文　1, 121
二人称　46, 50
日本語　10, 15, 26, 47, 56
日本語回帰　1, 9, 17, 27
日本文化論　28
ニューミュージック　16, 20, 25, 30
人称代名詞　141
脳の仮想クローン　186
脳の仮想モデル　186
ノンバーバル・コミュニケーション　163

ハ 行

俳句　155
ハサン　157, 175
パソコン　156, 166, 183
パターン　10
パッケージメディア　26
発言　49
初音ミク　158, 162, 182
発話者　55
話し言葉　138, 141
話し言葉基本語彙　143, 148
話し言葉語彙　138, 141
話し言葉語彙の特徴語彙　148
話し言葉性　138
バフチン　176
バラエティー　47, 50
パラダイム転換　186
ハリウッド映画　27
ハリデー　157, 175
バルト　176
バンヴェニスト　55
半自動式システム　156
半自動生成　167
判定基準　138

独り言　45
卑罵語　50, 139, 142
『百兆の詩篇』　175
比喩　159
表現性　123
標準形　47, 50, 52
品詞構成比率　117, 121, 124
品詞情報　108
品詞分類　122
品詞論　117, 121
フォーク　10, 15
フォークソング　74
複雑系　172, 178, 183, 186
複雑系科学　165, 184, 186
複雑系言語学　183, 186
複雑系の知　184, 186
副詞　120, 121, 123, 138, 142
不定称　46
不定人称代名詞　52
普動　30
部分対話体　43, 44, 46, 59
プライド　11
プラス a　178, 181
プラスイメージ　146
プラチック　177
ブレイン・テクスト　107, 109
フレーズ　165
フレームワーク　57
プログラム　165
文学研究　172, 175
文献学的方法　173
文語　60
文構造　182
文語形　47, 50
文章指標　123
文章単位　6
分析（analysis）　183, 186
分析の知　184
分析法　147
文節　107, 112, 150, 170, 172
文節形　156
文節切りプログラム　107, 109
文体　43, 46
文体の特徴　46, 135
文体別構造語彙表　138
文単位　6
分布傾向　137, 140
分布の特徴　137

分母分子論　30
分類語彙表　146
平均使用延べ語数　40
ボイド（boids）　179
ボイドモデル　180
邦楽　18, 25
邦楽志向　18, 26, 28
邦盤　25
『方法序説』　172
方法論　184
ボーカロイド　158
誇り　28
母集団　1, 32
補助形容詞　139, 142
補助用言　142
ポスト構造主義　176
ポップス　1, 10, 14, 18, 30
ポップス史　10, 17, 30
ポップス"普動説"　30
ボトムアップ　181
ホーリズム　173, 181
翻訳　10

マ 行

マイナスイメージ　146
マクロ分類　122
まとまりのよさ　157, 175
マルコフ　151, 153
マルコフモデル　151, 154, 163
マルチエージェントシミュレーション　180
漫画　120
マンボ　12

三浦徳子　95
ミクロ分類　122
短い単位　108
三島由紀夫　28
水谷静夫　154
見出し語　107, 134, 168, 170, 172
ミリオンセラー　22, 25
無性格　143
ムード歌謡　11
無の坩堝モデル　28
モノローグ　45

ヤ 行

8つの基本感情　177
有機的組織化　173

融合形　138
　——の統一　168
ユーミンソング　67
ユーミン風　149, 165, 167
ユール　35

洋楽　10, 17, 25, 28, 30
洋楽離れ　17, 21, 28
洋楽寄り　25
用言　122
要素還元主義　172
要素再構成論　172
洋盤　21, 24
洋風化　1, 10, 26
洋風ポップス　26

ラ 行

ラッセル　177
ラテン　10, 12
ラブソング　149, 167
理解語彙　34
リフレイン　36, 38, 39, 136, 143, 158, 160
流行歌　1, 7, 10, 12, 19, 26, 71, 154, 163
　——の自動生成　186
流行歌一般　154
臨時特徴語　141
臨床の知　184, 188
類義語　157, 159
類型化　66
類型的特徴　63, 68
累積度数　130
累積比率　130, 132, 137
ルール体系　151

レイノルズ　179
レトリック　3, 5, 146
恋愛　71, 79, 81, 84, 87, 89, 97
連想語　158
ロカビリー　10, 12, 15
ロック　10, 13, 14, 15, 16, 18
ロバスト性　39
ローマ字　7
論理的整合性　173

ワ 行

和歌の自動生成　154, 186
枠組みシート　130, 140
和語　7
和語タイトル　6
和製ポップス　14, 17, 26
渡辺修　154
和風化　1, 10, 18, 31
和風化段階モデル　10, 29, 31
ワンコーラス　44, 45
ワンコーラス体　43, 46

著者略歴

伊藤　雅光
（い とう　まさ　みつ）

1955 年　青森県生まれ
1981 年　國學院大學大学院文学研究科日本文学専攻（国語学）博士課程前期修了
現　在　大正大学文学部教授
　　　　博士（文学・大阪大学）
主　著　『計量言語学入門』（大修館書店，2002 年）
　　　　『シリーズ日本語史2　語彙史』（共著，岩波書店，2009 年）
　　　　『データで学ぶ日本語学入門』（共編著，朝倉書店，2017 年）
　　　　ほか

Ｊポップの日本語研究
―創作型人工知能のために―

定価はカバーに表示

2017 年 5 月 25 日　初版第 1 刷
2019 年 1 月 20 日　　　　第 3 刷

著　者　伊　藤　雅　光
発行者　朝　倉　誠　造
発行所　株式会社　朝　倉　書　店

東京都新宿区新小川町 6-29
郵便番号　162-8707
電話　03（3260）0141
FAX　03（3260）0180
http://www.asakura.co.jp

〈検印省略〉

Ⓒ 2017〈無断複写・転載を禁ず〉　　　新日本印刷・渡辺製本

ISBN 978-4-254-51054-6　C 3081　　Printed in Japan

JCOPY　＜(社)出版者著作権管理機構　委託出版物＞

本書の無断複写は著作権法上での例外を除き禁じられています．複写される場合は，そのつど事前に，(社)出版者著作権管理機構（電話 03-3513-6969，FAX 03-3513-6979，e-mail: info@jcopy.or.jp）の許諾を得てください．

計量国語学会編

計量国語学事典

51035-5 C3581　　　　Ａ５判 448頁 本体12000円

計量国語学とは，統計学的な方法を用いて，言語や言語行動の量的側面を研究する学問分野で，近年のパソコンの急激な普及により広範囲な標本調査，大量のデータの解析が可能となり，日本語の文法，語彙，方言，文章，文体など全分野での分析・研究に重要な役割を果たすようになってきている。本書は，これまでの研究成果と今後の展望を解説した集大成を企図したもので，本邦初の事典である。日本語学・言語学を学ぶ人々，その他幅広く日本語に関心を持つ人々のための必読書。

計量国語学会編集

データで学ぶ日本語学入門

51050-8 C3081　　　　Ａ５判 168頁 本体2600円

初学者のための「計る」日本語学入門。いまや現象を数量的に考えるのはあたりまえ。日本語も，まずは，数えてみよう。日本語学と統計，両方の初心者に，ことばをデータに置き換えるのは決して難しくないことを解説。

日大 荻野綱男著

ウェブ検索による日本語研究

51044-7 C3081　　　　Ｂ５判 208頁 本体2900円

検索エンジンを駆使し，WWWの持つ膨大な情報をデータベースとして日本語学を計量的に捉える，初学者向け教科書。WWWの情報の性格，複合語の認識，各種の検索，ヒット数の意味などを解説し，レポートや研究での具体的な事例を紹介。

前都立大 中島平三監修　奈良先端大 松本裕治編
シリーズ朝倉〈言語の可能性〉6

言語と情報科学

51566-4 C3381　　　　Ａ５判 216頁 本体3800円

言語解析のための文法理論から近年の統計的言語処理に至る最先端の自然言語処理技術，近年蓄積が進んでいるコーパスの現状と言語学への関連，文責処理，文書検索，大規模言語データを対象とする幅広い応用について，最新の成果を紹介。

梅花女子大 米川明彦著

俗語入門
—俗語はおもしろい！—

51053-9 C3081　　　　Ａ５判 192頁 本体2500円

改まった場では使ってはいけない，軽く，粗く，汚く，ときに品がなく，それでいてリズミカルで流行もする話しことば，「俗語」。いつ，どこで，だれが何のために生み出すのか，各ジャンルの楽しい俗語とともにわかりやすく解説。

国立国語研 大西拓一郎編

新日本言語地図
—分布図で見渡す方言の世界—

51051-5 C3081　　　　Ｂ５判 320頁 本体6000円

どんなことばで表現するのか，どんなものを表現することばか，様々な事象について日本地図上にまとめた150図を収録した言語地図・方言地図集。〔本書は「全国方言分布調査」（国立国語研究所，2010-15）に基づいています。〕

国立国語研 大西拓一郎編

空間と時間の中の方言
—ことばの変化は方言地図にどう現れるか—

51052-2 C3081　　　　Ａ５判 360頁 本体7400円

言語変化の実態を明らかにすることを目指した研究成果を紹介する。国立国語研究所を中心として3次にわたって行われた全国調査の成果を軸に，同地域で異なる年代の調査結果を比較することで，時間と空間の双方から実証的に把握する。

前東北大 佐藤武義・前阪大 前田富祺編集代表

日本語大事典
【上・下巻：2分冊】

51034-8 C3581　　　　Ｂ５判 2456頁 本体75000円

現在の日本語をとりまく環境の変化を敏感にとらえ，孤立した日本語，あるいは等質的な日本語というとらえ方ではなく，可能な限りグローバルで複合的な視点に基づいた新しい日本語学の事典。言語学の関連用語や人物，資料，研究文献なども広く取り入れた約3500項目をわかりやすく丁寧に解説。読者対象は，大学学部生・大学院生，日本語学の研究者，中学・高校の日本語学関連の教師，日本語教育・国語教育関係の人々，日本語学に関心を持つ一般読者などである。

上記価格（税別）は2018年12月現在